Antony Cummins

El libro del *bushidō*
La guía completa de la verdadera caballería samurái

Traducción del inglés al castellano de Miguel Portillo

Título original: THE BOOK OF BUSHIDO

© 2022 Antony Cummins

© de la edición en castellano:
2022 by Editorial Kairós, S.A.
www.editorialkairos.com

© de la traducción del inglés al castellano: Miguel Portillo

Revisión: Alicia Conde

Fotocomposición: Grafime Digital S.L. 08027 Barcelona
Diseño cubierta: Katrien Van Steen
Impresión y encuadernación: Litogama. 08030 Barcelona

Primera edición: Enero 2023
ISBN: 978-84-1121-126-0
Depósito legal: B 22.820-2022

Todos los derechos reservados.
Cualquier forma de reproducción, distribución, comunicación
pública o transformación de esta obra solo puede ser realizada
con la autorización de sus titulares, salvo excepción prevista por
la ley. Diríjase a CEDRO (Centro Español de Derechos Reprográficos,
www.cedro.org) si necesita algún fragmento de esta obra.

Este libro ha sido impreso con papel que proviene de fuentes
respetuosas con la sociedad y el medio ambiente y cuenta con los
requisitos necesarios para ser considerado un «libro amigo de los bosques».

«La traición nunca triunfa, ¿cuál es la razón?
Porque, de triunfar, nadie se atreve a llamarla traición».
Sir John Harington (1560-1612)

Sumario

Introducción: Un esbozo del honor samurái 11

El mito del *bushidō* 27
   1. ¿Qué es la conducta caballeresca? 29
   2. Fuentes confusas 35

El mundo de los samuráis 55
   3. Fundamentos de la sociedad 57
   4. Jerarquía 95

El honor personal 117
   5. Las cualidades de un samurái 119
   6. Lealtad 144
   7. Reputación 163
   8. Costumbres sociales 183
   9. Comportamiento deshonroso 209

Honor militar 227
10. Equipo militar 229
11. Sables 275

12. El honor en la violencia 306
13. Engaño, oscuras maniobras y los muertos 359
14. Suicidio ritual 399

EL *BUSHIDŌ* EN CONTEXTO 419
15. Grandes samuráis de la historia 421
16. La caída de los samuráis y el auge de
   la visión romántica 446

EL EQUILIBRIO DEL *BUSHIDŌ* 463

Bibliografía. 495

Este libro está dedicado a los Comminnautas, un grupo intelectual con sede en Commins Coch, cerca de Machynlleth, Powys, Gales. Muchas de las ideas que aparecen en este libro surgieron de este grupo de debate formado por Robin Clifton, Vivien Clifton, Daniel Bryan y yo, con muchas tardes compartidas de té y discusiones sobre la ética y la moral de los samuráis.

Agradecimientos

Ante todo, me gustaría dar las gracias a Fiona Robertson por su constante apoyo a mi trabajo, un viento favorable que me hizo cruzar el mar de mis futuros sueños. También a mi editor, James Hodgson, por su excelente tratamiento del texto. A Koizumi Mieko, por su diligente revisión del manuscrito y las citas. A Yamamoto Jyuho, por la caligrafía. A Matthew Okuhara, por compartir conmigo su trabajo sobre los samuráis y su uso de las armas. También a los muchos otros que a lo largo de los años han traducido antiguos textos japoneses al inglés para que el mundo los disfrute, entre ellos –pero no solo–: Thomas Cleary, William Scott Wilson, Alexander Bennett, Hiroaki Sato, Tabata Kazumi, Royall Tyler y Eric Shahan, todos los cuales merecen ser reconocidos por sus contribuciones a la historia japonesa. Un agradecimiento especial a Nicholas DeLaune, del canal de YouTube The Shōgunate, que ha sido mi verificador de hechos históricos en esta misión, y que ha ayudado a favorecer mi trabajo y a apoyar mi enfoque con su total apoyo. Por último, a Robin Clifton, que ha sido profesor de la Universidad de Warwick, por su ayuda general y su sugerencia de la cita inicial de sir John Harington.

Introducción: Un esbozo del honor samurái

El ideal samurái:

> «Los guerreros *bushi* son a los hombres lo que la flor del cerezo a las flores.»
>
> Dicho japonés

La realidad samurái:

> «Por supuesto, la honestidad es un principio en la forma original del camino que se aprende. Sin embargo, usar el engaño en ciertas situaciones no se puede evitar».
>
> *Yoshisada Gunki* (transcrito en 1629)

¿Quiénes fueron los samuráis?

Los samuráis se originaron en la segunda mitad del primer milenio. Servían a la corte imperial, primero como servidores, asistentes y burócratas, y luego como una casta guerrera que custodiaba la corte de Kyōto y sofocaba las rebeliones en todo el país. Más tarde tomaron el poder para sí mismos –aunque sin destituir al emperador como jefe de Estado– y pusieron a Japón bajo un régimen militar.

Sería erróneo considerar a los samuráis como un grupo homogéneo, ya que procedían de diferentes niveles sociales, desde los hijos de príncipes de «sangre azul» hasta campesinos ricos y oportunistas. Los términos generales para ellos incluyen:

- *samurai* (侍): literalmente, «el que sirve».
- *bushi* (武士): «caballero militar o caballero».
- *mononofu* (武士): nombre alternativo de *bushi*, a menudo utilizado en poesía.
- *musha* (武者): «persona dedicada a la milicia».

También había términos más específicos para ciertos tipos de samuráis, entre ellos:

- *rōnin* (浪人 o 牢人): «persona que flota sobre la ola de la sociedad» o «prisionero»: se trataba de samuráis errantes que no tenían un señor.
- *watari-zamurai* (渡り侍): mercenario, similar al *rōnin*.
- *jizamurai* (地侍): «samurái rural», afín a la nobleza terrateniente.
- *dogō* (土豪): «poderoso propietario de tierras».
- *suhadamono* (徒膚者): guerrero en el campo de batalla que tenía las piernas desnudas y armadura ligera.
- *koshi* (古士): excaballero de una familia que había perdido la plena condición de samurái, pero conservaba ciertos privilegios.
- *nobushi* (野武士): caballero bandido que vivía en la naturaleza.

Todos ellos fueron considerados como militares en un momento u otro, sin embargo, muchos no encajaban en el arquetipo del noble guerrero que aspiraba a seguir el *bushidō*.

El samurái era a la vez siervo para unos y señor para otros, ocupando su lugar en una pirámide jerárquica con el guerrero de la cúspide. Su objetivo en la vida era subir a la cúspide de esa pirámide o prestar servicio militar a otro que la escalara y recibir a cambio derechos territoriales y posición. Un sistema que se basaba tanto en las obligaciones morales de dar y recibir necesitaba regirse por algún tipo de código de conducta, y así es como surgió el *bushidō*.

¿Qué es el *bushidō*?

El *bushidō* (武士道) es el sistema caballeresco, moral y ético de ideas y comportamiento correcto desarrollado por la clase samurái. El término se compone de dos partes: *bushi* (武士), «caballero militar», y *dō* (道), que hace referencia al «camino o vía» taoísta, que significa el patrón que hay detrás del universo, o al «camino» confuciano, que significa seguir un camino correcto. El término completo, *bushidō*, se traduce más comúnmente como «el camino del guerrero» o «el camino del samurái».

Nunca ha habido un código *bushidō* único y oficial. Comenzó como un conjunto de ética viva y luego se plasmaron por escrito diversas versiones del mismo. La primera referencia conocida a un concepto que puede identificarse como *bushidō* fue en un poema escrito por un monje llamado Sogi (宗祇) a finales del siglo xv. Por desgracia, no se han conservado los caracteres originales, pero el poema puede encontrarse en la antología de Steven D. Carter *Traditional Japanese Poetry* (Stanford University Press, 1991):

> *Hakanaki mono wa,*
> *Mononofu no michi*
> *Ta ga tame no*
> *Na nareba mi yori*
> *Oshimuran*

> Lleno de incertidumbre
> está el camino del guerrero
> por cuya gloria un hombre se preocupa menos de la vida que del honor.

Aunque el poeta utiliza el término *mononofu* en lugar de *bushi* (presumiblemente para mantener el número correcto de sílabas), se refiere claramente a *bushidō*. Este indica que incluso en fecha tan temprana los samuráis valoraban el honor personal por encima de la vida y la integridad física.

Los relatos épicos de guerra, como el *Heike Monogatari* y el *Taiheiki*, celebran los ideales de comportamiento, ya sean ficticios o históricos. En la época de los disturbios del siglo XVI, existían abundantes citas de las principales figuras de los samuráis y de los escritores militares sobre lo que se consideraba una conducta adecuada, aunque no siempre se cumpliera. Takeda Shingen, Tokugawa Ieyasu, Katō Kiyomasa y otros hablaron de la vía correcta del guerrero. Por lo tanto, hay que entender que hay dos vías de investigación cuando se estudia la caballerosidad samurái: la primera es encontrar el término *bushidō* en uso escrito y la segunda es encontrar relatos históricos del comportamiento real de los samuráis. Aunque son dos caras de la misma moneda, la búsqueda de patrones de comportamiento debe tener prioridad sobre la búsqueda de un término que lo identifique.

Reglas de la casa

Antes de que surgiera el término *bushidō*, las reglas de los clanes ayudaban a establecer el comportamiento del guerrero. Véase, por ejemplo, las dieciséis máximas del clan Uesugi (traducidas por Mieko Koizumi).

上杉謙信公家訓十六条
Uesugi Kenshin Kō Kakun Jūroku-jō
Los dieciséis preceptos familiares de Uesugi Kenshin

1
心に物なき時は心く広体泰なり
Cuando no tengas deseos mundanos en la mente, esta será expansiva y tu cuerpo no tendrá problemas.

2
心に我儘なき時は愛敬失わず
Cuando no tengas en mente el egoísmo, mantendrás tu naturaleza amable.

3
心に欲なき時は義理を行う
Cuando no tengas en mente el deseo, realizarás actos de justicia.

4
心に私なき時は疑うことなし
Cuando no tengas en mente el egoísmo, no dudarás de los demás.

5
心に驕りなき時は人を教う
Cuando no tengas en mente la soberbia, enseñarás a los demás.

6
心に誤りなき時は人を畏れず
Cuando no tengas mala conciencia, no temerás a la gente.

7
心に邪見なき時は人を育つる
Cuando no tengas malos pensamientos en la mente, nutrirás a la gente.

8
心に貪りなき時は人に諂うことなし
Cuando no tengas avaricia en mente, no adularás a la gente.

9
心に怒りなき時は言葉和らかなり
Cuando no tengas en mente la ira, tus palabras serán suaves.

10
心に堪忍ある時は事を調う
Cuando tengas paciencia en mente, los logros te seguirán.

11
心に曇りなき時は心静かなり
Cuando tu mente esté clara, estarás tranquilo.

Introducción: Un esbozo del honor samurái

12
心に勇みある時は悔やむことなし
Cuando tengas valentía en la mente, no habrá arrepentimiento.

13
心賤しからざる時は願い好まず
Cuando tu mente esté libre de codicia, no te gustarán las exigencias irrazonables.

14
心に孝行ある時は忠節厚し
Cuando tengas en mente la piedad filial, tendrás una profunda lealtad.

15
心に自慢なき時は人の善を知り
Cuando no tengas en mente la vanidad, comprenderás los puntos fuertes de las personas.

16
心に迷いなき時は人を咎めず
Cuando no tengas en mente la vacilación, no culparás a la gente.

Otro ejemplo ligeramente posterior son los preceptos de la familia Tokugawa conocidos colectivamente como el Tōshōgū Goikun, cuyos extractos aparecen a continuación.

人の一生は重荷を負いて遠き道を行くがごとし、急ぐべからず
La vida es para serpentear por largos caminos, no hay que tener prisa.

不自由を常と思えば不足なし
Nunca tendrás inconvenientes si aceptas que la vida normal es inconveniente.

心に望み起こらば困窮したる時を思いだすべし
Cuando el deseo aflore dentro de tu mente, recuerda siempre los problemas que has tenido en el pasado [a causa de tus deseos].

堪忍は無事長久の基、怒りを敵とおもえ。勝つことばかり知りて、負
くることを知らざば、害その身にいたる
La paciencia es la clave para continuar con seguridad, la ira es el enemigo. Si nunca has perdido, ¿cómo puedes conocer la victoria?

おのれを責めて人を責むるな
La culpa solo la tienes tú.

及ばざるは過ぎたるより勝れり
Llevar una existencia austera es mejor que la opulencia y el exceso de indulgencia.

Es un error común pensar que solo los rollos escritos –los textos– que contienen el término *bushidō* tienen algo que ver con la ética y la moral de los samuráis. Sin embargo, como todas las palabras, *bushidō* evolucionó a su propio ritmo, y tuvo un uso generalizado a partir de finales del siglo XVI. Muchos relatos de las hazañas de los samuráis son anteriores a este período y no deben pasarse por alto en la búsqueda de la comprensión del comportamiento de los mismos.

¿Qué es lo que importa, una palabra o el comportamiento?

Los críticos del *bushidō* suelen afirmar (erróneamente) que el concepto solo surgió a finales del siglo XVI, cuando Japón estaba a punto de entrar en un prolongado período de paz. Parecen insinuar que los samuráis anteriores a 1600 no tenían ningún código ético y que los posteriores a ese año estaban empantanados en la moral confuciana, como si se hubiera pulsado un interruptor y los samuráis hubieran abrazado abruptamente la mística guerrera del *bushidō*.

Esta forma de pensar ignora el hecho de que Japón se estaba unificando en esa época. Con la unificación llegó la estandarización del pensamiento y la centralización de la comunicación, lo que llevó a que algunos aspectos del lenguaje se hicieran más populares que otros, y a que ciertos términos nuevos sustituyeran a los antiguos. Como veremos a partir de las acciones registradas y la conducta esperada de los samuráis antes de la unificación, sería un error ver la aparición de la nueva palabra *bushidō* como muestra de la aparición de un nuevo comportamiento. Antes de *bushidō*, palabras como *kahō* (家法), «reglas familiares», se habían utilizado durante cientos de años, lo que demuestra que ya existía una tradición de comportamiento esperado de las familias de guerreros.

Las masas anónimas

Al final de este libro, es de esperar que hayamos profundizado en nuestra comprensión del *bushidō*, aprendiendo en particular a distinguir entre los ideales caballerescos y la realidad histórica. Sin embargo, no debemos olvidar que la historia registrada de los samuráis tiende a centrarse en figuras excepcionales cuyo comportamiento puede no ser representativo de la clase samurái en su conjunto. Hay masas incalculables de samuráis cuyas acciones son desconocidas y que, por tanto, no han aportado nada a la historia del *bushidō*.

Leyendo entre las líneas tanto de los ideales comúnmente mantenidos como de las acciones registradas de los samuráis individuales, está claro que había muchos samuráis que miraban por sí mismos, pero del mismo modo había un número incalculable de ellos que eran leales hasta la muerte y que sí intentaban mantener la ética del guerrero. La idea de que todos los samuráis eran estoicos y leales será desmontada en este libro, pero si uno pudiera transportarse al Japón medieval, sin duda se encontraría con muchos grandes ejemplos de samuráis que vivían según el *bushidō*. Sin embargo, la mayoría de ellos serían guerreros que debían su sustento a su señor de la guerra y que no veían ninguna perspectiva de ascender hasta convertirse en un individuo que cambiara la historia. Estos hombres que pasaron toda su vida al servicio de su clan y su señor a menudo no quedaron registrados, pero no deben ser olvidados.

La guerra era la excepción, no la norma

Japón, durante la mayor parte del tiempo, estuvo en paz. Incluso durante la agitación social del llamado período de los Estados Combatientes, la jornada media de un samurái no contenía ningún combate. Las campañas militares eran costosas, por lo que se mantenían lo más cortas posible. En cambio, la mayoría de los samuráis pasaban la mayor parte de su tiempo administrando las aldeas a su cargo. Esto significa que podían pasar muchos años, o incluso décadas, sin ninguna oportunidad de demostrar su lealtad, valor o destreza militar.

¿Un reflejo o una corrección?

Otra cuestión importante a tener en cuenta es qué hizo que varios samuráis se decidieran a escribir sobre el *bushidō*. No hay que suponer que se inspiraron en el deseo de dejar constancia para la posteridad del comportamiento típico que observaban a su alrededor en su sociedad; la mayoría de los tratados sobre un tema están diseñados para corregir el comportamiento, no para reflejarlo. Si los escritores de *bushidō* trataban de orientar a sus compañeros hacia una mejor conducta, esto implica que la mayoría de los samuráis no alcanzaban a cumplir las normas establecidas en estos escritos. Una buena regla general al leer este tipo de documentos es entender que, cuando un samurái dice que algo «debería» hacerse de una determinada manera, lo más probable es que se haga lo contrario en la vida real.

Nota sobre las traducciones y las fuentes

Esta obra se ha basado en textos originales japoneses, traducidos por un amplio abanico de autores. La lista completa se encuentra tras la bibliografía principal, al final del libro. Asumo toda la responsabilidad por los errores de traducción cometidos por mí y mi equipo, así como por los errores que no haya detectado en los fragmentos de las traducciones de otras personas. Me he esforzado por ofrecer un retrato lo más fiel posible de la caballería samurái, pero me disculpo de antemano por cualquier imperfección (por ejemplo, las complejidades del sistema de datación japonés, las edades, cuando se dan, deben ser tratadas como aproximaciones). Este texto no es exhaustivo y solo pretende romper el estereotipo del samurái en Occidente y abrir un nuevo diálogo sobre este período de la historia japonesa. Se ha realizado la más extensa investigación posible para presentar una amplia visión general del *bushidō* a lo largo de más de mil años de historia samurái. No se ha descartado ninguna fuente por considerarla redundante o irrelevante; no solo se ha utilizado el canon de los documentos históricos aceptados como fiables, sino también cuentos, misterios y crónicas diversas para calibrar lo que la gente del antiguo Japón consideraba caballeresco. No es necesario que un documento sea históricamente exacto para proporcionar una visión del tema: las exageraciones y las mentiras, las demonizaciones y las idealizaciones pueden utilizarse para obtener una comprensión más rica del *bushidō*.

Fuentes principales en inglés

Se han traducido al inglés –y a otros idiomas, entre ellos al castellano– varios textos históricos sobre el *bushidō*, lo que permite a los no hablantes de japonés obtener una comprensión de primera mano del tema. Algunos ejemplos son: el *Hagakure*, publicado como *The Art of the Samurai* (Watkins); el *Bushidō*

Shoshinshū, publicado como *Code of the Samurai* (Tuttle); varios documentos recopilados y publicados como *Trining the Samurai Mind* (Shambhala); los escritos de Yamaga Sokō, publicados como *Samurai Wisdom* (Tuttle); y el *Heika Jōdan*, publicado como *The Book of Sanurai* (Watkins). El último de ellos ofrece una visión realista de una sociedad samurái imperfecta. Para ver la violencia inherente a la sociedad samurái y la supuesta obsesión de los samuráis por la muerte, véase también *Samurai Death Cult: The Dark Side of Bushido*, de Antony Cummins (Repeater Books).

El samurái simplificado

No hay nada de malo en volver a empaquetar la historia para insuflarle de nuevo vida para un público más amplio. Al hacerlo, es inevitable un elemento de simplificación. Sin embargo, la simplificación excesiva puede conducir a la creación de estereotipos engañosos. Yo lo llamo la «trampa Disney». La figura del héroe suele ser un caballero blanco o un valiente guerrero de baja cuna; su oponente villano es un caballero convertido en malo o un mago malvado. El héroe cuenta con el apoyo de su propio consejero y grupo de ayudantes, y el rey y la reina buenos se mantienen como figuras de pureza y rectitud para ayudar al héroe o ser ayudados por él. Los personajes de fondo son el comerciante, que es un regordete pero jovial tendero o un amasador de billetes, y los campesinos, que son bondadosos y sencillos o lúgubres y miserables, dependiendo de si son gobernados por un señor benévolo o tiránico.

Los samuráis son tan víctimas de este tratamiento como Robin Hood y su alegre pandilla. Un ejemplo es la representación del legendario samurái Kusunoki Masashige y su valiente banda, que apoyan al emperador Go-Daigo en su justa lucha contra un falso pretendiente al trono imperial. En realidad, ambos emperadores tenían pretensiones legítimas, y Go-Daigo era culpable de romper un acuerdo hereditario para compartir el trono con las otras ramas de la línea imperial. En lugar de reinar durante el tiempo que le correspondía y luego entregar el poder, llevó al país a la guerra y ordenó la muerte de su fiel servidor Masashige al interferir en las tácticas del campo de batalla.

En la mayoría de los casos, el caballero blanco y el malvado intrigante son mitos. Las batallas históricas suelen librarse entre fuerzas más o menos legítimas que compiten por el control de los recursos, y los héroes y los villanos son raros. Si bien la historia debe ser accesible, es una locura hacerlo a expensas de la exactitud.

Descubrir la caballería samurái

El objetivo de este libro es descorrer la cortina de fantasía de la caballería samurái y revelar una imagen más realista de cómo se comportaban los samuráis históricos, cómo vivían, cómo valoraban su propia cultura y lo que consideraban un *ethos* guerrero. La simple verdad es que los samuráis eran seres humanos y su comportamiento estaba sujeto a las mismas emociones y motivaciones complejas que todos experimentamos. Como todas las culturas guerreras del mundo, eran responsables de la violencia, la subyugación y el belicismo, al tiempo que mostraban nobleza, deseo de perfección y el compromiso con un conjunto de ideales férreos.

Al leer este libro, dejaremos atrás la imagen del guerrero perfecto y llegaremos a comprender al líder militar endurecido y ensangrentado que mantiene un complejo conjunto de ideas sobre el mundo, la tarea de liderar una población tanto en la guerra como en la paz, y cuya mayor batalla es satisfacer su propia hambre de poder sin salirse de los límites de la moral. Esta es la historia del *bushidō*: el camino del guerrero.

El mito del *bushidō*

Para conocer de verdad a los samuráis y entender lo que consideraban un comportamiento correcto, a lo largo de este libro haremos un recuento de acciones positivas y negativas. A continuación, estas se cotejarán con las respuestas de los samuráis que se encontraban en la época en la que se llevaron a cabo las acciones o que transmitían los hechos de personas de una época anterior. A través de este proceso, se puede establecer lo que se consideraba horrible, necesario, bueno o excelente. En este sentido, se abordarán aspectos como: la importancia primordial del clan y el nombre del clan; los juramentos, las luchas de sangre y la venganza; las artes; la importancia de las armas y las armaduras, los caballos, los estandartes y los emblemas; cómo se consideraba a las espadas en comparación con otras armas a lo largo de la historia; los asesinatos a sangre fría y las aventuras temerarias; el misterio y la magia, las artes negras y lo macabro; la guerra y la atrocidad; la amistad y la rivalidad; la sangre, las vísceras, el sexo, el fuego y las batallas navales.

Pero, antes de eso, hay que borrar cualquier idea preconcebida del *bushidō*. Por lo tanto, en esta parte inicial del libro consideraremos cómo la noción occidental de caballería puede nublar nuestra comprensión del concepto japonés de *bushidō*. También intentaremos desmitificar dos fuentes de información influyentes sobre el *bushidō* en Occidente: *Bushidō: el alma de Japón,* de Nitobe Inazō (1900) y el *Hagakure* de Yamamoto

Tsunetomo (*c*. 1716). Aunque estas obras ya son bien conocidas por la mayoría de las personas que se interesan por los samuráis, sería conveniente situarlas en su justo lugar antes de lanzarnos a explorar las profundidades del corazón samurái.

1. ¿Qué es la conducta caballeresca?

> «El samurái siempre debe desear mantenerse en el camino recto y tratar de no caer en el camino de la depravación, pase lo que pase. Aquellos samuráis que se mantienen en el camino recto alcanzarán altos honores con la ayuda del Buda y los dioses, mientras que los que caen en el camino de la corrupción, naturalmente se encontrarán con la desgracia y serán objeto de burla por parte de la gente del mundo».
>
> *Musha Monogatari* (1654)

Para entender el *bushidō*, necesitamos tener primero una comprensión adecuada de la caballería. En su sentido más estricto, la caballería es un ideal histórico expuesto en los romances cortesanos de la Francia medieval. Originalmente se aplicaba solo a la clase de los caballeros y evocaba la fantasía popular del perfecto «caballero andante». Sin embargo, si pensamos en términos de este ideal inalcanzable de cuento de hadas, perderemos el sentido del *bushidō*.

Para los fines de este libro, definiremos la caballería como: «Un conjunto de éticas o acciones morales consideradas como un código de conducta correcta para las personas con poder, que guían su forma de actuar hacia los que les rodean, incluyendo el comportamiento y las acciones idealizadas a las que aspiran los guerreros».

Ideas occidentales sobre la caballería o conducta caballeresca

La conducta caballeresca occidental puede entenderse como el intento de alcanzar un buen nivel de verdad, justicia, piedad, esperanza, fuerza, conciencia, obediencia, valor, protección, capacidad física, razón, reputación, honor y nobleza, todo ello para aspirar a la condición de perfecto caballero.

En su tratado *Libro de la orden de caballería*, el filósofo catalán Ramon Llull (1232-1316) se refiere a muchas de estas cualidades virtuosas en su simbología del equipo caballeresco, que se expone a continuación.

- La lanza representa la **verdad**.
- La punta de la lanza representa el poder de la **verdad sobre la falsedad**.
- El gallardete sobre la lanza representa el **descubrimiento de la verdad** por parte de todos.
- La espada representa la **justicia**.
- La empuñadura de la espada es la **santa cruz** (y las virtudes implícitas del cristianismo).
- El misericordio (daga) representa la **esperanza**.

- La maza representa la **fuerza**.
- La *capellina* (casco) representa la **vergüenza**.
- El collar representa la **obediencia**.
- La cota de malla representa el **valor**.
- El jubón representa los **trabajos de la caballería**.
- El escudo representa el **oficio de caballero**.
- Las *chausses* (armadura de piernas) representan la **seguridad en los viajes**.
- Las espuelas representan la **diligencia y la habilidad**.
- El bocado y las riendas del caballo representan **evitar la falsedad**.
- La defensa de la cara del caballo representa la **razón**.
- La silla de montar representa el **valor sin temeridad**.
- El blasón representa la **reputación** del guerrero.
- El estandarte representa el **honor del señor** y su patrimonio.
- El caballo representa la **nobleza del valor**.

Ideas japonesas sobre la caballería

Como punto de comparación con el ideal occidental de caballería esbozado anteriormente, aquí resumimos el camino de la caballería para los samuráis tal y como lo estableció Yamaga Sokō en el siglo XVII.

- Seguir el **camino**, la **vía**.
- Hacer **realidad** las ideas.
- Cultivar la **fuerza de voluntad**.
- Conocer la diferencia entre la **rectitud** y el beneficio propio.

- Realizar el propio **destino**.
- Ser **íntegro**.
- Ser **honesto**.
- Ser **constante**.
- **Refinar** el carácter.
- Perfeccionar las propias **capacidades**.
- Tener lealtad y **piedad filial**.
- Tener **humanidad**.
- Abrazar la **justicia**.
- Dedicarse al **estudio**.
- Hacer **examen de conciencia**.
- Ser **disciplinado**.
- Tener buenos **modales** y respetar las **costumbres**.
- Realizar un **ceremonial** correcto.
- Ser **respetuoso**.
- Ser **discreto**.
- Tener una **buena presencia**.
- Vivir en una **morada respetable**.
- **Dar y recibir**.
- Comprender los tres grandes aspectos: **humanidad**, la **Vía** y la **naturaleza**.
- Estudiar **liderazgo**.
- **Estudiar la guerra**.
- Seguir las **reglas y restricciones** de la vida cotidiana.

El Camino, la Vía

Derivado de la antigua filosofía china, el Camino, la Vía o *Dao*, es «eso» incognoscible que hay detrás de toda la creación y el patrón que gobierna todo en el universo. Para los samuráis era importante seguir siempre la Vía, comprendiendo los ritmos naturales del mundo y eligiendo la acción correcta en el momento y el lugar adecuados.

Los ideales frente a las obras

Como es de esperar, ambas versiones dan importancia al honor personal, la devoción a la religión/al universo, el comportamiento correcto hacia los demás, el autocontrol y el refinamiento. Es importante entender que tanto la caballería occidental como el *bushidō* japonés son conjuntos de *ideales* por los que se lucha. El hecho de que nadie sea capaz de cumplir todos los aspectos del código no lo invalida; las reglas caballerescas están pensadas para ser difíciles de seguir. Están ahí para avergonzar a los poderosos para que frenen sus impulsos violentos y tiránicos. Como ha demostrado la historia, a veces esto funciona y a veces no.

«El hecho es que, si todos los miembros de la sociedad tuvieran principios, ¿por qué lucharían?».

Heihō Hidensho (1701)

La cita anterior es una pregunta planteada por un verdadero samurái. Considera que si todos los samuráis hubieran seguido el *bushidō* tal y como lo entendemos hoy, seguramente no habría guerras en Japón. Sabemos que el *bushidō* existió, pero es obvio por la historia de las guerras en Japón que no todos los samuráis actuaron de forma moral o caballeresca.

¿Los samuráis seguían el *bushidō*?

No hay duda de que los samuráis consideraban ciertas acciones como buenas y otras como malas. Pero eso no nos dice qué era realmente el *bushidō*, ni si los samuráis lo seguían y, si es así, en qué medida lo hacían.

Hay que tener en cuenta dos puntos importantes antes de poder responder a estas preguntas correctamente:

- Es un hecho que los samuráis no cumplían perfectamente sus propios códigos de conducta.
- El *bushidō* histórico no es totalmente igual que el *bushidō* imaginado hoy en día.

Gran parte de nuestra comprensión moderna del *bushidō* ha sido moldeada por los dos textos clave *Bushido: el alma de Japón* y el *Hagakure*, que examinaremos en el siguiente capítulo. Una vez que hayamos comprendido cómo estos libros han mitificado, hasta cierto punto, el *bushidō*, podremos pasar a investigar el *bushidō* real e histórico.

2. Fuentes confusas

Existe un gran interés por el *bushidō* entre las personas de habla no japonesa en todo el mundo. La mayoría de los textos japoneses medievales sobre el tema permanecen sin traducir, por lo que el mundo occidental moderno ha centrado su atención en dos fuentes principales: *Bushidō: el alma de Japón* de Nitobe Inazō (1900) y el *Hagakure* de Yamamoto Tsunetomo (*c*. 1716).

Los conceptos e ideas de estos libros se han abierto paso en todos libros posteriores sobre samuráis, así como en películas como *Ghost Dog: The Way of the Samurai* (1999) y *El último samurái* (2003) e innumerables juegos, cómics y plataformas de medios sociales. Aunque la difusión de la cultura japonesa en todas sus formas es algo positivo, nuestra excesiva dependencia de estas dos fuentes nos ha dado una visión idealizada y ficcionalizada de los samuráis. El propósito de este libro es reconectarnos con las raíces históricas del *bushidō*.

Bushidō: el alma de Japón

«No es el arma la que gana, es el espíritu del que la empuña.»
Nitobe Inazō, *Bushidō: el alma de Japón* (1900)

Este texto clásico sobre el camino del samurái se publicó en 1900. El libro aprovechó un gran interés en Occidente por la cultura japonesa en general, y la cultura militar en particular, que creció aún más con el estallido de la guerra ruso-japonesa cuatro años después.

El autor del libro, Nitobe Inazō (1862-1933), nació en una familia samurái de alto rango en Nambu, en la provincia septentrional japonesa de Mutsu. Sin embargo, la abolición de la clase samurái a principios de la década de 1870 significó que no pudo seguir el camino de sus antepasados. En su lugar, se introdujo en el mundo académico, estudiando literatura inglesa, economía y ciencias políticas, primero en Japón, en Sapporo y Tōkyō, y luego en la Universidad Johns Hopkins de Baltimore (Estados Unidos) y en la Universidad de Halle (Alemania), donde se doctoró en economía agrícola.

Tras convertirse al cristianismo en Sapporo, Nitobe se unió a la Sociedad Cristiana de Amigos, más conocida como los cuáqueros, durante su estancia en Estados Unidos. Fue en esta comunidad donde conoció a su futura esposa, Mary Elkinton. Compaginó su trabajo de escritura con una exitosa carrera como administrador, diplomático y estadista, que incluyó períodos como profesor en la Universidad Imperial de Tokio, subsecretario general de la Sociedad de Naciones, miembro de la Cámara de los Pares en el Parlamento Imperial japonés y jefe de la delegación japonesa en el Instituto de Relaciones del

Pacífico. En resumen, Nitobe era un hombre culto de logros considerables y un samurái de nacimiento, lo que lo hace más que cualificado para escribir sobre el *bushidō*.

Mientras discutía sobre moralidad con un socio belga, se le pidió a Nitobe que explicara por qué los japoneses se comportaban tan bien. Fue esta pregunta la que le inspiró a escribir sobre la ética de los samuráis. Comenzó su famoso libro mientras pasaba unas vacaciones en Japón, recuperándose de los efectos del estrés, y lo completó en Estados Unidos.

Tras su publicación, *Bushidō: el alma de Japón* se vendió bien no solo en Occidente, sino también en Japón, a pesar de no haber sido traducido al japonés hasta 1908. Atrajo a lectores famosos, como el presidente Theodore Roosevelt, y se regaló un ejemplar del libro al emperador japonés. Sin embargo, entre los críticos más notables se encontraban Uemura Masahisa, otro japonés cristiano, que describió la obra como la cristianización de los ideales de los samuráis, y el estimado japonólogo británico Basil Hall Chamberlain, que observó que era muy nacionalista.

El comentario de Chamberlain fue confirmado por la explosión de interés en el libro durante el fervor nacionalista del Japón de la década de 1930, cuando se convirtió en una lectura popular para los soldados japoneses. Tras la derrota de Japón en la Segunda Guerra Mundial, los samuráis cayeron en desgracia, pero el libro continuó siendo un elemento básico para quienes seguían interesados en las costumbres de los samuráis, especialmente en Occidente. De hecho, tuvo una segunda recuperación de ventas a finales del siglo XX, cuando la cultura japonesa volvió a estar de moda. Sin embargo, para los estándares actuales, el libro es de lectura difícil, con un lenguaje arcaico y un planteamiento sinuoso. Aunque ocupa un lugar en la mayoría de las bibliotecas de los entusiastas de los samuráis, sus páginas a menudo permanecen limpias y sin pasar.

Las siete virtudes del *bushidō* de Nitobe

Después de hablar de la historia y el propósito del libro, pasamos a analizar su contenido. Uno de los principales aspectos de *Bushidō: el alma de Japón* es la enumeración que hace Nitobe de siete virtudes fundamentales. Estas «siete virtudes» o «siete preceptos» del *bushidō* se convirtieron en el centro de las artes marciales japonesas y aún pueden verse enumeradas en las paredes de *dōjōs* en todo el mundo.

A continuación presentaremos estas siete virtudes antes de ponerlas a prueba más adelante en el libro frente a la realidad de la vida en tiempos de los samuráis.

Rectitud

Gi (義), traducido como «rectitud» en el libro original, es actuar de acuerdo con la justicia y la rectitud para seguir el camino correcto. Los términos relacionados son *gishi* (義士), «caballero de la rectitud», y *giri* (義理), «sentido del deber». La idea es que debes hacer lo correcto, lo adecuado, en todas las situaciones, aunque sea algo que no quieras hacer o que no parezca que te interese. Por ejemplo, debes respetar las obligaciones del deber para con tus mayores de la familia o con tu señor, independientemente de cualquier objeción personal o de enemistad. Esto lleva a respetar la edad por encima del talento. Un ejemplo podría ser el de una mujer joven que vende su virginidad para ayudar a sacar a su familia de dificultades económicas (este era un gran sacrificio, pero no tan grande como lo habría sido en la Europa de la época, donde una mujer tenía que ser virgen para poder casarse. En el siglo XVI, el misionero portugués en Japón Luís Fróis escribió sobre los japoneses: «Las mujeres nunca se preocupan por la virginidad; sin ella no pierden su honor ni la oportunidad de casarse»).

Valor

Yū (勇), traducido como «valor más espíritu de audacia y resistencia», significa hacer lo correcto en situaciones de peligro: luchar para evitar una muerte innecesaria, pero aceptar la muerte cuando llega el momento de morir. Este tipo de valor puede implicar soportar con ecuanimidad el hambre, el dolor, las temperaturas extremas o la falta de sueño, así como visitar lugares embrujados, presenciar ejecuciones, aventurarse de noche a tocar cabezas decapitadas y ser valiente en la batalla, especialmente en el momento de la muerte. El valor consiste en actuar contra los impulsos naturales en momentos difíciles.

Benevolencia

Jin (仁), traducido como «benevolencia», es mostrar compasión hacia otras personas. La frase *bushi no nasake* (武士の情け) significa «la ternura de un guerrero». Las personas con poder tienen el deber de ayudar a los menos afortunados, para que la bondad y la misericordia se transmitan por la escalera de la sociedad. Sea cual sea tu estatus, es importante ser consciente del sufrimiento de los demás.

Cortesía

Rei (礼), traducido como «educación», también puede significar respeto y cortesía. A cierto nivel, la cortesía proviene de un miedo interesado a causar ofensa, pero a un nivel más profundo se inspira en un verdadero respeto por los demás. Por ejemplo, en el antiguo Japón, cuando la gente se reunía en la calle para hablar, la etiqueta consistía en quitarse el sombrero o en bajar la sombrilla para que todos los presentes sufrieran por igual el calor del día. Otro ejemplo de respeto es la tendencia de los japoneses a minimizar la calidad de los regalos que hacen para no sugerir que el destinatario es indigno de estas ofrendas.

Sinceridad

Sei (誠), traducido como «veracidad y sinceridad», es la compañera necesaria del respeto. La cortesía es hueca si no se basa en la verdad y la sinceridad interiores. Si un samurái hace un juramento a un dios o jura sobre su espada, eso debería ser suficiente para cumplir con cualquier obligación. Nitobe utiliza esta sección para hablar de cómo los samuráis se distanciaban de la clase mercantil: perseguir el beneficio económico se consideraba aborrecible. Completa la sección señalando que, aunque es deshonroso decir una mentira, a veces es más educado en ciertas situaciones sociales no ceñirse *demasiado* a la verdad.

Honor

Meiyo (名誉), traducido como «honor» en el libro original, también puede denotar un sentido de orgullo y vergüenza. El deshonor es como una cicatriz en un árbol, que se hace más evidente a medida que el árbol crece. Por lo tanto, el honor personal debe ser cultivado y evitar las acciones que provocan *renchishin* (廉恥心), «vergüenza». Sin embargo, los samuráis no deben dejar que su orgullo se les vaya de las manos. Nitobe cuenta la historia de un samurái que, al ser advertido por un campesino de que una pulga se había posado sobre él, lo mata al instante, porque no puede soportar que lo comparen con el tipo de animal que las pulgas normalmente frecuentan.

Lealtad

Chūgi (忠義) se traduce como «lealtad» en el libro original. La lealtad a un señor tiene prioridad sobre la lealtad a la familia; la lealtad al clan sigue siendo extremadamente importante, pero el clan en su conjunto dirige su lealtad al señor y los deseos del señor se anteponen a los del clan. Nitobe cuenta la historia de un leal samurái que manda decapitar a su propio hijo en lugar del hijo de su señor, que ha sido condenado a muerte. Cuando el inspector llega para confirmar que la ejecución se ha llevado a cabo correctamente, el samurái contempla la cabeza cortada de su hijo y declara que es la del hijo de su señor. Esto se ofrece como un ejemplo de verdadera lealtad samurái.

Una versión alternativa del *bushidō*

El erudito Muro Kyūsō (1658-1734) también estableció ciertas pautas de comportamiento adecuado para los samuráis. Estas son:

- No hablar con falsedad.
- No trabajar para obtener beneficios egoístas.
- Mantener la mente centrada y honesta.

- Mantener una apariencia sencilla.
- Ser disciplinado y educado en el comportamiento.
- No adular a los superiores ni ser agresivo con los subalternos.
- Mantener siempre una promesa.
- Tomar nota de las dificultades de los demás.

La educación del samurái

Nitobe dedica un capítulo completo a explicar cómo se inculcaba la mentalidad samurái a los jóvenes de la clase samurái. La educación de un samurái valoraba la sabiduría por encima de la inteligencia (la inteligencia era la perspicacia y la recopilación de conocimientos, y la sabiduría la comprensión de la acción y el discurso correctos). Las únicas matemáticas de valor eran las relacionadas con la logística militar y la contabilidad familiar; Nitobe observa que los samuráis deben evitar el lucro y el esfuerzo por adquirir dinero y lujo. Considera que los samuráis deben llevar un estilo de vida austero con énfasis en la diligencia, la sabiduría y la conducta ética. En resumen, a los niños samuráis se les enseñaba a ser estoicos, a ser siervos leales con sus superiores y maestros benévolos con sus inferiores, y a tener un enfoque central en el desarrollo personal más que en los negocios. Nitobe sostiene que la moralidad y la virtud se inculcaban a los samuráis desde una edad temprana; si esto fue así o no, quedará patente al final de este libro.

Autocontrol

Nitobe también habla de la importancia del autocontrol y de mantener una apariencia externa impasible. Los samuráis deben abstenerse de mostrar cualquier emoción: ni alegría, ni ira, ni tristeza. Ningún estímulo externo debe afectar a la forma de comportarse de un samurái; deben permanecer sólidos y seguros en su porte. Además, no deben hacer ninguna demostración pública de afecto, como besos. Nitobe hace una irónica comparación entre los modales occidentales y japoneses, observando que los hombres de Occidente besan a sus esposas en público y las golpean en privado, mientras que los japoneses golpean a sus esposas en público y las besan en privado. Para los samuráis, demostrar disciplina era un signo de fortaleza, pero traicionar el afecto mostraba debilidad. Los samuráis deben ocultar sus verdaderas intenciones; su discurso debe ser reservado y deben mostrar sus pensamientos y sentimientos solo en las circunstancias más extremas. Más adelante, exploraremos la conexión entre los samuráis y las emociones y descubriremos hasta qué punto contenían o no sus sentimientos.

Suicidio

El suicidio ritual, conocido como *seppuku* o *hara-kiri*, era realizado por una persona llamada *seppuku-nin*. Se abría el estómago con varios movimientos prescritos antes de que un asistente designado, conocido como *kaishaku-nin*, decapitara al *seppuku-nin* siguiendo instrucciones o cuando el *kaishaku-nin* juzgaba que era el momento era correcto. Esta ceremonia era una parte importante de la cultura samurái, habiendo evolucionado de ser un gesto final en el campo de batalla a una forma altamente ritualizada de autoejecución.

El *seppuku* se realizaba de forma voluntaria –por ejemplo, como respuesta a una situación vergonzosa o como protesta– u obligatoriamente, como un castigo más honorable que una ejecución estándar. Se creía que era una parte fundamental de la cultura samurái durante la etapa media y posterior del período samurái. Más adelante exploraremos las circunstancias en las que el *seppuku* tuvo lugar en el Japón histórico.

Un lugar especial en el infierno

Como cristiano, Nitobe debe haber tenido sentimientos contradictorios sobre el enfoque samurái del suicidio, que era visto por su religión adoptiva no como un acto de honor, sino como un pecado vergonzoso. Refiriéndose a la visión de Dante del infierno en su *Divina comedia*, en la que el segundo anillo del séptimo nivel está reservado para los suicidas, Nitobe observa que esta parte del infierno debe estar repleta de samuráis. Dante describe a continuación el castigo impuesto a las almas de los suicidas, que, según relata, se convierten en viejos árboles y son atacados y desollados por arpías.

La flor de la nación

Nitobe concluye su breve libro señalando que, aunque los samuráis, incluso en su apogeo, solo constituían una pequeña proporción de la población japonesa, su comportamiento y sus códigos éticos se filtraron a las masas. Incluso ahora que los samuráis han muerto, el *bushidō* sigue fluyendo por la sociedad como una corriente virtuosa.

También establece un contraste entre el emblema de Inglaterra, la rosa, que florece gradualmente y se marchita con lentitud, y la flor de cerezo de Japón, que aparece con una velocidad sorprendente y muere con la misma rapidez. Esto lo ve como un reflejo de la disposición de los samuráis a morir jóvenes por el bien común, en comparación con la preocupación del guerrero occidental por sobrevivir hasta la vejez. Considera que la cultura occidental es más individualista que la japonesa. En Japón, todas las personas están dispuestas a servirse mutuamente, por lealtad a la familia, al emperador y a la nación, en un sistema de flujo único que favorece a los grupos más que a los individuos.

La obra de Nitobe configuró la visión del siglo XX sobre el guerrero japonés y ha sido la fuente de consulta de todos los libros y documentales sobre el *bushidō* durante más de un siglo. Pero ¿hasta qué punto se acerca su análisis de la cultura samurái a la realidad del comportamiento histórico de los samuráis? Esto se hará evidente a medida que avancemos.

El *Hagakure*

El texto en el rollo *Hagakure* fue compilado hacia 1716 por un samurái llamado Yamamoto Tsunetomo, también conocido como Jōchō, que vivía en el dominio de Saga de la isla meridional japonesa de Kyūshū. El título completo del rollo, *Hagakure Kikigaki* (葉隠聞書), puede leerse de varias maneras: «Dichos que se esconden debajo de las hojas», «Dichos de debajo de la sombra de los árboles» o «Dichos de la tierra de la fruta *hagakushi*». El original, que nunca ha sido traducido en su totalidad contiene once libros, incluidos los añadidos posteriores del samurái Tashiro Tsuramoto, que recopiló el libro en su forma actual.

El *Hagakure* no era muy conocido en su época, ya que era una de las miles de obras de samuráis del período Edo (1603-1868). Solo se hizo famoso dos siglos más tarde, a principios de la década de 1900, siguiendo la estela del *Bushidō: el alma de Japón*, de Nitobe. Durante la década de 1930, el gobierno nacionalista de Japón aprovechó el mensaje del *Hagakure*: «*Bushidō to iu wa shinu koto to mitsuketari*» («El camino del guerrero se encuentra en la muerte») un sentimiento que encajaba con la idea predominante del sacrificio final por el emperador.

Partes del rollo se publicaron por primera vez en 1906, pero una versión con las secciones más famosas no apareció hasta 1935, en pleno apogeo del militarismo japonés. En 1940 se publicó una edición comentada y un conjunto de tres volúmenes que fue popular entre los soldados del ejército japonés.

Tras la derrota de Japón en la Segunda Guerra Mundial, el nacionalismo entró en franco declive y las cosas relativas a los samuráis se abandonaron. El *Hagakure*, con su énfasis en el autosacrificio y en evitar la vergüenza de una «muerte de perro», se consideraba ahora anticuado y bárbaro. Sin embargo, es importante recordar que este manuscrito reflejaba una mentalidad de servicio sin discusión de mediados del período Edo. No se puede culpar a los autores originales del *Hagakure* por la forma en que fue explotado para encender a una clase militar ahora sometida a las acciones audaces de las generaciones pasadas. Por lo tanto, debe tratarse como una obra seria de la literatura samurái, pero no debe sacarse del contexto en el que fue escrita, por muy famosa que se haya hecho después.

El *Hagakure* en su contexto

Los estudiosos modernos critican el *Hagakure* por fomentar una mentalidad de «cuerpo de muerte» en la que se favorece la lealtad fanática y la acción instintiva por encima de una reflexión más lógica. Las siguientes citas de la traducción de William Scott-Wilson del *Hagakure* parecen apoyar tal valoración.

«Aunque es lógico que un samurái deba tener en cuenta el camino del samurái, parece que todos somos negligentes. En consecuencia, si alguien preguntara: "¿Cuál es el verdadero significado del camino del samurái"?, la persona que podría responder con prontitud es rara. Esto se debe a que no se ha establecido en la mente de uno de antemano. A partir de esto, se puede conocer la falta de consciencia del camino.

»El camino del samurái se encuentra en la muerte. Cuando se trate de esta, solo existe la elección rápida de la muerte. No es particularmente difícil. Sé decidido y avanza. Decir que morir sin alcanzar su objetivo es morir como un perro es la manera frívola de los sofisticados. Cuando se le presiona con la elección de la vida o la muerte, no es necesario alcanzar el objetivo.

»Morir sin conseguir el objetivo es una muerte de perro y un fanatismo. Pero no hay vergüenza en esto. Esta es la esencia del camino del samurái. Si al poner el corazón en orden cada mañana y cada tarde, uno es capaz de vivir como si su cuerpo ya estuviera muerto, gana libertad en el camino.

»Así, el camino del samurái es, mañana tras mañana, la práctica de la muerte».

Hagakure (1716)

Dichos como estos se han filtrado desde el *Hagakure* hasta los documentales y películas. Esto, unido a las hazañas de los fanáticos soldados japoneses durante la Segunda Guerra Mundial, ha alimentado la caricatura mediática moderna de un culto a la muerte de los samuráis. Sin embargo, siempre hay que tener en cuenta que estas citas aisladas no dan una imagen equilibrada del *Hagakure*, y que el *Hagakure* no da una imagen equilibrada de la clase samurái en su conjunto.

Aquellos que se centran en las partes fanáticas del *Hagakure* y permiten que se desborden no tienen en cuenta el contexto histórico en el que se compiló el escrito. Hay que tener en cuenta que data de un período de paz prolongada, la última acción importante de los samuráis tuvo lugar unos cien años antes. La obra refleja los pensamientos de un verdadero guerrero japonés que sentía que sus contemporáneos samuráis ya no seguían el código caballeresco. Yamamoto estaba tratando de restaurar el marco moral de lo que él consideraba como la edad de oro de los samuráis.

Resumen del *Hagakure*

El *Hagakure* es una colección poco estructurada de dichos e ideas que describen las formas correctas de los samuráis, junto con cuentos morales que ejemplifican el comportamiento correcto o incorrecto. A diferencia del *Bushidō: el alma de Japón*, no presenta un conjunto claro de preceptos. A continuación se desglosa la forma en que Yamamoto entiende el *bushidō* en cuatro secciones: rasgos personales, responsabilidades del clan, cosas consideradas correctas y las consideradas incorrectas.

Rasgos personales

- Estar dispuesto a morir por el señor sin rechistar.
- Centrarse en la entrega.
- Renuncia al interés propio.
- Pulir constantemente el carácter.
- Comprometerse con el matrimonio y las relaciones correctas.
- Saber que los errores son aceptables si se utilizan para educar.
- No aferrarse a opiniones firmes si resultan ser erróneas.
- Cultivar una apariencia personal impecable.
- Imitar las grandes hazañas del pasado.
- Utilizar modelos positivos.
- Tener una mente firme.
- Comportarse siempre correctamente.
- Ser sincero en la cortesía.
- Utilizar historias y episodios antiguos para corregir errores.
- Si quieres que algo se haga, hazlo tú mismo.
- Armarse de valor intentando siempre ser mejor y superar a los mejores en cualquier campo.
- No dejarse llevar por conversaciones difíciles sobre temas complejos.

- Concentrarse y prestar atención en todas las conversaciones.
- Tener confianza en uno mismo cuando se den discursos y en las conversaciones informales.
- Ser hábil en la literatura y la escritura.
- Estudiar el camino en todos los asuntos y temas.
- Superar las enfermedades y permanecer funcional en todo momento.
- Tomar decisiones con rapidez.
- Relacionarse con personas de conocimiento y aprender de ellas.
- Marcarse objetivos concretos.
- Aceptar todas las críticas con gracia y educación.
- Saludar a la gente con entusiasmo, como si fuera la primera vez que te la encuentras.
- Soportar el sufrimiento.
- No beber nunca en exceso.
- Participar en la ceremonia del té para purificar cuerpo y mente.
- No dejar que una situación externa afecte a tu estado de ánimo.
- Hacer gala de inteligencia, humanidad y valor.
- Mantener una expresión imperturbable, incluso en las situaciones más graves.
- Pensar antes de hablar.
- Encontrar cosas en la vida que te gusten y hacerlas.
- Valorar la verdad por encima de todo.
- Has de saber que el fanatismo es aceptable si el objetivo es correcto.

- Recitar y cantar el nombre de tu señor como lo harías con un santo.

Responsabilidades para con el clan

- Tener absoluta lealtad al señor.
- Cumplir con las obligaciones hacia los ancestros y los dioses.
- Reunirse para tomar decisiones de manera que se escuchen las mejores ideas.
- Trabajar en equipo y corregir los errores de los demás.
- Mantener las finanzas del clan saneadas.
- Saber que incluso los miembros sin talento del clan tienen valor siempre que sean leales.
- Si alguien es infeliz, hacer un intento serio pero discreto para hacerle feliz.
- Ayudar siempre a las personas que te han ayudado.
- Nunca convertirse en adoptado o casarse con otra familia solo por dinero.
- Conservar y mantener el equipo militar y asegurarse de que es práctico y utilizable.
- Guardar los fondos del clan para tiempos de guerra.
- Nunca hablar mal de los muertos.
- Alabar y respetar el nombre de la familia.
- Tener en cuenta los riesgos de incendio en la propiedad.
- Seguir un sistema de nombramientos basado en el mérito y no en el favoritismo.
- Estudiar la propia historia familiar.
- Asegurarse de entender el área de especialización de su familia.

- Reconocer que incluso una pequeña cantidad de habilidad parecerá grande cuando se ponga al lado de personas incapaces.
- Saber que incluso las casas más grandes llegan a su fin, así que si tu clan va a caer asegúrate de que se va con estilo.

Cosas que se consideran correctas

- Transpirar una fuerza silenciosa.
- Afrontar cualquier situación con una acción directa.
- No retrasar el afrontamiento de las situaciones.
- Morir en la consecución de tu objetivo.
- Adquirir sabiduría y talento.
- Valorar la acción de una persona sin reputación ni habilidad aparente que muere por una causa.
- Aconsejar de forma correcta, en el momento correcto y por las razones correctas.
- Ser de confianza para los demás.
- Mirar a la gente directamente a los ojos.
- Levantarse temprano, trabajar todo el día y retirarse por la noche.
- Predecir correctamente los resultados futuros a partir de las pruebas actuales.
- Estudiar y ser competente en las artes marciales y militares.
- Ser el primero en la batalla.
- Morir de cara al frente.
- Retirarse cuando está claro que se es demasiado viejo o se está desconectado.

- Llevar al límite cualquier acción correcta para mostrar la determinación adecuada.
- Poner la vida del señor por encima de las vidas de los seres queridos.
- Optar por la solución más sencilla: si las cosas se complican, empezar a matar.
- Adaptarse a los tiempos que se viven sin perder nunca de vista las viejas costumbres.
- Corregir los errores.
- Si la sociedad entra en un período de frenesí, retirarse a casa hasta que el tumulto se haya disipado.
- Golpearse el pecho con el orgullo de cumplir con tu deber.

Cosas que se consideran incorrectas

- Tener habilidad y talento sin lealtad ni propósito.
- Apegarse a un nuevo señor o persona de poder cuando el anterior señor se retira o muere.
- No actuar correctamente en el momento de la muerte.
- Utilizar un lenguaje vulgar.
- Tener modales extraños.
- Valorar el intelecto por encima de la sabiduría.
- Predecir incorrectamente los resultados futuros basándose en las pruebas actuales.
- Ser encontrado muerto con una vestimenta o higiene indecorosa.
- Centrarse en el dinero o el sexo.
- Parecer demasiado relajado en público (esto llevará a la gente a pensar que eres flojo en todo momento).
- Convertir las artes marciales en una muestra artística.

- Atacar verbalmente a personas que estén claramente bajo estrés.
- Inculcar a los niños fobias, respuestas o rasgos incorrectos.
- Hablar de las personas a sus espaldas.
- Ser descuidado en cualquier asunto.
- Dejarse llevar por las supersticiones.
- Traicionar el miedo con la voz.
- Creer historias o leyendas tontas.
- Dejar las cosas para más tarde.
- Evitar hacer algo por miedo a la culpa.
- Faltar al respeto a los caminos del Buda.
- Decir que el budismo debe tener prioridad sobre el *bushidō*.

Estas listas constituyen los temas principales del *Hagakure* cuando las historias y anécdotas individuales son despojadas de su significado más puro. Lo que queda es comparar estos puntos con otros documentos de toda la época de los samuráis, los relatos de los viajeros occidentales y las acciones reales de los samuráis históricos, para evaluar hasta qué punto el *Hagakure* es una verdadera representación del *bushidō* para todas las épocas en Japón.

Ahora dejaremos de lado nuestra discusión sobre la versión mitificada del *bushidō* que ha viajado al mundo occidental y pasaremos a una investigación de la historia y la sociedad japonesas. Utilizaremos tantas fuentes primarias como sea posible y el debate lógico para pintar una imagen real de cómo los samuráis creían que debían actuar y cómo actuaban en realidad.

El mundo de los samuráis

> «Creo que no hay gente en el mundo más puntillosa en cuanto a su honor que los japoneses, ya que no soportan ni un solo insulto, ni siquiera una palabra dicha con ira.»
> Escritos de Alessandro Valignano
> (siglo XVI)

Para entender el *bushidō*, hay que entender primero la cultura japonesa. Los siguientes dos capítulos sentarán brevemente las bases para una mejor comprensión de la vida en la época de los samuráis para poder comparar las acciones de estos con lo que se esperaba de los habitantes de Japón.

3. Fundamentos de la sociedad

Los samuráis eran tanto un producto de la sociedad como del campo de batalla. En este capítulo exploraremos las características que definían la vida japonesa durante la época de los samuráis. ¿Cómo se gobernaba el país? ¿Qué papel desempeñaba la religión en la conformación del comportamiento? ¿Cómo se organizaban las clases sociales? ¿Dónde encajan los samuráis en esta estructura? ¿Cómo mantenían el orden las autoridades?

Términos y conceptos clave

En esta sección introductoria, abordaremos algunas de las costumbres y creencias predominantes en la sociedad japonesa durante la época de los samuráis. Algunas de ellas cayeron en desgracia, pero todas ellas influyeron en la forma de pensar de los samuráis y siguen influyendo en la forma en que los japoneses ven el mundo hoy en día.

神国 *Shinkoku*
Tierra de los dioses
Los dioses *shintō* protegen la tierra de Japón, con el emperador sirviendo como representante del cielo en la tierra. El pueblo cree que, si rinde respeto al emperador y a los dioses, el cielo guiará y protegerá a Japón.

護国の神 *Gokoku no kami*
Dioses protectores
Son dioses a los que se les encomienda la tarea de velar por Japón. Algunos notables mortales fueron deificados después de la muerte y se unieron a las filas de los dioses protectores.

神祇崇拝 *Jingi sūhai*
Culto a los dioses nativos
El culto a la panoplia de dioses japoneses en sus múltiples formas une a toda la sociedad. Proporciona a los japoneses una comprensión compartida del pasado mítico de su país y los une como «hijos de los dioses».

祖先崇拝 *Sosen sūhai*
Culto a los antepasados
La relación entre los vivos y los muertos es especialmente fuerte en la cultura japonesa. Las familias veneran e interactúan regularmente con los espíritus de ancestros fallecidos, invocando su protección y guía en los asuntos familiares.

天皇 *Ten'nō*
El emperador
El emperador no ha tenido un poder político significativo en Japón desde el siglo XII.

Sin embargo, su posición como líder espiritual de la nación, vínculo entre los dioses y el pueblo, siempre ha sido incuestionable. Este papel espiritual, similar al del papa, se refleja en el término japonés para referirse al emperador, *ten'nō*, que significa «emperador celeste». Como descendiente directo de los dioses, el emperador nunca podría ser asesinado y sustituido por cualquier samurái al azar, aunque en varios momentos de la historia de Japón hubo competencia y rivalidad entre las diferentes ramas de la línea imperial. Lo mejor que podía hacer cualquier señor de la guerra ambicioso era convertirse en *shōgun*, gobernante *de facto* de la nación, o casar a su familia con la familia imperial y engendrar al siguiente emperador; el guerrero Taira no Kiyomori, por ejemplo, alcanzó el poder político de esta manera.

王法 *Ōhō*
La ley imperial

El emperador es el núcleo central de todo Japón y las leyes y costumbres del país emanan de él.

大義名分 *Taigimeibun*
Lealtad al soberano

Todo el pueblo de Japón debe obediencia y lealtad al emperador. En épocas anteriores, también se mostraba el mismo grado de lealtad al *shōgun*, un poderoso general samurái designado originalmente por el emperador para dirigir el ejército, pero que en épocas posteriores asumió el gobierno general de Japón.

国家守護 *Kokka shugo*
Protección militar del Estado

Este concepto sostenía que el Estado japonés necesitaba un

fuerte respaldo militar para ganarse el respeto de otras naciones. Situaba a los samuráis como los poderes detrás del trono imperial.

国人 *Kokujin*
Guerreros fuera del control del gobierno

Aunque la casa imperial de Kyōto era vista como la capital espiritual de la tierra, muchas regiones japonesas estaban gobernadas por señores de la guerra samuráis y el emperador tenía poco o ningún control directo sobre ellas. Esta tensión entre autoridad central y la autonomía regional fue la causa de numerosas guerras durante el período samurái.

日本語 *Nihongo*
Lengua japonesa

El idioma japonés hablado es originario de Japón, pero el alfabeto escrito está basado en los caracteres chinos conocidos como *kanji*. Estos se apoyan en una serie de fonéticas simplificadas que permiten pronunciar los *kanji* en japonés. En Japón, el lenguaje es un poderoso significante de jerarquía. Complejos títulos honoríficos y reglas rigen las interacciones entre personas de diferentes clases sociales y edades. Diversas estructuras lingüísticas están diseñadas para humillar al hablante y elevar al oyente. Se favorecen las construcciones gramaticales impersonales; pueden ser ambiguas, pero evitan ofender.

護国 *Gokoku*
El budismo como protector del Estado

Desde su llegada desde la India a través de China y Corea en el siglo VI a.C., el budismo ha coexistido felizmente con la religión nativa japonesa, el *shintō*. Los dioses *shintō* y budistas –algunos de los cuales se han fusionado en las mismas figuras– son vistos como guardianes de las tierras de Japón.

仏法 *Buppō*
La ley budista

El budismo proporciona un código de conducta y una filosofía de vida y social que todos los japoneses siguen.

新規 *Shinki*
Nuevas ideas

Japón es una cultura basada en los precedentes. Históricamente, las nuevas ideas, denominadas *shinki* (新規), se consideraban contrarias al antiguo orden de cosas. Aunque las nuevas ideas en ciertas áreas, como la guerra, podían ser vistas favorablemente, se aceptaba por lo general que las formas antiguas eran las mejores porque mantenían la estabilidad social.

身分 *Mibun*
Derechos de nacimiento

El concepto de *mibun* (身分), «las circunstancias del propio nacimiento», se dice que procede de la China del período Song (960-1279) y fue una idea importante en Japón. El poder solía recaer en aquellos de la clase social adecuada que tenían buenas conexiones familiares; se trataba de saber quién era tu padre o tu abuelo o con quién estabas conectado.

Los samuráis de alta cuna que utilizaban su ascendencia para justificar su derecho a gobernar contribuyeron a reducir la movilidad social y cimentaron la solidez de los poderes gobernantes. Por ejemplo, el cargo de *shōgun* estaba restringido a los descendientes de Minamoto no Yoritomo, el primer *shōgun* de la era Kamakura. En consecuencia, el plebeyo Toyotomi Hideyoshi no podía ser *shōgun*; en su lugar, se le conoció como *kampaku* (関白), asistente formal del emperador, un puesto que, no obstante, requería una conexión con el clan Fujiwara. En realidad, era *shōgun* en todo menos en el nombre. A pesar de sufrir de este modo las circunstancias de su propio nacimiento, Toyotomi Hideyoshi trató de restaurar el *mibun* para poner fin al caos del período de los Estados Combatientes.

Otros términos asociados al *mibun* son: *seshū* (世襲), «poder hereditario»; *katoku* (家督), «patrimonio familiar»; y *atome* (跡目), «sucesión».

贈答 *Zōtō*
Dar y recibir
En Japón, hacer regalos era –y sigue siendo– una parte importante de la vida en general y de la política en particular. No hacer los regalos adecuados podía ser perjudicial para los intereses de una persona. Las personas con trabajos menos remunerados pero con un alto grado de control sobre ciertos aspectos de la vida de las personas de alto rango estaban abiertas a recibir regalos y sobornos por su ayuda para realizar conexiones. El *Bushidō Shoshinshū* relata el viejo dicho japonés: «Las chaquetas blancas y los funcionarios son mejores cuando son nuevos», lo que significa que los administradores se vuelven más corruptos cuanto más tiempo están en el cargo.

多神教 *Tashinkyō*
Politeísmo
Japón es tradicionalmente un país espiritualmente inclusivo, que

Fundamentos de la sociedad

permite a la gente hacer su propia elección entre las múltiples deidades disponibles para venerar. Una variedad de religiones han sido importadas de todo el mundo y coexisten pacíficamente junto a la religión autóctona japonesa del *shintō*. Sin embargo, aunque los samuráis eran en teoría libres de elegir su propia religión, en la práctica solían seguir el ejemplo del caudillo provincial. Hubo ocasionales guerras religiosas, como la lucha de Oda Nobunaga contra los monjes Sohei de la secta Tendai, que culminó con el asedio del monte Hiei en 1579, pero lo que estaba en juego en la mayoría de los conflictos era el poder político.

一夫多妻 *Ippu tasai*
Poligamia
En ciertos momentos de la historia de Japón era aceptable tener varias «esposas» (dependiendo de la definición) o al menos amantes. También se permitía el divorcio y, a diferencia de muchas otras culturas, no era vergonzoso que una mujer tuviera relaciones sexuales antes del matrimonio. De hecho, la virginidad de una chica era una mercancía a la venta en muchos casos. Las actitudes hacia la homosexualidad fluctuaban de una época a otra, pero no parece haber sido un tabú importante en ningún momento y fue más común durante el período Edo.

五逆 *Gogyaku*
Los cinco pecados capitales
La siguiente lista de delitos son los considerados más graves en el budismo japonés.

- Matar a un padre.
- Matar a una madre.

- Matar a una figura santa.
- Herir a un buda.
- Perturbar a una comunidad de monjes.

Centros de influencia

La capital de Japón siempre se ha definido por la ubicación del palacio imperial, el centro de la vida de la corte. Desde 1868, esta ha sido Tōkyō, o Edo, como se conocía antiguamente a la ciudad. Sin embargo, durante más de mil años antes de eso, el emperador residía en Kyōto. Aunque Kyōto ya no es la capital, sigue siendo el corazón espiritual y cultural de Japón.

El trazado de Kyōto se basó en el de la ciudad de Chang'an (actual Xi'an), la capital de China durante la mayor parte de la dinastía Tang (618-907). Está alineada y posicionada según los métodos del *feng shui* y está construida sobre una planta de cuadrícula. Era el hogar de los aristócratas, la nobleza menor, la corte imperial y los samuráis de alto rango. Kyōto no tiene fortificaciones, pero ha sido testigo de múltiples insurrecciones, guerras civiles, ataques incendiarios y luchas sangrientas entre clanes.

El estatus de la ciudad ha subido y bajado al ritmo del emperador. Durante el shogunato de Kamakura (1185-1333), el *shōgun* Minamoto no Yoritomo estableció una capital militar rival en la ciudad oriental de Kamakura. Antes, el emperador tenía vía libre para nombrar gobernadores regionales de entre la aristocracia y los samuráis de sangre noble, pero Yoritomo obligó al emperador a otorgar los cargos a sus hombres elegidos. El poder pasó tanto del emperador al *shōgun* y de Kyōto a Kamakura.

Aunque el emperador nunca recuperó su autoridad política, Kyōto se convirtió en la capital indiscutible de Japón una vez más en 1333. Fue entonces cuando Ashikaga Takauji derrocó el shogunato de Kamakura, fundó el shogunato de Ashikaga en su lugar y trasladó el centro de gobierno de nuevo a la capital imperial. Durante los siguientes quinientos años o más, cualquier samurái con serias ambiciones políticas debía contar con buenas conexiones en Kyōto y conocer el sistema de rangos que allí se desarrollaba.

Un ejemplo notable del uso del rango como juego de poder puede verse en el tratamiento del samurái del siglo XVI Hōjō Ujinori cuando visitó Kyōto. Como castigo por desafiar el mando central en Kyōto, fue obligado a tomar una posición extremadamente baja, muy por debajo de su estatus real. Toyotomi Hideyoshi, el canciller del reino, ofreció a Ujinori un puesto más adecuado en la corte entre sus pares a cambio de su conformidad. Cuando se enfrentó a la elección entre la autonomía en su base regional y el respeto en la capital, Ujinori optó por lo segundo. Este es solo un ejemplo de cómo Kyōto siguió siendo el centro del interés de los guerreros con mentalidad política durante la mayor parte de la historia de los samuráis.

La clase samurái

Quién podía y quién no podía ser considerado samurái era una línea que cambiaba a lo largo del tiempo. Originalmente, los únicos que tenían derecho a llamarse samuráis eran los *jizamurai* (地侍), «samurái rural». Había pocos o ningún samurái de ciudad en los primeros tiempos, aparte de los que servían en la corte de Kyōto. Ciertas categorías de samuráis, como los *dōshin* (同心), «medio samurái», y *koshi* (古士), «samurái desplazado», fueron considerados originalmente como samuráis propiamente dichos, pero con el cambio de los tiempos fueron relegados a un puesto inferior al estatus de samurái. Del mismo modo, todavía se discute si los *ashigaru* (足軽), «soldados de a pie», se consideraban campesinos o guerreros al evolucionar en una fuerza permanente.

Aunque en general los samuráis eran una clase hereditaria basada en la estructura del clan de clanes, los ejemplos de personas promovidas a las filas de los samuráis no son infrecuentes. Uno de los más famosos de estos samuráis hechos a sí mismos es Toyotomi Hideyoshi, que terminó como gobernante de todo Japón por sus propios méritos. Otro ejemplo es Suruga Jirō, hijo de un cazador que se convirtió en un fiel vasallo de Minamoto no Yoshitsune, una recompensa por su servicio como guía cuando Yoshitsune atacó una posición llamada Ichi no Tan desde las laderas de la montaña detrás de la fortaleza.

Consideremos también a Ōkubo Nagayasu, que empezó como actor de *nōh* antes de ser elevado a samurái y convertirse en un valioso señor de la guerra al servicio de la familia Tokugawa. Sin embargo, se convirtió al cristianismo y fue implicado después de su muerte en una conspiración para traer tropas extranjeras al país y derrocar a los Tokugawa. Como castigo por la aparente traición de su padre, se ordenó a los hijos de Ōkubo que se suicidaran.

También estaba el samurái de bajo rango Toda Issai, que fue ascendido por Tokugawa Ieyasu después de la batalla de Sekigahara. Esto se produjo porque Tokugawa Ieyasu estaba descontento con su hijo Hidetada por llegar tarde a la batalla al detenerse en el camino para intentar capturar un castillo. Resultó que Toda Issai había aconsejado no retrasar su marcha, pero sus palabras no fueron escuchadas porque no ocupaba un rango lo suficientemente alto. Por lo tanto, Tokugawa Ieyasu decidió aumentar sus ingresos de 3.000 a 30.000 *koku*, el nivel de un independiente, para que en el futuro su voz fuera escuchada.

Irónicamente, fue el gran samurái hecho a sí mismo Toyotomi Hideyoshi quien estableció la idea de los samuráis como una casta exclusivamente hereditaria, limitando así el alcance de la movilidad social. Todavía había algunos ejemplos de personas que fueron promovidos a samuráis o se les concedían símbolos de estatus similares a los de los samuráis como el derecho a llevar una espada o tener un apellido, y en algunos casos el estatus de samurái se podía comprar. Lo que se puede decir es que la línea entre los samuráis y los no samuráis estaba a veces vagamente definida y otras veces ferozmente restringida. Se podía nacer samurái y perder ese estatus, o empezar como campesino y convertirse en samurái.

Samuráis no japoneses

Comerciantes y misioneros europeos, acompañados de marineros africanos, comenzaron a llegar a Japón en el siglo xvi. También hubo inmigrantes procedentes del continente asiático. Aunque la inmensa mayoría de los samuráis eran japoneses, un pequeño número de ellos estaba integrado por estos extranjeros.

> Ejemplos notables son William Adams, que llegó a Japón desde Londres en 1600. No solo se convirtió en samurái, sino que ascendió al estatus de *hatamoto*, un estrecho colaborador de Tokugawa Ieyasu. Yasuke fue un africano que también ascendió al rango de samurái y sirvió junto al gran señor de la guerra Oda Nobunaga en sus campañas y a su muerte. El hecho de que estos hombres extranjeros alcanzaran tal prominencia demuestra que el rango de samurái estaba abierto a cualquiera que tuviera la capacidad de alcanzarlo.

Religión

Las religiones que sentaron las bases morales de Japón desempeñaron un papel importante en el desarrollo de la ética samurái. Antes del *bushidō* estaba el budismo, antes del autosacrificio samurái estaba el *shintō*, antes de las campañas lanzadas para conquistar el poder estaba el confucianismo, y antes de la dominación samurái estaba el daoísmo. La religión y la filosofía moldearon a los samuráis tanto como la guerra.

Shintō

La única religión indígena de Japón, el *shintō* (sintoísmo, en castellano) conecta a la gente con su paisaje y sus ancestros. Une la cultura japonesa, proporcionando un vínculo con una tierra creada por los dioses, con un dios-gobernante en el trono. En el *shintō* no hay escrituras, ni sacerdotes, ni jerarquía de santidad, pero hay divinidad en todas partes: en cada árbol, roca, río y piedra. Las montañas albergan espíritus sagrados llamados *kami*, el agua y la tierra también. Japón está lleno de magia divina.

Además de conectar al pueblo con la tierra, el *shintō* también lo une al emperador y fomenta la lealtad a la nación. Históricamente, el *shintō* ha estado interconectado con otras religiones como el daoísmo, el budismo y el confucianismo, que llegaron a Japón más tarde, y solo se separó de ellas tras el fin de la era samurái. Para los samuráis, el *shintō* era una hebra en la trama de la cultura religiosa japonesa.

Daoísmo

Conocido en Japón como *dōkyo* (道教), el daoísmo es una religión-filosofía china que se esfuerza por comprender el universo y las leyes de la naturaleza. Puede dividirse en una rama filosófica, basada en los escritos de Lao Tzu, y una rama religiosa o mágica, que se ocupa de la doctrina, los rituales y los hechizos.

En general, el daoísmo promueve una teoría de la creación basada en los elementos complementarios y a la vez opuestos del *yin* y el *yang* (conocidos en japonés como *in* y *yō*) y las cinco fases de la tierra, el fuego, el metal, el agua y la madera, que juntos crean todo lo que hay en el universo. El conjunto de la creación, conocido como las «diez mil cosas», está entonces sujeto a una relación destructiva o creativa.

El daoísmo suele quedar eclipsado por las tres religiones principales de Japón, budismo, confucianismo y *shintō*, y puede ser difícil separar las creencias daoístas del *shintō* y el confucianismo. Sin embargo, la influencia daoísta puede encontrarse en muchos aspectos de la vida japonesa y fue fundamental en el desarrollo del *onmyōdo* (陰陽道), un amplio sistema de ciencias naturales que abarca áreas como la astronomía, la adivinación y la medición del tiempo.

Budismo

El budismo consiste en las enseñanzas del Buda, Siddhartha Gautama, que vivió en la India en el siglo VI a.C. La religión se extendió tanto por Oriente como por Occidente. Llegó a Japón a través de China y Corea en el siglo VI d.C.

El budismo japonés procede de la rama Mahayana de la religión, que a su vez se dividió en múltiples sectas. Tendai era considerada la secta para la familia real, Shingon para la nobleza, Zen para los samuráis y Jōdo para las masas. Todas las sectas y ramas comparten ciertas creencias clave: que la vida es una lucha, el deseo debe evitarse y que la perfección consiste en reducir la deuda kármica hasta que el alma se libere del ciclo de nacimiento y muerte y pueda migrar al nirvana.

Más allá de las ideas comúnmente entendidas del budismo, hay conceptos más específicos de Japón y de especial importancia para los samuráis. Un ejemplo importante es *mappō* (末法), que es el final de los tiempos, cuando las enseñanzas budistas están en declive y el mundo está sumido en el odio. Los japoneses creen que este período comenzó después del primer milenio después de Cristo y que todavía lo estamos viviendo. Otra es la idea de que todos los muertos deben ser honrados por igual, sean amigos o enemigos.

Los samuráis adoptaron a menudo los caminos del budismo, y es interesante observar que algunos guerreros famosos no eran conocidos por sus nombres, sino por los títulos budistas que se les otorgaban. Por ejemplo, Takeda Shingen (武田信玄) se llamaba originalmente Takeda Harunobu (武田晴信) y Uesugi Kenshin (上杉謙信) era conocido anteriormente como Uesugi Terutora (上杉輝虎). Además, a menudo se les representaba con cofias blancas como las que llevarían los monjes budistas. El propio Takeda Shingen dijo: «Rinde la debida reverencia a los dioses y estudia el zen». Los samuráis siempre fueron conscientes de la deuda kármica que suponía matar y conocían mejor que nadie la realidad del sufrimiento. Sin embargo, parece que no siempre se preocuparon lo suficiente por los principios budistas para frenar algunos de sus instintos más feroces.

Monjes guerreros

Antes de la unificación de Japón en 1600, los templos budistas estaban muy poblados por monjes militares no muy diferentes a los samuráis. Eran propensos al tipo de comportamiento que generalmente no se asocia con los piadosos «hombres en hábitos».

Según el texto *Heike Monogatari*, los monjes de los templos de Kōfukuji y Enryakuji se peleaban por colocar las placas de sus templos en la posición más prestigiosa. Dos monjes con armaduras de Kōfukuji –uno llamado Kannonbō, que iba vestido con una armadura con cordones negros, y el otro llamado Seishibō, que vestía una armadura con cordones verdes– destrozaron la placa del templo rival para zanjar el asunto. Los monjes de Enryakuji, sorprendidos por el destrozo de su placa sagrada, se retiraron para reflexionar sobre su siguiente movimiento. Más tarde, bajaron de su montaña con una armadura completa y atacaron, sembrando el pánico en la ciudad de Kyōto.

Otro ejemplo de comportamiento violento de los monjes puede verse en una carta que el oficial samurái Sakai Uta-no-kami escribió a algunos monjes después de que estos hubieran irrumpido en la casa de un tal Suganuma Tōjūrō y golpeado a su familia y asistentes hasta casi causarles la muerte. Los puntos de la carta se abrevian a continuación:

- Los hombres santos deberían ayudar a la gente, pero ustedes se han vuelto militaristas.
- Golpear a las mujeres y a los niños no es una regla de su orden.
- Lo hicieron por venganza, pero la venganza no es una virtud budista.
- El allanamiento de morada y el robo no son virtudes budistas.
- Su templo lleva el nombre de un emperador del pasado, al que desacreditan con su comportamiento.
- Un hombre que se afeita la cabeza y adopta el hábito de monje, pero que no es santo por dentro es como un murciélago que intenta ser un pájaro.

Como sugieren estos limitados ejemplos, la delgada línea entre el samurái y el monje era a menudo borrosa. De hecho, algunos samuráis entraban en órdenes religiosas y llevaban consigo sus habilidades militares. Durante ciertos períodos, los monasterios militares constituían una verdadera amenaza para los señores de la guerra. En el siglo XVI, Oda Nobunaga dedicó más de diez años a acabar con los monjes Sōhei de Ishiyama-Honganji, bien armados y defendidos. Esto ayuda a romper la visión moderna de monjes pacíficos y nobles guerreros, y en cambio permite la comprensión de una relación mucho más complicada entre guerreros, hombres santos, ideales religiosos, realidades religiosas y poder económico y político de los monasterios armados.

Zen

El zen es una forma de budismo que se centra en la meditación y la búsqueda de la verdadera naturaleza del ser. Su énfasis en la claridad de la mente atrajo a los samuráis. El zen enseñaba la virtud moral de no mirar atrás una vez tomada una decisión, aliviaba el miedo a la muerte y fomentaba el desarrollo de una voluntad de hierro, todos atributos mentales importantes para un soldado profesional.

Al igual que otras formas de budismo, el zen procedía de China y otras partes de Asia, aunque no llegó a Japón hasta finales del siglo XII. No floreció en la capital imperial de Kyōto, sino que encontró un público dispuesto en la sede militar del poder, en Kamakura. Este auge del zen dio lugar a muchos aspectos fundamentales de la cultura japonesa actual, como la idea de *wabi-sabi*, que es un amor por la sencilla elegancia de lo rústico, la ceremonia del té y el arte de los arreglos florales.

La adopción del zen por parte de los samuráis ha dado lugar a la idea de que eran estoicos y estaban centrados en todo lo que hacían, y que nunca mostraban sus emociones. Sin embargo, hay innumerables casos de samuráis que no se ajustan a ese estereotipo.

Por ejemplo, la rivalidad entre el samurái cristiano Augustin Konishi y el famoso guerrero Katō Kiyomasa durante la invasión japonesa de Corea en 1592. Esta pareja estuvo enfrentada desde el principio. Konishi fue el primero en llegar a las playas coreanas y debía esperar a las demás fuerzas, pero en lugar de ello comenzó a correr hacia Seúl. Kiyomasa, furioso, tomó una ruta diferente –los ejércitos samuráis normalmente se dividen de esta manera– para intentar ganarle. Los dos llegaron a un punto de encuentro y discutieron sobre quién avanzaría primero, porque ser el primero en la batalla era un gran honor.

Al final, Konishi se ganó el honor de enfrentarse a la resistencia coreana en un río cercano, aunque es posible que Kiyomasa le dejara ir primero con la esperanza de que fracasara. Lejos de fracasar, Konishi masacró a los coreanos (cuando intentó realizar una inspección ceremonial de las cabezas, el problema de tener demasiadas cabezas decapitadas y la falta de tiempo les obligó a tomar solo las narices).

En el siguiente encuentro militar de ambos, Kiyomasa se cebó con Konishi llamándole «comerciante», dando a entender que era de bajo rango o capacidad; el indignado Konishi empezó a desenvainar el sable y tuvo que ser retenido por sus criados. Es interesante saber que Kiyomasa era de origen humilde, pero al casarse con la familia de Toyotomi Hideyoshi pudo moverse en los círculos adecuados.

Se dice que Konishi destruyó todos los barcos de la zona después de cruzar el siguiente río para evitar que Kiyomasa cruzara (sin embargo, esto puede haber sido obra de los coreanos) y que después de que Konishi hubiera entrado en Seúl avergonzó a Kiyomasa haciendo esperar a sus tropas ante las puertas de la ciudad. Se ha llegado incluso a decir que Konishi informó al enemigo chino –que estaba en Corea en ese momento– de los movimientos de Kiyomasa para evitar que obtuviera más éxitos después de haber tomado el noreste de Corea.

Konishi también provocó la ira de Toyotomi Hideyoshi en sus negociaciones de paz con los chinos, durante las cuales enfrentó a ambos bandos (tal vez para evitar las represalias chinas contra Japón por invadir el territorio coreano). Comunicó a los enviados chinos que Hideyoshi aceptaba al emperador chino como superior y le dijo a Hideyoshi que los chinos lo aceptaban a él como superior. El subterfugio de Konishi salió a la luz varios años después, cuando los funcionarios chinos llegaron a Japón para conceder a Hideyoshi el título de «rey del Japón». Según el misionero portugués João Rodrigues, Hideyoshi «estaba fuera de sí, echaba espuma por la boca y despotricaba hasta que de su cabeza salió humo, como si estuviera en llamas». Hideyoshi ordenó la destrucción de varias ciudades coreanas como represalia por este desaire y Konishi evitó ser ejecutado por poco.

Así pues, la imagen de los samuráis zen que obedecen tranquilamente a sus superiores no es realmente histórica; los ánimos se caldeaban a menudo.

El zen y el arte de la guerra

La adhesión al budismo y al *shintō* había sido siempre una piedra angular de la vida militar japonesa. Esta conexión se hacía explícita en los ejemplos de samuráis que realizaban su entrenamiento en los terrenos de templos y santuarios. Sin embargo, la fusión de las artes marciales con el zen en la medida en que se conoce hoy en día fue un fenómeno mucho más tardío, que comenzó a perfilarse hacia principios del siglo XVII.

> Una de las obras más influyentes de este período fue el manual de 1632 de Yagyū Munenori sobre el manejo de la espada, el *Heihō Kadensho*. Comprende dos secciones principales, la espada que da la vida y la espada que da la muerte, el manual se debe a las ideas de un monje zen llamado Takuan, con quien Munenori mantuvo una gran correspondencia. Como señaló Satō Hiroaki, que tradujo el *Heihō Kadensho* al inglés, el enfoque filosófico del manual contrasta fuertemente con los escritos más prácticos y militaristas de las generaciones anteriores.

Confucianismo

El confucianismo implica el estudio de las enseñanzas de Confucio, un sistema filosófico chino basado en la comprensión de la razón humana, los modales adecuados y los sistemas éticos. Defiende la noción del «ser humano superior» y hace hincapié en la estricta jerarquía social y la lealtad al líder. Otro aspecto influyente del confucianismo es la idea de tomar el camino medio entre dos extremos.

El confucianismo se introdujo por primera vez en Japón a principios de la historia del país, y luego llegó una segunda oleada de las llamadas enseñanzas neoconfucianas en la era Kamakura, durante los siglos XII y XIII. Sin embargo, no fue hasta que el gobierno de los Tokugawa adoptó oficialmente el confucianismo para controlar a las masas en el siglo XVII cuando este empezó a tener un efecto significativo en la vida cotidiana japonesa. Anteriormente, hombres, mujeres y miembros de diferentes clases sociales habían sido libres de interactuar entre sí hasta cierto punto, pero los valores confucianos hicieron que la sociedad se volviese más rígida y cerrada.

> **Las cinco relaciones**
>
> El confucianismo se basa en estrictas nociones de jerarquía dentro de las familias y en el conjunto de la sociedad. Hay cinco relaciones principales definidas en el confucianismo:
>
> 1. Del gobernante al súbdito.
> 2. Del padre al hijo.
> 3. Del hermano mayor al hermano menor.
> 4. Del esposo a la esposa.
> 5. De superioridad social a inferioridad social.
>
> En cada relación, la primera parte se considera superior a la segunda y cada persona tiene ciertas responsabilidades hacia la otra. Por ejemplo, en la relación entre el gobernante y el súbdito, el gobernante debe ser benévolo y el súbdito debe ser leal.

Cristianismo

A menudo se pasa por alto el cristianismo como religión de Japón y de los samuráis, pero durante un período relativamente breve llegó a ser importante en la historia japonesa. Con la llegada de los europeos a mediados del siglo XVI, se puso en marcha la evangelización del país. Tras un lento comienzo, los misioneros acabaron convirtiendo a cientos de miles de japoneses, y provincias enteras adoptaron la cruz. La gente identificaba el alma cristiana inmortal con el espíritu *shintō kami*. Sin embargo, el concepto de condenación eterna era más difícil de vender, ya que contradecía la idea budista del renacimiento.

La razón principal, sin embargo, de que el cristianismo no prosperara en Japón como otras religiones importadas es que amenazaba la soberanía nacional. Los cristianos japoneses debían lealtad no solo al emperador, sino también al papa de Roma. Por ello, como en el caso del samurái cristiano Ōkubo Nagayasu, siempre estuvieron bajo sospecha de conspirar con los invasores extranjeros.

No pasó mucho tiempo antes de que comenzaran las grandes persecuciones. El primer martirio tuvo lugar en 1556, cuando una mujer fue decapitada por rezar a una cruz; en 1597, veintiséis mártires fueron crucificados en Nagasaki. En 1612, cincuenta y dos cristianos fueron quemados en la hoguera en Kyōto para señalar la prohibición de la religión en Japón, y otras cincuenta personas corrieron la misma suerte en Edo nueve años después. La culminación llegó en 1637 y 1638 con la Rebelión de Shimabara, en el que decenas de miles de rebeldes cristianos fueron asesinados. Los extranjeros fueron expulsados de Japón y el país entró en un período de aislamiento del resto del mundo, que duró más de dos siglos.

Los misioneros cristianos no ayudaron a su causa al criticar ciertas costumbres japonesas, como la sodomía y el infanticidio. El samurái del siglo XVI, Ōuchi Yoshitaka, escuchaba amablemente los sermones de los jesuitas hasta que empezaron a reprochar la homosexualidad, momento en el que se alejó de ellos.

Fuentes

«Decían que cometer sodomía con un chico no le causaba ningún descrédito ni deshonra a sus familiares, porque no tenía ninguna virginidad que perder y en todo caso la sodomía no era un pecado.»

Escritos de Juan Fernández (siglo XVI)

«Pero peor aún es su gran disipación en el pecado que no merece mención [la sodomía]. Esto se considera con tanta ligereza que tanto los muchachos como los hombres que se juntan con ellos se jactan y hablan de ello abiertamente sin tratar de encubrir el asunto. Esto se debe a que los bonzos [monjes budistas] enseñan que no solo no es un pecado, sino que es algo muy natural y virtuoso».

Escritos de Alessandro Valignano (siglo XVI)

«Está permitido que los padres vendan a sus propios hijos o un marido a su mujer, si es necesario para satisfacer sus necesidades [a causa de los grandes impuestos], pero lo más horrible de todo es que los padres pueden matar a sus hijos al nacer si no tienen la capacidad de alimentarlos, o un amo a su esclavo, a placer, sin incurrir en ningún peligro de quebrantar la ley, cosa que he sabido que han cometido los padres de dos niños pequeños desde que llegué a Hirado».

Diario de Richard Cocks (1615-1622)

«Tienen la forma de gobierno más peculiar del mundo. Cada hombre goza de un poder absoluto sobre su familia

> y sus sirvientes, y puede despedazarlos o matarlos, justamente o no, como le plazca, sin tener que rendir cuentas a nadie. Y aunque esté bajo la autoridad de otro señor, se le permite matar a sus propios hijos y sirvientes, porque estos asuntos no son de la incumbencia de su señor».
>
> Escritos de Alessandro Valignano (siglo XVI)

El jesuita del siglo XVI Francisco Javier se cuidó de no condenar a los japoneses sin más. Solo enviaba misioneros de muy alto nivel que pudieran hacer la vista gorda ante unas costumbres que la Iglesia detestaba, pero que no podía cambiar. El sucesor de Javier, el padre Cosme de Torres, parece haber compartido la actitud de Javier, informando a Roma de que los samuráis valoraban el honor por encima de todas las cosas.

Al final, no se podía permitir que el cristianismo arraigara, porque la conversión de un solo señor de la guerra podría significar la conversión de miles de sus súbditos, lo que disminuiría el poder del emperador y causaría demasiados problemas. Así terminó el cristianismo en Japón.

Feudalismo

«Gracias al comercio y a la paz, muchas personas se han enriquecido, aunque el pueblo llano y los campesinos se han empobrecido por los impuestos que se han visto obligados a pagar.»

Escritos de João Rodrigues
(finales del siglo XVI/principios del XVII)

El término feudalismo puede tener un significado muy específico, pero aquí se utiliza en el sentido amplio de una jerarquía social en la que los señores asignan tierras a cambio del servicio militar, otros tipos de servicios o dinero. Originalmente, Japón no era una sociedad feudal, sino un conjunto de clanes. Más tarde siguió el sistema chino de gobierno central con un poderoso emperador con sede en Kyōto que reclutaba ejércitos dirigidos por guerreros que eran servidores del trono. Sin embargo, cuando el poder imperial disminuyó durante el período Kamakura (1185-1333), surgieron señores de la guerra regionales conocidos como *daimyō* y se convirtieron en figuras influyentes en un sistema que tendía hacia el feudalismo.

Siguieron varios siglos de luchas casi constantes entre los señores de la guerra en el período Sengoku (también conocido como período de los Estados Combatientes) hasta que los «grandes unificadores» Oda Nobunaga, Toyotomi Hideyoshi y Tokugawa Ieyasu volvieron a poner a Japón bajo control central a finales del siglo XVI y principios del XVII. La paz se restableció y continuó en gran medida hasta la guerra civil de mediados del siglo XIX y el auge del nacionalismo y el militarismo en el siglo XX, que culminó en la Segunda Guerra Mundial.

Clases sociales

Los samuráis se convirtieron en una clase militar alrededor del siglo X. Sus antecesores precursores fueron los *bushi* (武士), término que aparece por primera vez en el siglo VIII. Es importante tener en cuenta la diferencia de caracteres: *bushi* es una herencia del chino «caballero» (士), mientras que samurái (侍) evolucionó a partir de los sirvientes de la corte. Varios guerreros se agruparon para formar *buke* (武家), familias militares o clanes (la palabra tribu se reserva para las primeras unidades familiares japonesas). Algunos clanes eran autónomos, otros formaban grupos, y en los momentos en que Japón estaba totalmente unificado, todos rendían homenaje a un único señor. La cultura samurái estaba muy jerarquizada, con los más poderosos liderando al resto, y ocasionalmente grupos de familias conocidos como *ikki* (一揆) que se unían para defenderse de fuerzas mayores y la amenaza cada vez mayor de un sistema feudal único.

La población principal de Japón durante la era de control de los samuráis se dividió en cuatro clases:

1. *Shi* (士): la alta burguesía o clase guerrera.
2. *Nō* (農): agricultores.
3. *Kō* (工): artesanos.
4. *Shō* (商): comerciantes.

Esta clasificación no era fija; a veces había fluctuaciones entre clases y también existían sistemas anteriores. El misionero portugués del siglo XVI Gaspar Vilela informó de que las cuatro clases en Japón eran en realidad la alta burguesía (es decir, los samuráis), los sacerdotes, los comerciantes y los campesinos.

La clase samurái representaba entre el cinco y el diez por ciento de la población dependiendo del período de la historia y de si se incluyen los soldados de a pie y los jinetes. Eran la casta de élite justo por debajo de la aristocracia y en algunos casos vinculados a ella. Eran dueños de la tierra y podían repartirla entre las clases inferiores, por lo que era un sistema vagamente feudal, aunque uno que a veces tendía al militarismo y el despotismo.

Aunque su estatus era solo ligeramente inferior al de la aristocracia, y a menudo más poderoso, muchos samuráis aspiraban a la nobleza. Por ejemplo, Taira no Kiyomori forzó un matrimonio entre su familia y la línea imperial principal para controlar la sucesión del trono. Esto disgustó, con razón, a la corte imperial, porque el emperador en ese momento era elegido entre los solicitantes legítimos; el primogénito no se convertía automáticamente en emperador.

Los samuráis en su conjunto abarcaban todo el espectro de la sociedad, cruzando las líneas entre aristócrata, guerrero y plebeyo. En el período de los Estados Combatientes (de mediados del siglo XV a principios del XVII), los samuráis de baja cuna arrebataron el control del país a los de «sangre azul», en una revuelta conocida como el *gekokujō jidai* (下剋上時代), «los de abajo dominan a los de arriba». Tras la decisiva batalla de Sekigahara en 1600, Japón se unificó finalmente bajo el mando de Tokugawa Ieyasu, que era un gobernante por fuerza y no por nacimiento.

El estandarte del primer «gran unificador», Oda Nobunaga, muestra la realidad de la mente de los samuráis y su visión de la política japonesa:

天下布武
Tenka fubu
«Todos los pueblos bajo el cielo, todos bajo el dominio militar.»

Esclavitud

Se podría argumentar que los campesinos medievales y los siervos obligados por contratos eran esclavos, porque tenían poca o ninguna libertad para dejar a sus amos. Pero también había una clase de personas en Japón que fueron explícitamente comprados, vendidos y poseídos. Esta práctica tiene una larga historia, una que es anterior a la era de los samuráis. Después de las batallas, los soldados capturados podían ser convertidos en esclavos y vendidos por todo el mundo, llegando hasta Europa. También se importaban esclavos de otros países; se cree que el ahora famoso «Samurái Negro» Yasuke fue liberado como esclavo antes de unirse a Oda Nobungana como criado. No debemos descartar la idea del samurái como amo de esclavos y como guerrero. Aunque la esclavitud y la exportación de esclavos fue fuertemente restringida por Toyotomi Hideyoshi a finales del siglo XVI, continuó en otras formas. Los últimos esclavos en Japón no fueron liberados hasta 1872, cuando las prostitutas esclavizadas fueron emancipadas de los burdeles.

Impuestos

El comerciante español Bernardino de Ávila Girón hizo una descripción detallada del sistema de impuestos en Japón a finales del siglo XVI. Los inspectores conocidos como *yakunin* recorrían las aldeas utilizando una cuerda para medir la asignación de tierras de cada campesino. Basándose en esa medida, calculaban cuánto creían que debía rendir la tierra. Los propietarios de las tierras recibían una demanda de impuestos basada en esta proyección. Sin embargo, el cálculo de los impuestos no tenía en cuenta el rendimiento real de la tierra, que a menudo era inferior a la estimación del *yakunin*, por lo que muchas familias se vieron obligadas a tomar medidas drásticas, como vender a sus hijos como esclavos para pagar lo que debían. El castigo por no pagar los impuestos era la tortura y la muerte. El español relató el caso de un campesino de Satsuma que no cumplió con su cuota por la pequeña cantidad de dos fardos de arroz sin trillar. El señor no tuvo piedad: el hombre, su mujer y sus dos hijos fueron ejecutados.

Sin embargo, a veces el señor apretaba demasiado. En otro relato de la misma época, François Caron habló de un gobernador cerca de la ciudad de Edo que despojaba a su pueblo de toda su riqueza mediante impuestos. Cuando el pueblo se quejó, el gobierno de Edo investigó y falló a su favor. El señor fue arrestado y se enviaron mensajeros por todo el país con órdenes de reunir a sus parientes masculinos. Entonces, en el octavo día del octavo mes, cuando el sol estaba en el sur, todos fueron obligados a suicidarse. Así, todo un linaje familiar fue cortado de raíz por los crímenes de uno de sus integrantes. Incluso los señores y samuráis de alto rango podían ser depuestos por su mala conducta.

Los demandantes con razón no siempre recibieron una justicia tan perfecta. Sakura Sōgorō era el jefe de una aldea cuya comunidad estaba siendo sometida a un impuesto aplastante por el señor de la guerra local, Hotta Masanobu, por lo que envió una apelación directamente al *shōgun*. La apelación fue escuchada y se demostró que Masanobu estaba siendo excesivamente exigente. Sin embargo, aunque el caso fue considerado válido, y el impuesto se redujo como resultado, el jefe y su esposa fueron igualmente crucificados después de tener que ver morir a sus tres hijos por decapitación, porque Sōgorō se había equivocado al presentar un caso contra su propio señor. En este caso, el «honor» y la justicia no coincidieron.

Control total

En términos generales, en el antiguo Japón cada persona tenía una cantidad específica de poder que podían ejercer en la vida. El *shōgun* estaba en la cima y controlaba todo, mientras que cada líder de dominio dirigía su propia parte del país. Dentro de cada dominio, cada hogar dirigía su propio negocio y familia. En resumen, todas las personas debían servicio a alguien por encima de ellos. Esto incluía incluso al *shōgun*, que, en teoría, respondía ante el emperador (aunque, en la práctica, esto no era una obligación). El emperador debía su servicio a Japón de manera espiritual como una especie de «papa».

En esta sociedad descendente, cada persona tenía una autoridad absoluta sobre los que estaban por debajo. El *shōgun* podía matar a un señor feudal, un señor feudal podía matar a un súbdito, un súbdito podía matar a su esposa, hijos o sirvientes. En general, los que estaban más arriba en la cadena no interferían en las ejecuciones realizadas por personas de menor rango sobre sus propios subordinados.

En el Japón de la era samurái, todas las miradas se volvían a un señor. La libertad personal no era una prioridad. Los samuráis sentían la necesidad de posicionarse lo más cerca posible de la cima y reunir tantos seguidores como pudieran para apoyar su posición. Este era el marco en el que se apoyaba la caballería samurái.

> **Una auténtica carnicería**
>
> En su diario del 20 de junio de 1618, Richard Cocks escribió sobre un hombre que «había sido poseído por el diablo» y había decapitado a su hermano, cortado el brazo de su padre, asestado a su esposa un largo corte en el hombro y luego matado al mayordomo de su casa. No se dijo ni se hizo nada al respecto, porque, como cabeza de familia, estaba en su derecho de matarlos a todos si quería.

Justicia y castigo

Si se sobrevivía a las batallas de un Japón devastado por la guerra, aún quedaban muchos peligros que evitar y penurias que soportar en los llamados «tiempos de paz». Entre ellos se encontraban las desigualdades del sistema de castas, los prejuicios, la esclavitud y los sacrificios humanos (en tiempos pretéritos), la extorsión, el bandolerismo, el exceso de impuestos y la notoria y severa «justicia de las aldeas».

Un ejemplo escalofriante del sistema de justicia japonés en acción se produjo tras una visita del samurái Kujō Masamoto a sus fincas en la provincia de Hine, durante la cual invitó a los habitantes de una de las aldeas locales a una fiesta. En medio de los festejos se descubrió que habían robado una daga, y Masamoto ordenó que todos los invitados fueran llevados al templo y amenazados con el «castigo de los dioses». Esto implicó que todos pusieran sus manos en agua hirviendo para revelar al ladrón. En ese momento, el verdadero ladrón dio un paso al frente para salvar a los otros aldeanos de ese calvario. El samurái le ordenó renunciar a su posición como jefe de su finca y pasar todas sus tierras y granja a su hijo mayor. Sin embargo, el juicio comparativamente misericordioso de Masamoto fue ignorado por los aldeanos, que se unieron y mataron no solo al ladrón, sino también a su esposa y a todos sus hijos, y luego asaltaron su casa y la quemaron.

Un episodio similar fue el robo de suministros de invierno de helechos tratados en un almacén de la aldea. El ladrón fue capturado y muerto en el acto, pero de nuevo los aldeanos mataron a sus inocentes padres e hijos.

Gran parte de lo que sabemos sobre los castigos japoneses procede de los relatos de los primeros visitantes europeos. Francesco Carletti informó de que las mujeres y los bebés eran crucificados o quemados vivos. También señaló que a los samuráis les encantaba probar sus espadas con criminales convictos (más raramente, personas inocentes que paseaban por la noche también sufrían este destino). En su diario del 3 de agosto de 1617, Richard Cocks describió cómo un hombre que había robado una pequeña cantidad fue asado hasta la muerte; se le empaló con una estaca y se hizo «un fuego a su alrededor» para que se asase de un lado a otro con dolor hasta que muriera. François Caron escribió que el señor de Hirado mandó empalar a algunas damas de compañía en cofres llenos de pinchos por el «delito» de hablar con algunos hombres; los hombres implicados fueron obligados a suicidarse.

Con castigos tan severos para delitos menores, es difícil imaginar cómo se habría tratado un asesinato. Según escribió en 1692 el naturalista alemán Engelbert Kaempfer, si se producía un asesinato en la calle, el asesino era decapitado a menos que se suicidara antes. Además, las personas que se encontraban en la calle en ese momento eran encerradas en sus casas durante meses como castigo por no impedir el asesinato. Al menos se daba tiempo a las familias para que se aprovisionaran de alimentos y artículos de primera necesidad para soportar el encierro. Otras familias de la calle que estaban más alejadas del incidente fueron obligadas a hacer trabajos forzados como castigo por no interrumpir la pelea; esto incluía al capitán de la guardia.

La superstición podía ser otra causa de trato injusto. Si alguien que decía tener una visión sobrenatural señalaba a una persona como poseída por un zorro, toda la familia de esa persona era condenada al ostracismo, etiquetándosela de «familia del zorro». El ostracismo duraría generaciones, durante las cuales los miembros de esa familia solo podrían casarse con integrantes de otras familias de zorros.

Había otros ejemplos de parias, como los *eta* (穢多) y los *hinin* (非人), que quedaban fuera del sistema de castas de cuatro niveles descrito anteriormente y no ocupaban casi ninguna posición en Japón.

Así pues, está claro que los períodos de paz, o los «tiempos normales», no eran en absoluto idílicos. En general, sin embargo, era un ambiente muy estable, tal vez los castigos servían de disuasión eficaz contra los desórdenes. Incluso durante los períodos de guerra, cuando las fortunas y el orden social se perturbaban, el caos no estaba garantizado: el arte seguía floreciendo y algunas comunidades prosperaban.

Métodos de ejecución

En el siglo XVI existía en Japón una amplia gama de tipos de pena de muerte, incluyendo los siguientes:

- Crucifixión.
- Crucifixión invertida.
- Ensartar/empalar.
- Descuartizamiento por un buey.
- Desmembramiento entre carros.
- Asado.
- Hervir en un caldero.
- Ser envuelto en una estera y arrojado al mar, prendido fuego o dejado morir.
- Aserrado.

Fuentes

Los siguientes relatos de visitantes europeos y escritores nativos ofrecen una variedad de perspectivas sobre el crimen y el castigo en el antiguo Japón.

«Se ejecuta con la misma facilidad a un hombre por robar un centavo que por robar cien mil, porque sostienen que un hombre que se lleva una cosa se llevará cien si tiene la oportunidad.»

Escritos de Cosme de Torres (siglo XVI)

«En Europa se reprende a los criados con latigazos; en Japón se les decapita.»

Luís Froís, *Tratado* (1585)

«Según la gravedad de un delito, se puede aplicar el *hiaburi* [quema en la hoguera], el *nokogiribiki* [muerte por aserrado] y *haritsuke* [crucifixión], que se utilizan como advertencia a los demás, y cada una de esas penas se aplica en función del delito cometido. Las ejecuciones de las sentencias de muerte son asuntos oficiales y no son cosas que se deban observar casualmente.»

Heika Jōdan (c. 1670)

«Cuando se desata una tormenta y no puedes ver lo que hay delante de ti, si encuentras algo blanco o llamativo en cualquier lugar del suelo, no te agaches a recogerlo [ya que es probable que sea una trampa tendida por ladrones]. Si lo haces sin cuidado, te marcarán y te matarán fácilmente en la mayoría de los casos. [Para ver qué es,] saca tu espada y compruébalo con la vaina y luego déjala allí.»

Mizukagami (c. 1670)

«Los samuráis a veces se encuentran sin señor y vagan de un lugar a otro, lo cual no es su deseo, pero no puede evitarse. Si no hay otra salida para tus instintos marciales, conviértete en un *yamadahi* [bandido montañés]. Si hay alguien más disponible, trabaja en grupo. Si estás solo, ten un sable corto de ocho *sun* de longitud, de doble filo y sin guardamano; guárdalo dentro de tu kimono y úsalo como una daga. Espera en un lugar apropiado a que alguien se acerque, agarra a la persona por el pecho, sujeta la daga en la mano derecha empuñándola de manera invertida y córtale rápidamente el pescuezo. Si pasa alguien más, mantén la calma y di que este hombre se ha puesto enfermo de repente, que le han dado una medicina y que no deben preocuparse, sino seguir adelante. Si no hay nadie cerca, tira el cuerpo desde un acantilado o déjalo en algún lugar donde nadie lo encuentre.»

Mizukagami Kuden no Oboe (fecha desconocida)

Una sociedad colorida

«Para nosotros, la ropa de colores se considera frívola y ridícula; para los japoneses –excepto para los hombres de la calle y los ancianos que han hecho votos y se han afeitado la cabeza– llevar ropa colorida es algo universal.»

Luís Froís, *Tratado* (1585)

Sería fácil imaginar que la sociedad de los samuráis, con sus estrictas jerarquías, sus guerras casi constantes y sus horribles castigos, era irremediablemente seria y austera. Sin embargo, la vida en el Japón medieval tenía muchos aspectos alegres y coloridos que confunden el estereotipo del samurái. Los siguientes son ejemplos de estas peculiaridades de la vida cotidiana.

- Los japoneses no se avergonzaban de mostrar sus traseros para calentarse junto al fuego.

- Los parches utilizados para tapar agujeros en la ropa no estaban mal vistos; se consideraban adecuados incluso para las clases altas.
- Los hombres utilizaban abiertamente los espejos en público para arreglarse.
- Las bolsas y carteras se utilizaban para las medicinas y otras necesidades diarias como el pedernal y el acero; a menudo se llevaban dentro de la manga del *kimono* o en el cinturón.
- Los japoneses se bañaban en público fuera de sus casas, a la vista de todos.
- Los niveles más altos de la sociedad se ennegrecían los dientes para emular a la corte.
- Incluso los altos cargos limpiaban su propia bandeja después de comer.
- Los japoneses bebían con las dos manos.
- Era aceptable hacer ruidos fuertes al comer.
- La pesca se consideraba una tarea de bajo nivel.
- Se ponía una pincelada de tinta sobre los sobres para evitar que los abriera la persona equivocada.
- Hay un episodio histórico de una mujer cubierta de serpientes sin colmillos que baila para el público a cambio de dinero, lo que nos da una imagen más exótica de la vida en el antiguo Japón.
- Incluso en la época medieval, ciertos bares de la ciudad atraían a los borrachos, especialmente a los extranjeros desprevenidos, y los extorsionaban con facturas enormes.

Aunque un samurái puede matar impunemente a su esposa, debe esperar a hacerlo hasta que ella haya terminado de coser parches en su ropa y él haya terminado de calentar sus nalgas junto al fuego. Entonces puede dirigirse a la ciudad para ver actuar a una bailarina de serpientes. La vida en el Japón medieval era más rica y compleja de lo que la imagen tradicional nos hace creer.

4. Jerarquía

La sociedad japonesa de la época de los samuráis estaba muy estructurada. Todo el mundo sabía cuál era su sitio y era consciente de tener que mostrar respeto a sus superiores. Más importante que la posición de un individuo en el orden jerárquico era el estatus de su familia o clan. Los samuráis hacían todo lo posible y sufrían grandes penurias, incluso la muerte, para asegurar el éxito continuo de su clan. En este capítulo también exploraremos el papel, a menudo ignorado, de las mujeres dentro del clan. La falta de referencias a las mujeres en los textos de los samuráis sugiere que se las consideraba de bajo estatus. Aunque esto es indudablemente cierto en ciertas épocas, el panorama general es más complejo.

La jerarquía lo era todo

«Según una antigua historia de samuráis, había un samurái llamado Machino Nagato no Kami, que servía a Gamō Shimotsuke no Kami de Aizu. Machino tenía un renombrado guerrero llamado Hattori Den'emon como vasallo, que había decapitado a un famoso samurái cuyo nombre era Oroshi Hikozaemon.

Tras la muerte del señor, un samurái llamado Katō Samanosuke Yoshiaki recibió el área de Aizu y llegó a gobernar allí. Como Hattori era entonces un *rōnin* [samurái sin amo], se acercó al señor para obtener un empleo. Sin embargo, al enterarse de que Hattori Den'emon había servido a Machino Nagato no Kami, Samanosuke dijo: "Parece que no hay duda de que consiguió la cabeza de Oroshi, pero si fuera realmente recto en un sentido verdadero, no habría estado sirviendo a Machino Nagato no Kami como un criado de tan bajo nivel. Como había obtenido la cabeza de Oroshi, debería haber sido apreciado como incomparablemente bueno. Sin embargo, se contentó con tal posición, probablemente porque no es un samurái tan ambicioso". Por esta razón, Hattori Den'emon no fue contratado».

Musha Monogatari (1654)

La jerarquía era abrumadoramente importante para los samuráis, tanto que superaba los logros en la evaluación que hace Yoshiaki del *rōnin* Hattori en el relato anterior. Esta preocupación por el rango continuó hasta el final de la era samurái, como revela el siguiente incidente histórico.

En 1862 el comerciante inglés Charles Lennox Richardson y sus compañeros cabalgaban cerca de Yokohama cuando se encontraron con Shimazu Hisamitsu, una de las principales figuras de los samuráis de Satsuma, que cabalgaba con su comitiva por el camino. Richardson (del que se dice que era algo arrogante) o bien no desmontó para mostrar respeto o intentó atravesar las filas de los guerreros de Satsuma y se acercó demasiado a Hisamitsu.

La ley japonesa (*kiri-sute gomen*) permitía a los samuráis golpear a los de rango inferior que hubieran mostrado una falta de respeto. Aunque los ciudadanos extranjeros no estaban sujetos a esa ley, Hisamitsu consideró que Richardson le había ofendido, por lo que ordenó a sus guardias que atacaran al inglés. Los otros mercaderes huyeron aterrorizados, pero Richardson cayó, desangrándose, de su caballo y se dio la orden de asestarle el golpe de gracia. Las autoridades inglesas en Japón se indignaron por este suceso, que llegó a ser conocido como el Incidente Namamugi. Exigieron una compensación y, como esta no llegó, bombardearon la cercana Kagoshima.

La jerarquía era la base de la sociedad en el antiguo Japón (y sigue siéndolo hoy en día). En la cúspide estaba el emperador, un puesto inalcanzable, excepto para los descendientes legítimos. Después venía el *shōgun*, o el regente durante los períodos en que el *shōgun* carecía de poder real. Después de eso, existía un orden jerárquico para todos, hasta el esclavo más bajo. A veces había movimientos en el orden social, sobre todo durante la guerra de Ōnin (1467-1477), cuando los gobernadores samuráis regionales conocidos como *shugo* (守護) fueron sustituidos por samuráis de nivel inferior llamados *kokujin* (国人).

También estaba la cuestión de la competencia por la posición. Por ejemplo, cuando los señores de la guerra de Japón descendían a Edo para ver al *shōgun*, desfilaban por las calles y cada comitiva empujaba a las otras para que su señor fuera el primero. Además, la disposición de los asientos en las audiencias y las comidas se organizaba cuidadosamente para que las figuras más respetadas y con las hazañas militares más impresionantes se situaran más cerca del líder y más lejos de la puerta. Los asientos menos prestigiosos estaban más lejos del líder y más cerca de la puerta. Los lugares principales eran muy codiciados.

Algunos samuráis se aventuraban en «viajes guerreros» o se batían en duelo para demostrar su superioridad en el combate. Un ejemplo famoso de esto fue la rivalidad existente entre Umezu («el soberbio») y Toda Seigen («el santo»). Umezu desafió a Toda a un duelo; Toda se negó inicialmente a participar, pero su señor insistió en que aceptara el reto. Al principio de la contienda, que se libró con espadas de madera, Toda golpeó a su oponente bajo la barbilla y Umezu montó en cólera. Sin embargo, Toda mantuvo la calma y ganó el combate de forma convincente. Está claro que el comportamiento del samurái derrotado no se consideraba acorde con el *bushidō*, mientras que el imperturbable vencedor era retratado como un ejemplo: una persona superior en habilidad y en conducta.

«A una persona que no mantiene la calma se le llama *kenkyōnin* (una persona agitada).»

Heika Jōdan (c. 1670)

Hombre contra mono

Hubo un curioso incidente con un mono que había sido entrenado para luchar con una espada de madera. Un *rōnin* se dispuso a desafiar al animal y el mono, siendo ágil, asestó sus golpes para vergüenza del *rōnin*. En respuesta, el *rōnin* se marchó y regresó más tarde, habiendo entrenado mucho para derrotar al mono y recuperar su honor; se dice que el mono huyó al ver su determinación. Este fue otro ejemplo de los extremos a los que los guerreros japoneses llegaban para ganar –o recuperar– el respeto de sus compañeros y mantener su lugar en la jerarquía.

Cuando Oda Nobunaga, el primero de los tres principales unificadores de Japón, murió a manos de uno de sus propios hombres, su vasallo Toyotomi Hideyoshi pasó de ser un subordinado a ser el amo de todo. Continuó manteniendo a toda la nación bajo su mando hasta su muerte natural. Para comprender la magnitud de este logro, hay que recordar que Toyotomi Hideyoshi era de baja estirpe y que la gente a la que mandaba era de clase muy superior a la suya. Ahora, estos samuráis tenían que rendirle homenaje y un tributo de primer orden porque había salido victorioso en la batalla por el poder definitivo. Sin embargo, en el siguiente relato de un samurái de la época queda claro que algunos de los antiguos superiores de Toyotomi Hideyoshi estaban resentidos por su rápido ascenso:

> «Toyotomi Hideyoshi es hijo de un campesino, un hombre nacido bajo un techo de paja y no de tejas, y una persona tan humilde ascendió solo por la gracia de Oda Nobunaga, y ahora, en lugar de honrar la memoria de este, de su señor, se ha propuesto forjar un imperio para sí mismo. Por estas razones, nadie debería unirse a este campesino advenedizo sin linaje familiar».
>
> Escritos de Sakaki Yasumasa (siglo XVI)

Sakaki Yasumasa continuó prediciendo que aquellos que siguieran a este rey campesino desagradarían a sus antiguos y nobles ancestros en la otra vida. Estos comentarios mordaces muestran que, bajo la superficie, los samuráis amaban el verdadero pedigrí, pero no iban a ir en contra de alguien que tenía un poder superior y que había demostrado su destreza militar. No es necesario insistir en este punto; el samurái valoraba tanto el pedigrí hereditario como los logros a través de las armas o la astucia. El simple hecho de llegar a la cima y mantenerse ahí le hacían granjearse su respeto, si no la amistad o el amor.

El clan

El clan era de gran importancia para el samurái, más que cualquier interés personal. Era vital mantener el honor del clan para preservar su posición, y la de sus miembros, dentro de la jerarquía. Los clanes que tenían éxito podían mantenerse en lo alto durante cientos de años; otros podían caer.

El carácter de clan (家) también se utiliza para representar una casa o un hogar. Mientras que en Occidente las dinastías gobernantes se denominan, por ejemplo, «la Casa de Estuardo» o «la Casa de Borbón», en Japón existían «la Casa de Oda», «la Casa de Toyotomi» y «la Casa de Tokugawa». El término clan puede considerarse a dos niveles, como el clan personal de cada samurái y el clan más grande al que servían. Los clanes podían dividirse en ramas, y las diferentes ramas podían terminar sirviendo a diferentes señores.

Dentro de cada clan, según el documento *Bushidō Shoshinshū*, existía una jerarquía básica de dos niveles: samuráis y no samuráis. Los no samuráis de bajo rango trabajaban todo el día para servir a sus señores samuráis. Sin embargo, como simples empleados, no se esperaba que fueran a la batalla por el señor. Los samuráis, en cambio, disfrutaban de una vida de privilegios y ocio, excepto en tiempos de guerra, cuando debían estar preparados para dar su vida por el clan.

> ### Reglas de la casa
>
> *Kahō* (家法), «reglas de la casa», eran leyes que regían el comportamiento de cada clan. Generalmente, eran establecidas por el jefe del clan y transmitidas durante generaciones, a veces adaptadas a los nuevos tiempos. Entre los ejemplos están las reglas de la casa de Rokuhara (siglo XIII), Tako Tokitaka (siglo XV), Sōkar (siglo XV) y Sōunji (principios del siglo XVI), por citar solo algunos. Como códigos de comportamiento caballeresco, las *kahō* pueden considerarse como ejemplos tempranos de lo que evolucionó a *bushidō*.

Servir al clan

La historia militar japonesa está llena de episodios que demuestran hasta qué punto los samuráis valoraban el honor de su clan. Como en los siguientes relatos, los guerreros sacrificarían invariablemente sus propios intereses o sentimientos si eso era lo necesario para asegurar el éxito de las generaciones futuras. Sin embargo, debe recordarse que después de que un samurái ha sido adoptado por otro clan, se convierte en parte de ese otro clan y, por lo tanto, en un extraño.

El emperador malvado

Los clanes establecidos desde hace mucho tiempo tenían inevitablemente algunas personas malvadas en su historia, y era necesario ocuparse de cualquier figura de este tipo que pudiera amenazar la continuidad del clan. A veces, como en la cita del *Bushidō Shoshinshū* que aparece a continuación, se decía que la manzana podrida había sido poseída por espíritus malignos; en otros casos, se requería una acción terrenal más directa. Por ejemplo, se dice que Buretsu (489-507), décimo descendiente del gran emperador del siglo IV, Nintoku, se dedicó a todo tipo de actos malignos, como destripar a mujeres embarazadas. Era tan perturbador que fue asesinado con solo dieciocho años, antes de que pudiera producir un heredero. Esto permitió elegir a un candidato más adecuado de otra línea y que el clan imperial siguiera en el poder.

> «La casa de una persona de elevada posición es invariablemente perseguida por fantasmas vengativos. Estos fantasmas causan problemas de dos maneras. En primer lugar, provocando la muerte prematura por accidente o enfermedad de un guerrero próximo [...], en segundo lugar, tomando posesión de un guerrero que es del agrado del señor y luego haciendo que el guerrero engañe al señor para que emprenda una acción equivocada».
>
> *Bushidō Shoshinshū* (c. 1700)

Una misión *shinobi* fatal

El documento del siglo XVII *Shoka no Hyōjō* ofrece el ejemplo de un samurái que se ofreció a morir para mejorar el estatus de su clan. El samurái formaba parte de una fuerza que atacaba un castillo bien defendido. El señor atacante, en busca de una manera de romper los estrechos lazos de confianza entre los soldados defensores, pidió ideas a sus samuráis. Uno de ellos dio un paso al frente y dijo que crearía una apertura para su señor. Todo lo que pidió a cambio fue un futuro seguro para su clan en generaciones venideras. El señor aceptó.

El samurái se aventuró en una clásica misión de *shinobi*

–«espía condenado»– como aparece descrita por Sun Tzu en el decimotercer capítulo de su *Arte de la guerra* (*Bingfa*). Al infiltrarse en el castillo, se dejó ver deliberadamente, pero antes de ser capturado quemó una carta falsa en un brasero. Los guardias del castillo exigieron saber de qué trataba la carta que había quemado, a lo que contestó que no tardarían en enterarse, pues era una carta destinada a un traidor de su bando. En ese momento se mordió la lengua y se suicidó.

Los samuráis enemigos empezaron a sospechar entre sí y su atención se centró más en la búsqueda del supuesto traidor que en la defender el castillo, lo que permitió al señor atacante tomar el castillo. Así es como el samurái-espía condenado al fracaso se sacrificó para garantizar la futura prosperidad de su clan.

Divididos por la espada

A veces los miembros de un mismo clan se encontraban sirviendo a diferentes señores. En ese caso, debían anteponer el clan de su señor al suyo propio. Sin embargo, cuando Minamoto no Tametomo y su hermano Minamoto no Yoshitomo se enfrentaron en la batalla, acordaron perdonarse la vida mutuamente para no deshonrar a su clan y mantener un vínculo fraternal.

Hermanos de armas

En cambio, el brillante comandante Kusunoki Masashige y su hermano Kusunoki Masasue lucharon en el mismo bando, para el emperador Go-Daigo. Sin embargo, no se salvaron. Habiendo obedecido la orden del emperador de dirigir su ejército en batalla, a pesar de saber que la derrota era inevitable, Kusunoki Masashige se encontró acorralado en una vieja granja con su hermano y lo que quedaba de sus fuerzas derrotadas. Los dos hermanos se mataron mutuamente en un pacto ritual de suicidio. Kusunoki Masashige renunció a su propia vida y a la de su hermano para no avergonzar a su clan desobedeciendo a su señor.

La dorada juventud

Durante la batalla de Ichi-no-Tani (1184), Kumagai Jirō Naozane estaba luchando en una playa cuando vio a un samurái enemigo con una espada de oro que intentaba escapar corriendo hacia un barco. Tras alcanzar al samurái, se enfrentó a él en combate, lo derrotó y le quitó el casco para decapitarlo. Al ver el rostro del samurái, descubrió que era un joven de edad similar a la de su propio hijo. Dominado por la compasión, Kumagai quiso dejar ir al muchacho, pero este se dio cuenta de que estaban siendo observados por algunos de los camaradas de Kumagai. No deseando que su captor se deshiciera de sí mismo y de su clan con este acto de misericordia, el chico se arrodilló y permitió que le cortase la cabeza. Se dice que Kumagai se convirtió más tarde en monje por el remordimiento que le causó este incidente.

Diario de un padre de familia

Un samurái llamado Katsu Kokichi dejó un importante diario de la vida en el período Edo en Japón. Habiendo comenzado como un samurái vagabundo, se convirtió en padre de familia asentado y ordenado que controlaba una estrecha unidad familiar. Uno de los hijos de Katsu fue Katsu Yasuyoshi, que llegó a ser una figura prominente en la armada japonesa y contribuyó a la transición del régimen samurái a una forma de gobierno más moderna.

Hacia el final de su diario, Katsu Kokichi escribió que la familia y el clan eran especiales por encima de todas las cosas y que la familia debía ser respetada y cuidada. Este fascinante relato de la vida al final de la era samurái se publicó como *Historia de Musui* (editado y traducido por Craig Teruko). Aunque actualmente está descatalogado, merece la pena buscar un ejemplar de segunda mano.

Fuentes

«Un noble pobre nunca se casará con una plebeya, por mucho dinero que se le ofrezca; esto se debe a que prefieren el honor a la riqueza y consideran que pierden su honor si se casan con un plebeyo.»
Escritos de san Francisco Javier (siglo XVI)

«Tal y como se expone en los clásicos budistas y confucianos, todas las personas, ya sean de alta o baja cuna, tienen una gran deuda con sus padres.»
Escritos de Ichijō Kaneyoshi (1402-1481)

«Observando el campo de batalla ayer y hoy, vi innumerables bolsas de mosquetes, fundas para sillas de montar, mantas, estribos, cazos [para dar agua a los caballos], etc., todos ellos adornados con emblemas de clanes. Algo así es muy deshonroso. Hoy en día es popular recubrir un biombo con pan de oro y ponerle un escudo de armas o dibujar un escudo en los drapeados de guerra. Sin embargo, si tales cosas tienen un escudo y si se produce un incendio, no se puede dejar de lado. […] Es obvio que las banderas o los estandartes de *umajirushi* pueden caer en manos del enemigo, pero también pueden hacerlo artículos como cascos o sombreros, armaduras, emblemas de sombreros, de mangas, estribos y carteras, ya que los llevan incluso los soldados de menor rango. Por lo tanto, es una falta de respeto poner emblemas familiares en esos artículos, que pueden acabar siendo desechados y tomados por el enemigo».

Zōhyō Monogatari (1657-1684)

Casarse fuera del clan

El *Bushidō Shoshinshū* explica que cuando un miembro de la familia –ya fuera hombre o mujer– se casaba con alguien de otro clan se les trataba como si hubiera abandonado el clan de su nacimiento. Sin embargo, esto a menudo era solo para guardar las apariencias; mientras que los líderes de los clanes podían ser fríos y demasiado formales en público, en privado volvían a las viejas familiaridades.

Tierras

En la sociedad samurái, la tierra era la principal unidad de poder. Cuanta más tierras poseía un clan, más agricultores podía mantener, más alimentos podía producir, y el clan se volvía más influyente. Por lo tanto, ganar y controlar la tierra era objetivo de todos los samuráis.

La forma en que la tierra era administrada y gravada variaba desde lo extremadamente estricta y asfixiante para la población, pero todos los métodos de imposición se basaban en el principio de que era el samurái quien controlaba la tierra. A veces los samuráis vivían directamente de sus propias tierras; otras veces eran pagados en monedas por un gobierno local (en otras palabras, su señor).

En la primera parte de la era samurái, los samuráis eran una nobleza terrateniente, poseían propiedades rurales y, aunque algunos de ellos acudían a la corte imperial, la mayoría permanecía en sus propias provincias. Esto creó una fuerte relación entre el clan y la población en general durante generaciones. También se formó una conexión espiritual con la tierra; algunos lugares se convirtieron en santuarios de los dioses de la familia. Por lo tanto, cuando un clan perdía territorio, no solo significaba una pérdida de poder y riqueza, sino también un desplazamiento de las deidades ancestrales y de su apoyo y protección.

A pesar de este apego espiritual a la tierra, en ciertos momentos de la historia, los líderes samuráis ordenaban a los samuráis menores que se trasladaran a otras tierras, creando familias desplazadas. Esta práctica alcanzó su punto álgido durante el siglo XVI y en el período de paz, cuando la mayoría de los samuráis se vieron obligados a trasladarse a los castillos. La conexión con los campos ancestrales y los agricultores leales se cortó y la cultura tradicional de los samuráis quedó muy dañada. Solo los *jizamurai* o «guerreros rurales» continuaron en las zonas remotas, aunque con un estatus social inferior al de sus homólogos de la ciudad.

Durante la transición de la era samurái al Japón moderno en

el siglo XIX, todos los impuestos fueron controlados por el nuevo gobierno central y las familias de los militares eran pagadas con un fondo único. Sin embargo, los samuráis no tardaron en caer y el poder se centralizó de una vez por todas.

Las raíces de la prosperidad

En las siguientes secciones se destaca cómo la posesión de tierras era fundamental para el éxito como samurái.

Una recompensa a la lealtad

Tras la batalla de Mikatagahara en 1572, Tokugawa Ieyasu entregó a su ayudante Kuroyanagi Takeshige un abanico con una promesa de tierras como recompensa por haber permanecido fielmente a su lado durante todo el combate. La tierra producía cosechas, el excedente de las cosechas podía venderse por dinero y el dinero podía mantener un estilo de vida militar. Los clanes perseguían el sueño de tener cada vez más tierras y granjas bajo su control, lo que por supuesto equivalía a más poder.

Tokugawa Ieyasu y los raros melocotones

Cuando Tokugawa Ieyasu recibió una cesta de melocotones de Oda Nobunaga, todos sus criados se agolparon para admirar estas delicias poco vistas. Sin embargo, Ieyasu no estaba impresionado. Les dijo que el poder de los samuráis se había construido sobre los arrozales y que, si la gente comenzaba a cultivar frívolos árboles frutales en lugar de centrarse en una economía estable y una gestión adecuada de la tierra, entonces los cimientos de la sociedad samurái se desmoronarían. Recordando a sus hombres que el amor por lo trivial era un camino seguro hacia la destrucción, les dijo que podían comer los melocotones si lo deseaban, pero que él no lo haría.

La caza y la cetrería

«Algunas maniobras en la caza, como el avance y la retirada, son similares a las que se realizan en la guerra.»

Heigu Yōhō (1670)

La caza y la cetrería se consideraban pasatiempos adecuados para los samuráis. Como en otras partes del mundo, la caza era conducida por la nobleza y la élite guerrera. Los deportes rurales también se consideraban una valiosa preparación para la vida militar. Poseer grandes halcones era un signo de prestigio, un estatus que los samuráis propietarios de aves publicitaban utilizando plumas de sus halcones como remerasa de flechas.

Un deporte muy apreciado por los samuráis era la caza con perros, que consistía en cabalgar por un coso con un arco e intentar disparar a un perro. Era un excelente entrenamiento para la equitación, el tiro con arco y la guerra móvil. Sin embargo, este deporte fue brevemente prohibido por el quinto *shōgun* de los Tokugawa, Tokugawa Tsunayoshi, que era conocido como el «*shōgun*-perro» (*inu kubō*) por su amor a los perros.

Sin tierra no podría haber *bushidō*

El análisis del *bushidō* suele centrarse en factores como la destreza en el campo de batalla y la reputación dentro de la sociedad. Sin embargo, a menudo se olvida que estos aspectos están inextricablemente ligados a la propiedad de la tierra. Los samuráis se sentían inspirados a realizar grandes hazañas en la batalla en parte por la perspectiva de ser recompensados con más tierras. Más tierra reportaba más riqueza y más riqueza mejoraba la posición social de un samurái.

También hay que recordar que, aunque el *bushidō* se asociaba generalmente con el honor personal, un samurái estaba vinculado a su clan y el clan a sus tierras. Como se ha visto muchas veces a lo largo de la historia japonesa, la caída en desgracia de un miembro de la familia podía llevar a la desgracia de todo el clan y a la pérdida de sus tierras. La idea de la caballería se apoyó en las espaldas de los agricultores que trabajan en los campos para producir un excedente para que los samuráis lo convirtieran en poderío militar.

Mujeres

«Si [una esposa] tiene una mala actitud todo el tiempo y parece no ser buena, [un samurái] puede simplemente divorciarse de ella y enviarla de vuelta con sus padres.»

Bushidō Shoshinshū (c. 1700)

En Occidente, durante la Edad Media, la caballería y el amor cortés iban de la mano, y las mujeres ocupaban un lugar destacado en obras de caballería como *Le morte d'Arthur*, de sir Thomas Malory. Sin embargo, en los textos japoneses de esa época se menciona a las mujeres con poca frecuencia.

Los caracteres para esposa (婦人) se traducen literalmente como «una mujer que barre», pero son de origen chino y no reflejan necesariamente la actitud japonesa. De hecho, parece que durante ciertos períodos de la historia de los samuráis las mujeres disfrutaron de un estatus relativamente alto. En el siglo xvi, se decía que las mujeres caminaban delante de los hombres (según relatos de viajeros europeos). La poderosa arma conocida como *naginata*, un arma de asta larga, fue una vez un arma de batalla, pero más tarde se asoció a las mujeres samuráis, que la utilizaban para defender el hogar y entrenar a sus hijos. Las mujeres tenían un papel importante en la gestión del día a día del hogar mientras sus maridos perfeccionaban sus habilidades de combate. A diferencia de muchas otras culturas, las mujeres japonesas tenían derecho a divorciarse y podían tener propiedades, y algunas llegaron a ser extremadamente poderosas.

La importancia de las mujeres dentro del clan es a menudo subestimada, en parte porque la mayoría de nuestra información proviene del período Edo, cuando los ideales confucianos que abogaban por el comportamiento correcto en la sociedad se impusieron y las mujeres bajaron de estatus y a veces se vieron bastante oprimidas. Por lo tanto, es interesante observar la libertad de la que gozaban las mujeres en épocas anteriores, al leer el relato de Luís Frois de 1585 sobre la vida en Japón.

Otra posible razón para restar valor a las mujeres es que se consideraba impropio que los samuráis alabasen a otros miembros de su propia familia. Esto se debía a que el clan se consideraba una sola entidad, por lo que alabar, por ejemplo, a su esposa o a su hija era como alabarse a sí mismo y, por tanto, se interpretaba como una jactancia (sin embargo, hay que decir que existen innumerables ejemplos de hombres samuráis que se alaban a sí mismos).

> «Una mujer nacida en un clan guerrero y en edad de casarse nunca se dejaría golpear si fuera un hombre, pero debido a su baja

condición de mujer no tiene más remedio que llorar y soportarlo.»

Bushidō Shoshinshū (*c*. 1700)

Las mujeres en la sociedad samurái

El papel de las mujeres samuráis en el *bushidō* era pequeño, mientras que su papel en la sociedad era grande. Es difícil entender cómo se sentían los hombres japoneses con respecto a sus mujeres por tres razones principales: los textos rara vez tratan el tema; los relatos europeos están escritos desde una perspectiva occidental; y la vida familiar japonesa se desarrollaba principalmente a puerta cerrada. Todo lo que podemos hacer es inferir la actitud de los samuráis hacia las mujeres a partir de los relatos que nos han dejado. Los siguientes episodios ofrecen una visión general de algunos de los retos a los que se enfrentaban las mujeres en la sociedad samurái.

Concubinas y damas del harén

Además de una esposa, los samuráis poderosos solían tener harenes y concubinas. En algunos casos, también tenían más de una esposa, ya que la poligamia fue aceptable en Japón durante ciertos períodos. La esposa principal era conocida como *seishitsu* (正室), mientras que las otras eran las *sokushitsu* (側室), «esposas secundarias» o «esposas en otras dependencias». Sin embargo, en algunos casos eran más bien amantes que esposas. El *shōgun*, en su residencia personal, solo tenía que decir: «¿Cómo se llama esa mujer?» para indicar que debía estar en su lecho esa noche. Las mujeres de algunos harenes sufrían grandes restricciones en sus relaciones sociales y no podían aventurarse a salir. En el castillo de Edo había jardines en los que podían disfrutar del día, pero siempre estaban vigiladas. Después de 1716, estas mujeres eran vigiladas por el servicio secreto *oniwaban* bajo el título y el cargo de «hombres de Iga» (aunque los guardias eran en realidad de Wakayama).

Desobedecer es morir

Según la crónica *Heike Monogatari*, el señor Kiyomori invitó a Giō, una de sus damas favoritas, a volver a la corte tras una prolongada ausencia. Sin embargo, ella se negó, a lo que su madre le dijo: «No puedes vivir en esta tierra e ignorar abiertamente los deseos del señor Kiyomori», lo que significaba que probablemente la matarían si desobedecía.

El pulso de los hombres y las mujeres

El rollo escrito *Hagakure* de principios del siglo XVIII hace referencia a que los hombres japoneses de la época se volvían más femeninos que sus antepasados. El autor respalda esta afirmación señalando que, mientras que los hombres y las mujeres solían tener diferentes ritmos de pulso, ahora sus pulsos se han sincronizado en un solo latido. Esto, según sostenía, hacía a los hombres incapaces de llevar a cabo actos de sangre y matanza.

La esposa decapitada

El comerciante francés del siglo XVII, François Caron, contó una historia sobre una esposa que fue sorprendida con otro hombre. El marido samurái mató al instante al hombre intruso, «ridiculizó públicamente» a su esposa y luego la decapitó.

Violada por bestias

En 1628, durante un período de persecución, unos «militares» intentaron obligar a un hombre de dieciocho años a violar a su propia madre. Cuando se negó, obligaron a «animales» a tener relaciones con ella. Este no es el único ejemplo de mujeres obligadas a ser violadas por sus propios familiares ni es el único uso de animales en la tortura contra las mujeres.

Fuentes

«Un gran señor debe tener hijos [...] ¿para qué sirven las hijas?».

Esposa de Tokugawa Ieyasu (siglo XVI)

«En Europa, el amor entre los parientes de ambos sexos es muy grande; en Japón, es muy poco, actúan como si apenas se conocieran.»

«En Europa, es muy raro, si acaso, que se mate a un bebé después de nacer; las mujeres japonesas ponen el pie en la garganta del bebé y matan a todos los que no creen poder criar.»

«En Europa, los hombres van delante y las mujeres detrás; en Japón, los hombres caminan detrás y las mujeres delante.»

«En Japón, las mujeres suelen ser las que repudian a los hombres.»

«En Japón, las hijas salen todo el día, o muchos días, donde quieren sin avisar a sus padres.»

> «Las esposas japonesas son libres de ir a donde quieran sin avisar a sus maridos.»
>
> «En Japón, los conventos de monjas son tan buenos como los burdeles.»
>
> Extractos de Luís Frois, Tratado (1585)
>
> «En tiempos de asedio, [los samuráis] acumulan su tesoro [en el torreón] y es aquí donde reúnen a sus esposas. Cuando ya no pueden resistir, matan a las mujeres y a los niños para evitar que caigan en poder del enemigo; luego, tras incendiar la torre con pólvora y otros materiales para que no sobrevivan ni sus huesos ni nada, los hombres se abren el vientre».
>
> Escritos de João Rodrigues
(finales del siglo XVI/principios del XVII)
>
> «Cualquier hombre puede acostarse con una puta o una mujer común, aunque esté casado, impunemente; pero la mujer no puede ni siquiera hablar en privado con otro hombre sin poner en peligro su vida.»
>
> Escritos de François Caron (siglo XVII)

La recopilación de pruebas de fuentes primarias japonesas y europeas nos ofrece una imagen imperfecta y paradójica de cómo los samuráis consideraban a sus mujeres. Ciertamente, no las idealizaban como lo hacían a menudo sus homólogos caballerescos europeos, pero les concedían varias libertades sociales de las que no disponían las mujeres de otras culturas de la época, como el derecho a la propiedad y al divorcio. No se puede pasar por alto la brutalidad mostrada en algunos de estos relatos, pero los samuráis también trataban brutalmente a otros hombres. Todo el sistema se basaba en que los poderosos controlaban a los demás, sin importar si eran hombres o mujeres.

El honor personal

«[Los samuráis consideran el honor como su principal dios.»

Escritos de Cosme de Torres (siglo XVI)

La reputación personal de un samurái se basaba en sus talentos y rasgos individuales, ya fueran físicos, mentales o emocionales, así como en la forma en que se conducía en la sociedad. Por encima de todo, debía mostrar lealtad al señor sin fisuras, aunque esto no era necesariamente un compromiso de por vida. En esta parte del libro, veremos cómo un samurái podía cultivar su honor personal y cómo podía acabar perdiéndolo.

5. Las cualidades de un samurái

«Los samuráis deben perfeccionarse disciplinando primero su mente. Junto al dominio de la mente debe estar el dominio del cuerpo. "Disciplina" significa preparación, y "estar preparado en el cuerpo" significa que un samurái debe tener una buena base con las armas que lleva: la catana, el *wakizashi* y todos los demás tipos de herramientas marciales.»

Heika Jōdan (*c*. 1670)

El arquetipo de samurái era conocido por su habilidad con la espada y otras armas, pero en realidad ser un guerrero de éxito era mucho más que la destreza física en el campo de batalla. Cualidades como la inteligencia, el autocontrol y la preparación eran igual de importantes, si no más. Quizás el atributo más valioso de todos era la capacidad de luchar sin miedo a la muerte.

¿Para qué sirve un samurái?

«Como samurái, el principio primordial a tener en cuenta en la vida cotidiana es el siguiente: en tiempos de orden debes prepararte para la guerra y en tiempos de desorden debes buscar la paz.»

Heika Jōdan (c. 1670)

Para entender el comportamiento de cualquier persona, es importante comprender su motivación, y los samuráis no son diferentes. Por lo tanto, debemos hacernos la pregunta: ¿qué querían realmente los samuráis? Para responder a esta pregunta, es útil dividir a los samuráis en dos grandes grupos:

- El líder del grupo. Eran los samuráis cuyo objetivo era alcanzar el poder definitivo. Querían ser el alfa, para estar en una posición en la que nadie le hiciera sombra en su esfera social. Dependiendo del grado de su ambición, esto podría significar ser la cabeza de su clan, su región o incluso la nación.
- El grupo. Estos eran samuráis que no querían la responsabilidad de liderazgo absoluto. Mostraban lealtad al líder de la manada a cambio de beneficios como el prestigio, el cargo, el salario y la tierra.

El líder del grupo siempre estaba planeando y actuando para tomar el poder. Se casaban y se movían políticamente, acumulaban fuerzas y usurpaban o conquistaban a otros para ganar más influencia.

Sin embargo, la mayoría de los samuráis entraban en la categoría del «grupo». Prometían lealtad, arriesgaban la vida e incluso morían para mantener a su clan en una posición de favor en beneficio de las generaciones futuras.

Los samuráis de todos los niveles dependían del apoyo de los demás. Necesitaban crear vínculos con su grupo y mantenerse en un nivel superior al de la población general en su preparación para la guerra. Para mantener su posición, tenían que ser vistos como excelentes a los ojos de sus líderes y compañeros y ser temidos o al menos respetados por los de abajo. En este contexto, el *bushidō* puede verse como un mecanismo para definir y defender la posición de un samurái dentro de la jerarquía.

Retirarse del liderazgo

Muchos líderes, desde el emperador hasta el jefe de un clan, optaban por retirarse para asegurar una transición pacífica del poder a la siguiente generación. El término para esta práctica es *inkyo* (隠居). Tras retirarse del cargo, los antiguos líderes solían convertirse en asesores o seguir un camino espiritual, lo que se conocía como *nyūdo* (入道), «entrar en el camino espiritual». A veces, sin embargo, estos retiros no eran todo lo que parecían; el líder podía renunciar a su título mientras conservaba el poder por el resto de su vida.

Éxito y habilidad

> «Los guerreros que hacen su trabajo como *bushi* en tiempos de guerra invariablemente participan en su primer combate a la edad de dieciséis o diecisiete años, por lo que practican artes marciales desde los doce o trece años.»
>
> *Bushidō Shoshinshū* (*c*. 1700)

Los samuráis tenían que demostrar su valía, ya fuera en el combate, la administración, la política, la medición de ríos o cualquier campo en el que se especializaran. Sin embargo, no bastaba con sobresalir; también era necesario que sus logros fueran reconocidos por la gente que importaba. Un samurái que realizaba un acto de mérito en el campo de batalla tenía que asegurarse de ser avalado por un hombre de reputación, como un capitán o un afamado guerrero; de lo contrario, la acción podría ser considerada no solo sin valor, sino posiblemente incluso sospechosa. No obtener reconocimiento por sus éxitos o logros era una grave afrenta. Cuando el *shōgun* Minamoto no Yoritomo no pudo recompensar a su hermano menor Minamoto no Yoshitsune por sus grandes victorias, esto desencadenó una guerra familiar que se extendió por todo Japón e incluso involucró al emperador.

Los mejores líderes veían más allá de los atributos físicos. Por ejemplo, cuando Tokugawa Ieyasu estaba en audiencia con tres de sus consejeros, todos los cuales tenían alguna discapacidad física, los pajes presentes se rieron de su aspecto, a lo que Ieyasu dijo:

> «Una discapacidad nunca es una desgracia, pero la valentía en el corazón debe ser tenida en alta estima. Estos tres guerreros son la *crème de la crème*; deberíais seguir sus enseñanzas y grabároslas en la médula».
>
> *Musha Monogatari* (1654)

> **Conoce tus límites**
>
> El *Hagakure* establece cuatro niveles básicos de comprensión de la propia capacidad:
>
> 1. Una persona que es terrible en algo sabe que es terrible en ello.
> 2. Una persona que es buena en algo sabe que es buena en ello.
> 3. Un experto es alguien que puede hacer algo y hacer que parezca fácil.
> 4. Un verdadero maestro ignorará en qué nivel se encuentra y se centrará en mejorar en todo momento.

Habilidad frente a nobleza

A la hora de sopesar su valor, el samurái tendría en cuenta tanto su capacidad y logros individuales como su historia familiar. Durante muchas épocas, sobre todo en tiempos de paz, parecería que la cuna pesaba más que el mérito. La tendencia a nombrar a personas de pedigrí en lugar de a personas con capacidad fue un factor importante en la caída de los clanes gobernantes. Esto no era exclusivo de los samuráis ni tampoco era universal en el antiguo Japón. Como hemos visto, figuras con talento como Toyotomi Hideyoshi fueron capaces de superar la desventaja de una baja cuna y ascender rápidamente en el escalafón. Sin embargo, el nepotismo contribuyó a poner fin a la era de los samuráis.

El nepotismo por encima de la seguridad del Estado

A finales del siglo XIII, la poderosa familia Hōjō tenía una mayoría de control en el consejo de gobierno, con algo más de la mitad de los puestos. Esto significaba que podían nombrar a miembros jóvenes e inexpertos del clan para puestos de responsabilidad para los que eran totalmente inadecuados. El resultado era que unos pocos miembros poderosos de los Hōjō monopolizaban el debate, y por ello la toma de decisiones del gobierno adolecía de falta de control.

Requisitos de acceso

En los escritos del comerciante del siglo XVII François Caron hay una descripción de los samuráis que servían directamente al *shōgun*. Debían cumplir los siguientes criterios para poder entrar a su servicio:

- Pasar un examen.
- Tener un cuerpo activo.
- Estar preparados en el uso de las armas.
- Haber estudiado bien.
- Estar altamente entrenados.
- Escoltar al *shōgun* vestidos de negro.
- Marchar en formación.
- Permanecer en silencio.

Fuentes

«Los nobles se sienten orgullosos de servir a su señor, obedeciendo la menor orden. Y esto, imagino, no se debe a ningún temor al castigo que pudiera imponer el señor por la desobediencia, sino por la pérdida de honor que sufrirían si hicieran lo contrario.»

Escritos de san Francisco Javier (siglo XVI)

«En una antigua historia de samuráis, el señor Hōjō Ujiyasu y su heredero e hijo, el señor Ujimasa, estaban compartiendo una comida. Al ver a su hijo comer, el señor Ujiyasu comenzó a derramar lágrimas y dijo: "La familia Hōjō, nuestro clan, terminará con mi vida". Ante esto el ambiente se arruinó y no solo el señor Ujimasa, sino todos sus principales consejeros tenían una mirada deprimida. Entonces el señor Ujiyasu dijo: "Mira cómo mi hijo Ujimasa está tomando su comida; ha puesto un poco de sopa en su arroz, y luego ha añadido más. Toda persona, noble o humilde, come dos veces al día, así que no es posible que no esté bien entrenado en esto. Su juicio es tan pobre que no puede calcular correctamente la cantidad de sopa que debe poner en su cuenco de arroz y por eso necesita tomar más. Si carece del criterio básico para una tarea tan rutinaria como esta, que se lleva a cabo cada mañana y cada tarde, ¿cómo podría evaluar a alguien y descubrir lo que realmente piensa, bajo la superficie? Si carece de esta habilidad, entonces no puede reclutar buenos samuráis. Si no tiene buenos samuráis bajo su mando en este tiempo de guerra, es obvio que, si muero mañana, los astutos señores de los dominios vecinos nos invadirán y arruinarán a mi hijo Ujimasa. Me temo que esta es la verdad. Así, nuestro clan Hōjō terminará con mi vida.»

Musha Monogatari (1654)

«Realmente no se puede culpar a un *bushi* que recibe una lesión al ser el primer luchador en [entrar en la refriega] de un grupo.»

Heihō Yūkan (1645)

«Hay samuráis que alcanzan logros en materia militar a los que se les llama *monoshi no ie* (物シノ家), que significa "los de un clan de excelencia" o, alternativamente, se les conoce como *buhen no ie* (武邊ノ家), que significa "los de un clan de proezas militares".»

Heika Jōdan (c. 1670)

Historias de éxitos y fracasos

Las siguientes anécdotas destacan aspectos de los logros de los samuráis y la importancia de labrarse una reputación de habilidad y destreza. Sin embargo, a veces la preocupación por la gloria en el campo de batalla podía cegar al samurái ante otras formas de logros.

El orgullo de los enviados

Durante las invasiones japonesas de Corea a finales del siglo xvi, Tachibana Yasuhiro, un samurái de alto rango del clan Tachibana, fue enviado como embajador a Corea por el gobernante japonés de la época, Toyotomi Hideyoshi. El objetivo de su visita era acompañar a un funcionario coreano a Japón para negociar un acuerdo de paz con Hideyoshi. El embajador se reunió con el magistrado coreano llamado Song Ūnghyōng y todos fueron agasajados en una fiesta. Tachibana dijo que había estado en muchas batallas y guerras toda su vida y que eso era lo que le había provocado las canas. Luego, en un insulto velado a la falta de experiencia militar de su anfitrión, señaló que el magistrado también tenía canas a pesar de haber experimentado una vida de lujo y paz.

Más tarde, Tachibana estuvo en otro banquete en Seúl, durante el cual arrojó algunos alimentos raros y caros al suelo. Pensó que los coreanos se abalanzarían a la vez para recoger el manjar. Y, efectivamente, eso fue lo que ocurrió y así pudo anunciar a la sala que Corea sería fácilmente conquistada porque su gente no tenía ninguna disciplina.

Habiendo ofendido a sus anfitriones, Tachibana regresó a Japón sin ningún enviado coreano. Cuando informó a Toyotomi Hideyoshi, Hideyoshi lo hizo decapitar y toda su familia fue asesinada porque había fracasado en su misión. El enviado samurái valoraba los logros militares prácticos y ridiculizaba a los que no tenían un historial de guerra impresionante, pero luego fue ejecutado por no obtener resultados en su embajada.

¿Método detrás de la locura?

Toyotomi Hideyoshi instigó dos invasiones separadas de Corea, en 1592 y 1597. Tras los éxitos iniciales, las campañas terminaron en un punto muerto y el ejército japonés acabó retirándose de la península en 1598. No está claro qué motivó exactamente a Hideyoshi a ordenar esta acción, pero las teorías que se han propuesto para explicarlo son las siguientes:

- Hideyoshi estaba tratando de asegurarse más poder para mantener a su familia después de su muerte.
- Hideyoshi se había convertido en un megalómano desquiciado.
- Intentaba acabar con los veteranos samuráis problemáticos.
- Se había quedado sin tierras para otorgar a los samuráis leales y por eso necesitaba expandir sus territorios.
- Pensó que sería capaz de tomar Corea y luego pasar a conquistar China.
- Quería proteger la paz en Japón enviando a los inquietos samuráis a luchar en otros lugares.

Si Hideyoshi trataba de preservar la paz en Japón, iba a ser en vano. Poco después de su muerte en 1598, la paz fue rota por Tokugawa Ieyasu cuando se dispuso a tomar el país por la fuerza y convertirse en *shogún*.

Las cualidades de un samurái

Una vergonzosa cacería de jabalíes

El manual *Hagakure* relata una cacería de jabalíes que salió mal. Un grupo de samuráis consiguió herir a un jabalí, pero cuando fueron a rematar al animal herido, este se levantó de repente y cargó contra ellos, dispersando al grupo por miedo. Al ver esto, el señor de los samuráis se llevó la manga a los ojos, alegando que intentaba protegerlos del polvo del aire, pero en realidad era porque no quería ser testigo de tamaña ineptitud. En lugar de reprender a sus hombres, el señor mostró su descontento de forma sutil e indirecta, pero no por ello menos clara. Por cierto, un guerrero se mantuvo firme, se acercó al jabalí y lo abatió, pero su logro fue eclipsado por la incompetencia de sus compañeros.

Niveles de habilidad

El *Hagakure* continúa con un método para clasificar a los miembros del clan según su habilidad:

- Rápido en el inicio, pero luego retrasado en la acción.
- Rezagados en la acción inicial, pero rápidos en la acción posterior.
- Rápido para empezar y rápido para terminar.
- Siempre rezagado de principio a fin.

Según el *Hagakure*, la forma en que un samurái abordaba una tarea era más importante que el grado de éxito. Sin embargo, hay que recordar que el *Hagakure* fue compilado en una época en la que la lealtad se valoraba por encima de la habilidad.

Control mental

«Haz tu trabajo con la mente tan tensa como un arco de hierro tensado con alambre. Usa tu mente con fuerza cuando camines por la calle, de tal manera que ni siquiera pestañearías si alguien te clavara inesperadamente una lanza en la nariz. Todos los guerreros deben emplear tal estado mental todo el tiempo, incluso en la vida cotidiana».

Escritos de Suzuki Shōsan (1579-1655)

Los grandes líderes samuráis se distinguían por su inteligencia y temperamento. En esta sección exploraremos cómo una mente disciplinada y capaz formaba parte del arsenal de un samurái tanto como la esgrima de élite.

Inteligencia

El guerrero del siglo XVI Tsukahara Bokuden fue uno de los samuráis más famosos de la historia, un virtuoso espadachín sin parangón del que se decía que era invencible. Un día, un temerario samurái le desafió mientras iban juntos en un barco y acordaron luchar cuando llegaran a una isla cercana. Cuando estaban a punto de desembarcar, el retador saltó del barco y esperó a Tsukahara Bokuden en la orilla. Sin embargo, Tsukahara se limitó a dar la vuelta a la embarcación y dejó tirado a su posible oponente. Dijo en broma que su escuela se llamaba Mutekatsu Ryū (無手勝流): la escuela que vence sin usar las manos. En la película *Operación Dragón*, el personaje de Bruce Lee sigue esta historia para establecerse como un pensador de las artes marciales.

Otra historia cuenta que un espadachín samurái puso una

prueba a sus tres hijos para ver quién debía sustituirle como cabeza de familia. Colocó una almohada sobre la puerta de una habitación y llamó a sus hijos uno por uno. El mayor vio la almohada al entrar, alargó la mano para quitarla y luego la volvió a poner. El segundo hijo desplazó la almohada, pero la cogió en el aire y la volvió a colocar en su sitio. El pequeño también hizo caer la almohada, pero al instante sacó su sable y, con la velocidad del rayo, cortó la almohada en dos antes de que cayera al suelo.

Se podría considerar que el hijo menor era el mejor candidato por su habilidad con el sable. Sin embargo, el cabeza de familia declaró que su hijo mayor era el mejor porque era el único que era plenamente consciente de su entorno y mostraba la habilidad de la previsión. Esta escena fue recreada en la clásica película de Akira Kurosawa *Los siete samuráis*.

Aunque estas historias pueden ser apócrifas, ponen de relieve un elemento clave del prestigio de los samuráis: tener intelecto y sabiduría, además de destreza física en la lucha. En las batallas a gran escala, los grandes líderes necesitaban sobre todo calma y previsión; eran los combatientes en primera línea los que realmente necesitaban habilidad con el arma.

Gestión de las emociones

No cabe duda de que los samuráis hacían un gran esfuerzo por no mostrar sus emociones. En todos los relatos, ya sean japoneses u occidentales, se consideraba que cualquier muestra de hambre, ira, frustración o pérdida de autocontrol restaba prestigio y honor al samurái. Por esta razón, los asuntos contenciosos se discutían a través de un tercero para evitar que los ánimos se caldearan.

Esto no significa, sin embargo, que los samuráis no fueran emocionales; de hecho, hay muchos ejemplos de guerreros que muestran emociones intensas como ira, pena y dolor, como demuestran los siguientes episodios.

En 1579, Tokugawa Ieyasu se vio obligado a ordenar a su hijo Matsudaira Nobuyasu que se suicidara por complejas razones políticas (véase el capítulo 7). Todos sabían que el joven era inocente, pero debía morir para preservar el honor del clan y mantener la alianza entre Ieyasu y Oda Nobunaga. Ieyasu envió a dos de sus vasallos, el renombrado Hattori «el Diablo» Hanzō y Amakata Michitsuna, para supervisar el ritual del *seppuku*. Hanzō recibió instrucciones de actuar como *kaishaku-nin*, la persona que decapita a la víctima del suicidio en el momento adecuado. Sin embargo, consta que se le saltaron las lágrimas y no pudo realizar el acto, por lo que le correspondió a Amakata Michitsuna tomar la cabeza del hijo mayor de su señor en su lugar. Al oír la angustia de su criado, se dice que Ieyasu dijo: «Ni siquiera un demonio como Hanzō puede tomar la cabeza de su señor».

El propio Ieyasu no era inmune a tales muestras de emoción. Se dice que se quedó inconsolable cuando se separó de su leal general y amigo Torii Mototada. Ambos hombres sabían que nunca se volverían a ver, porque Mototada estaba a punto de defender el castillo de Fushimi contra una fuerza mucho mayor que su guarnición. Sin embargo, su valentía al resistir le dio a Ieyasu tiempo para escapar y preparar la victoria en la batalla decisiva de Sekigahara.

También estaba Kumagai Jirō Naozane, el miembro del clan Minamoto del que se ha hablado anteriormente, que quería perdonar la vida del niño-samurái que se parecía a su hijo. Se dice que Kumagai lloró cuando tuvo que tomar la cabeza del niño.

Estos son solo algunos de los muchos ejemplos que deja la literatura de samuráis que derraman lágrimas. El término «mojar las mangas del kimono con lágrimas» se utilizaba habitualmente en estos casos. Aunque no se fomentaban estas muestras de emoción, se aceptaba que pudieran ocurrir, especialmente en situaciones extremas como éstas.

Decirle la verdad al poder

Aunque los samuráis aspiraban claramente a un alto nivel de disciplina mental, no siempre alcanzaban este ideal. A lo largo de este libro, cuyo objetivo es siempre demostrar la diferencia entre el ideal y la realidad, aparecen sobrados ejemplos de guerreros que se desbocan sin control o de señores de la guerra que infligen crueldades a sus súbditos a causa de la ira. Los líderes más sabios, reconociendo sus deficiencias, nombraron asesores privados para ayudarse a dirigir su comportamiento y alcanzar un mayor nivel de autocontrol, como se describe en el siguiente relato de François Caron.

> «La mayoría de los señores mantienen a algunas personas para que observen sus acciones y les comunique sus faltas, lo que deben hacer exactamente sin respeto ni adulación. Porque dicen que ningún hombre puede ver sus propios errores tan bien como otro, especialmente aquellos que son llamados a gobernar. Estando más sujetos a arrebatos de pasión y orgullo, prefieren oír sus faltas de sus verdaderos servidores para poder corregirlos que ser calumniados a sus espaldas. Por esta razón, estos supervisores secretos están siempre cerca la persona del señor, obser-

vando sus palabras y acciones, especialmente en fiestas y reuniones públicas.»

Escritos de François Caron (siglo XVII)

Algunos señores estaban más abiertos al uso de estos «supervisores secretos» que otros, y, como afirma Natori Sanujūrō Masazumi en el siguiente extracto de su manual *Heieki Yōhō*, un criado en esta posición tenía que tener cuidado con la forma en que reprendía a su señor. Un tratamiento demasiado brusco podía ser fatal.

«En tiempos más antiguos [en China] había una posición llamada *kangikan* (諫議官), "consejero de precaución". Sin embargo, los vasallos de alto rango, aunque no ocupen tal cargo, deben amonestar al señor siempre que sea necesario, pero solo de una manera que el señor acepte. Si amonestan rotundamente a un señor que no está en el camino correcto, deben ser conscientes de que el señor no solo reprenderá tal declaración, sino que también puede hacer que el vasallo pague por ello con su vida. Tengan en cuenta esto.»

Heieki Yōhō (c. 1670)

Fuentes

«Que una persona tenga mal carácter es más vergonzoso que nada. Por muy molesta que sea la situación, a la primera sensación de irritación debes calmar tu mente y preguntarte si tienes razón o estás equivocado. Solo si estás en lo cierto puedes enfadarte.»

Escritos de Shiba Yoshimasa (1349-1410)

> «Si los sirvientes ladran al samurái como si fueran perros, eso demuestra que los sirvientes son débiles. Un dicho común dice: "La grosería surge de la cobardía". Al igual que los perros más cobardes ladran más fuerte, lo mismo ocurre con las personas.»
>
> *Zōhyō Monogatari* (1657-1684)
>
> «[Si un guerrero] no puede prestar servicio, comerá en exceso, beberá demasiado y se volverá adicto al sexo, sin prestar atención a la preocupación que causa a sus padres.»
>
> *Bushidō Shoshinshū* (c. 1700)
>
> «La dignidad es un estado en el que la preparación de una persona es determinada y correcta y en el que no puede ser influido en absoluto por el oponente.»
>
> *Ittōsai Sensei Kenpō no Sho* (1664)

Estar preparado

El manuscrito *Hagakure* dice que antes de un acontecimiento importante los samuráis deben tomarse un día para relajarse y prepararse mentalmente; nunca deben estar ocupados antes de comprometerse en algo que pueda tener repercusiones. También era esencial la preparación práctica en cuanto a asuntos como la armadura, las armas, las raciones y los fondos. En resumen, los samuráis debían estar siempre preparados. Ser sorprendido se consideraba vergonzoso.

Una buena preparación puede considerarse una base importante para la disciplina mental. Los samuráis que eran capaces de mantener la calma en la batalla eran aquellos que habían planificado una amplia gama de escenarios tácticos y que se habían tomado el tiempo necesario para serenarse antes de empezar a luchar. Era aceptable cargar entre los muertos de un campo de batalla, precipitarse al peligro o golpear las puertas de la fortaleza enemiga si había una estrategia militar detrás de tal acción. Hacerlo sin razón era simplemente estar sediento de sangre y vender tu vida, y la de tus hombres, demasiado barata.

Fuentes

«Generalmente, en el *budō* –el camino militar– debes esperar ser considerado como honorable después de tu muerte a través de los preparativos que has hecho en vida.»
Gunpō Jiyōshū (c. 1612)

«Un guerrero nunca debería estar desprevenido o ser sorprendido, y en consecuencia encontrarse con un desastre; eso sería totalmente vergonzoso.»
Musha Monogatari (1654)

«Debes mantener tu mosquete cargado en todo momento y no desperdiciar tus balas disparando "fuego rápido" sin matar a un solo enemigo. ¡Qué vergüenza es tal cosa!»
Zōhyō Monogatari (1657-1684)

«Además de los samuráis, también las personas inferiores deben mantener la disciplina en su interior. En el capítulo del Gran Aprendizaje del *Libro de los ritos* dice: "Cultivarse a sí mismo". Por lo tanto, los samuráis deben perfeccionarse primero disciplinando sus mentes. Al dominio de la mente debe acompañarle el dominio del cuerpo. "Disciplina" significa preparación y "estar preparado de cuerpo" significa que un samurái debe contar con una buena formación en las armas que lleva, como la catana, el *wakizashi* y todas las herramientas marciales.»

Heika Jōdan (c. 1670)

«Una correcta preparación favorecerá la discreción: es fundamental recordar que eres *bushi*.»

Heika Jōdan (c. 1670)

Saber cómo y cuándo morir

«El destino está en manos del cielo, pero un luchador hábil no se encuentra con la muerte.»

Refrán japonés

La actitud de los samuráis ante la muerte es un tema importante pero a menudo malinterpretado. La conocida afirmación del *Hagakure* de que «la muerte es el camino del samurái» suele sacarse de contexto para significar que a los samuráis no les importaba vivir o morir. Esto no es del todo cierto. El camino de los samuráis consistía en vivir bien, pero también en reconocer el momento adecuado para morir. No querían dejar de ser útiles ni dejar pasar la oportunidad de servir a un objetivo superior muriendo, pero tampoco innecesariamente. En las siguientes secciones consideraremos algunos aspectos de la relación de los samuráis con la muerte.

No queda más remedio que morir

A la caída de Kamakura en 1333, Nagasaki Jirō Takashige se enfrentaba a la derrota, habiéndose quedado sin ideas para recuperar la ventaja. Desesperado, se acercó a un monje y le preguntó qué debía hacer. El monje le dijo que debía seguir adelante con su sable en la mano. Comprendiendo que realmente no había nada más que hacer que enfrentarse a su destino, Takashige tomó su sable y se lanzó contra el enemigo. Llevándose consigo a todos los samuráis enemigos posibles, tuvo una muerte gloriosa.

Asimismo, cuando el legendario monje-guerrero Benkei defendía a su señor, Minamoto no Yoshitsune, en una última batalla, se dice que se interpuso en el camino del enemigo y luchó contra muchos oponentes. Incluso cuando fue finalmente muerto, se mantuvo en pie. No fue hasta que un samurái se acercó cautelosamente a él para comprobar por qué estaba tan quieto que se descubrió que, de hecho, estaba muerto. Este relato es probablemente una exageración de la verdad, diseñada para presentar el comportamiento que se espera de un samurái ideal.

El concepto japonés de *isagi-yoku* (潔く) es difícil de traducir directamente, pero engloba la idea de que debes morir sin reticencias ni remordimientos y con la mente clara, sabiendo que no has dejado nada sin hacer y que todo está en orden. El *Hagakure* establecía que ninguna cantidad de habilidad y fuerza podía protegerte contra alguien que tuviera auténtica voluntad de morir, por lo que un estallido de violencia suicida de un guerrero menos poderoso podía devastar a un oponente más fuerte que no estuviera preparado para despedirse de su vida.

El principio aquí es importante para entender el *bushidō*. Se trata de reconocer el punto en el que no se puede hacer nada más, el momento en el que un samurái se vuelve redundante. Una vez que un samurái se daba cuenta de que nunca lograría su objetivo, nunca ganaría la guerra, nunca sería útil, entonces sabía que era el momento de morir. Aferrarse a la vida cuando no había esperanza no tenía cabida en el *bushidō*. Eso no significa que un samurái no pudiera morir de viejo. Si habían ganado sus victorias y el clan prosperaba, si no habían tenido que enfrentarse a una ocasión de morir, un samurái podía llevar una vida larga y fructífera. Pero si todo fracasaba y no había nada para ellos en el futuro, este era el momento ideal para morir. Si perdían esta oportunidad de morir bien, se enfrentarían a una muerte de perro.

Una muerte de perro

El concepto de *inujini* (犬死), una «muerte de perro», aparece en toda la literatura samurái. Morir como un perro era morir acobardado y pasivo, no deseado y desterrado. Los perros eran maltratados en el antiguo Japón; el país estaba lleno de perros vagabundos hambrientos y, como hemos visto, incluso se utilizaban como blancos de práctica para los arqueros en su entrenamiento. El carácter de perro (犬) también se usaba como eufemismo de ladrón. Así, la idea de morir como un perro habría sido aborrecible para los samuráis. Era lo contrario de la muerte ideal: cuando llegaba el momento, enfrentarse a sus enemigos en la batalla y por una causa que valiera la pena. Perder esa oportunidad y en su lugar morir en retirada es un ejemplo de muerte de perro.

Una muerte honorable tenía que ver con el momento y el propósito. Si se juzgaba que las acciones del samurái eran correctas en la situación en la que se encontraba, entonces no había vergüenza en su muerte. Sin embargo, si la respuesta del samurái a una situación era errónea y tenía la oportunidad de alcanzar la gloria pero no la aprovechaba, entonces se podía considerar deshonrosa.

Aceptar la muerte

Yagyū Munenori, un renombrado maestro de esgrima de los primeros tiempos del *shōgunato* Tokugawa, estaba en una ocasión hablando con algunos futuros alumnos. Se dice que se encontró con un nuevo alumno que inmediatamente le pareció un maestro de la espada, aunque nunca había visto a este alumno mostrar sus habilidades. Yagyū le preguntó en qué escuela militar había estudiado para alcanzar un nivel de pericia tan evidente; el alumno contestó que en ninguna. El maestro Yagyū se negó a creerle. El alumno insistió en que nunca se había entrenado en el manejo del sable a un alto nivel, pero que lo que había hecho era aprender a aceptar la muerte, de modo que ahora estaba preparado para morir como un samurái. Yagyū dijo que seguramente por eso emanaba un aura tan poderosa, ya que aceptar la muerte era una de las habilidades más difíciles de dominar para un guerrero.

Una de las estrategias fundamentales de la esgrima y otras artes militares era entrar en combate aceptando plenamente el riesgo de muerte. Cualquier vacilación podía ser fatal. El general Uesugi Kenshin dijo: «Aquellos que se aferran a la vida morirán, mientras que los que desafían a la muerte siguen viviendo». Puede que esto no sea cierto en todos los casos, pero la cuestión es que es más probable que tengas éxito y sobrevivas si actúas con un propósito y sin vacilar. Llegar, matar y desaparecer antes de que el enemigo pudiera responder era a menudo una estrategia gratificante, y una actitud de «hazlo o muérete» era una gran base para cimentar la victoria.

Esgrima *yin-yang*

Yagyū Munenori fundó la rama de Edo de la escuela de esgrima Yagyū Shinkage Ryū. Esta destacó por las posturas conocidas como *in no kamae* (陰の構え) y *yō no kamae* (陽の構え), que se basaban en la idea del *yin-yang*. En la postura del *in* (*yin*), el sable se apoyaba en el hombro derecho; mientras que, en la postura del *yō* (*yang*), el sable se apoyaba en el hombro izquierdo. Esto se debe a que la derecha es la dirección asociada al *yin* y la izquierda al *yang*. El *yin* y el *yang* también se asocian con la muerte y la vida, respectivamente, y la escuela contenía la idea de «un sable de la muerte» y «un sable de la vida». Quería enseñar a manejar el sable para una nueva era de paz. El objetivo no era matar, sino incapacitar para que el vencedor pudiera entonces mostrar piedad.

Fuentes

«No hay ninguna nación en el mundo que tema menos a la muerte [que Japón].»

Escritos de Francesco Carletti (1606)

«Considerar tu única vida como polvo y cenizas y morir cuando no debes hacerlo es adquirir una reputación sin valor. Una razón válida para dar la vida sería por el bien de un soberano o al servicio de un general en tiempos de necesidad. [...] Sin embargo, si te escabulles más allá del momento adecuado para morir, lo lamentarás después».

Escritos de Shiba Yoshimasa (1349-1410)

«Quien pretende ser un guerrero debe tener presente la muerte en todo momento.»

Bushidō Shoshinshū (c. 1700)

«Si te matan por nada, el enemigo se animará y obtendrá una ventaja; mientras que tus aliados se asustarán y quedarán en desventaja. Si no puedes evitar que te maten, intenta al menos anular tu pérdida llevándote a un enemigo contigo. Matar a dos hace que sea una ventaja para el bando aliado. Mata hasta cien si puedes encontrar la fuerza en los tendones de tus brazos. Es cobarde que te maten sin matar a nadie. Si mueres por nada, las raciones que te han dado se habrán desperdiciado.»

Zōhyō Monogatari (1657-1684)

Inculcar la muerte

A menudo se ha comparado a los samuráis con un culto a la muerte. Aunque resulte tentador descartar tales afirmaciones como inverosímiles, los acontecimientos a lo largo de la historia del mundo han demostrado que se puede adoctrinar a la gente para que acepte la muerte. Hay que recordar que hay numerosos ejemplos de samuráis que realizan *seppuku* por su propia voluntad. Hay muchas razones posibles para estos suicidios voluntarios, algunas de las cuales se podría considerar que apoyan la teoría del culto a la muerte. Por ejemplo, algunos suicidios fueron actos de devoción por parte de los vasallos que querían seguir a su señor al más allá, mientras que otros fueron inspirados por la sed de sangre y las emociones de la batalla. La muerte era una parte tan grande de la experiencia samurái que no es de extrañar que los estudiosos modernos busquen pruebas de adoctrinamiento, estén o no presentes.

6. Lealtad

> «Informa constantemente a tu esposa, hijos y otros miembros de la familia de la posición que ocupas y que todos están también en deuda con el señor y que si el señor lo ordena, debéis sacrificar vuestras vidas para saldar esta deuda. Esto es *mononofu no michi*, el camino del guerrero».
>
> *Heika Jōdan* (c. 1670)

La imagen clásica del noble vasallo samurái que sigue fielmente a su señor incluso hasta la muerte fue una idealización creada durante la era Tokugawa para reforzar la unidad nacional. Como veremos en este capítulo, la verdadera imagen era mucho más complicada. La lealtad existía, pero estaba lejos de ser incondicional y la traición era un hecho.

Formas de lealtad

Para entender el enfoque de los samuráis sobre la lealtad, es importante darse cuenta de que había varios tipos diferentes, incluyendo los siguientes:

Lealtad verdadera

Normalmente, se aplicaba a un inferior que elegía libremente apoyar a un superior sin coacción ni adoctrinamiento y sin preocuparse por el beneficio económico. El inferior creía devotamente en la causa del superior y se mantenía fiel incluso cuando no había beneficios.

Lealtad pagada

Se trata de un acuerdo por el que un superior contrataba a un inferior para que le sirviera. Había un contrato de por medio y, si una de las partes rompía el contrato, el acuerdo llegaba a su fin. El inferior solía marcharse en busca de una opción mejor o huía cuando la situación se volvía más problemática de lo que valía el pago. Aunque ambas partes podían desarrollar un vínculo más profundo con el tiempo, se trataba, sobre todo, de una relación transaccional.

La lealtad no siempre es rentable

Tokugawa Ieyasu dio a algunos de sus hombres más leales los salarios más bajos, pero también los recompensaba con los puestos estratégicos más importantes. Los hombres menos dignos de confianza eran mantenidos a distancia, pero con unos ingresos más elevados. A primera vista, parece injusto haber dado más dinero a los vasallos menos leales, pero Ieyasu igualó el marcador asegurándose de que la vida les costara mucho más.

Lealtad con causa

Cuando dos partes tenían un objetivo común, el inferior seguía al superior. Sin embargo, su relación se definía puramente por el objetivo compartido, y los deberes de lealtad cesaban una vez alcanzado o abandonado el objetivo.

Lealtad adoctrinada

Cuando un superior amedrenta a un inferior para que crea que sus objetivos son los correctos y que el inferior debe seguir sus órdenes, pase lo que pase, se trata de un adoctrinamiento. El inferior no obedecía al superior por auténtica lealtad, sino como resultado de una presión extrema.

Lealtad generacional

En la cultura samurái, los miembros de las familias que pertenecían a la primera generación de servicio para un señor o que se movían habitualmente entre señores, eran conocidos como *tozama* (外様), «los de fuera», mientras que los miembros de familias que habían servido al mismo señor durante varias generaciones eran conocidos como *fudai* (譜代), «los que están en vasallaje hereditario». Las familias *fudai* podían servir a la misma familia durante muchas generaciones; sin embargo, los otros tipos de lealtad descritos en esta sección se aplicarían a cada miembro de la familia según el caso.

Después de que Tokugawa Ieyasu tomara el poder en 1600, los términos *fudai* y *tozama* se utilizaron respectivamente para referirse a los que le habían apoyado durante su victoriosa campaña victoriosa y los que no lo habían hecho. Este tipo de etiquetado también se encontraba en el período Kamakura, cuando el término *goke'nin* (御家人) se refería a los hombres de la casa del *shōgun*, *higoke'nin* (非御家人) era para los vasallos fuera del clan del *shōgun*, y los *zatsunin* (雑人) eran la gente común.

Duración del servicio

«El señor Daizensei Toshitane tenía un vasallo llamado Kanazawa Bicchū. La familia de este vasallo había servido al clan Soma generación tras generación. En la época de Kanazawa Bicchū, hasta once generaciones de su familia habían muerto en batalla frente al caballo de su señor. Kanazawa Bicchū tenía un hijo llamado Kanazawa Chūbei y cuando el vigésimo sexto señor, un tal Daizensei Yoshitane, estaba moribundo a causa de una enfermedad, el vasallo samurái dijo: "Unas once generaciones, incluyendo a mi padre, han muerto frente al caballo del señor, pero yo no he hecho nada para servir a este señor de tal manera, ya que no ha surgido la necesidad durante mi generación. Si hay algo que puedo hacer, sería seguir a mi señor en su viaje al otro mundo". Entonces se suicidó. Es muy raro que doce generaciones de una familia de samuráis hayan muerto al servicio de su señor.»

Musha Monogatari (1654)

No había ningún estigma en que un samurái experto se convirtiera en *rōnin* y cambiara entre varios señores en tiempos de guerra, por lo que sería un error pensar que los recién llegados a un clan fueran mal vistos. Dicho esto, había prestigio en que una familia mantuviera un largo historial de servicio: cuantas más generaciones, mejor. Los samuráis de familias que llevaban mucho tiempo sirviendo podían apoyarse en los hombros de sus ancestros, mientras que los nuevos tendrían que confiar en sus propios logros para merecer ascensos.

Según la cita anterior, un registro de doce generaciones de servicio –especialmente doce generaciones de muerte en el servicio– era un logro poco común. Estimando cada generación en veinte años, Kanazawa Chūbei habría tenido una ventaja de 240 años de logros y sacrificios ancestrales sobre cualquier rival recién llegado en el clan.

El mito del *rōnin*

La idea moderna del *rōnin* como un paria es medio mito. A menudo se piensa erróneamente que son samuráis que se negaron a suicidarse tras la muerte de su señor. El *junshin* (殉死), el suicidio ritual tras la muerte de un señor, solo lo realizaba una pequeña proporción de vasallos, porque si todos se hubieran suicidado al morir su señor, todo el clan habría llegado a su fin. Es cierto que a principios del período Tokugawa existía una ley que prohibía a los *rōnin* obtener empleo, pero no duró mucho. Estos factores, unidos a la gran cantidad de películas japonesas que retratan a los *rōnin* como perdedores, han conducido a una enorme incomprensión de esta respetada y necesaria categoría de samuráis.

Lealtad a la fuerza

Normalmente, las cadenas de lealtad seguían la jerarquía social establecida, pero ciertas figuras poderosas cambiaron el *statu* por la fuerza de las armas. Uno de ellos fue Oda Nobunaga, el primer «gran unificador», que se alzó en armas a mediados del siglo XVI hasta llegar a ser más poderoso que el *shōgun*. Luís Froís fue testigo de cómo los miembros de más alto rango de la corte de Nobunaga se postraban en el suelo con las manos y las rodillas frente a su líder. El poderoso señor de la guerra permitió a Froís ir donde quisiera y le dijo que ni el emperador ni el *shōgun* podrían detenerlo, porque él, Nobunaga, estaba al mando. La lealtad en tal situación era una cuestión de autoconservación.

Libertad de elección

Para que la lealtad sea genuina, la persona que la otorga tiene que poder elegir dónde depositarla. Cuando todo Japón se unificó bajo un único líder a finales del siglo XVI, ya no se podía elegir. En esencia, Japón entró en una dictadura que duró hasta los últimos días de los samuráis, por lo que la lealtad durante la mayor parte del período samurái posterior fue simplemente una subordinación forzada. Aunque, sin duda, algunos samuráis sentían un verdadero sentido de lealtad hacia el líder, no podemos saber cuántos porque su lealtad no podía ponerse a prueba a través de la libre elección.

Lealtad al pueblo

A menudo se habla de la lealtad que asciende en la jerarquía, del vasallo al señor, pero ¿qué pasa con la lealtad que desciende, del señor al vasallo y así sucesivamente? En el mejor de los casos, los clanes feudales eran como familias extensas, con un señor benévolo y paternalista a la cabeza que comprendía las penurias que tenía que soportar su pueblo y hacía lo posible por aliviarlas. Sin embargo, durante el período Sengoku, los dominios fueron conquistados con frecuencia, por lo que los lazos de compromiso forjados durante generaciones entre amo y vasallo se rompieron. Incluso bajo el *shōgunato* Tokugawa, que supuestamente fue un período de estabilidad y paz, hubo numerosos levantamientos campesinos contra los crueles señores locales.

El hombre del pueblo

Tokugawa Ieyasu comía principalmente gachas de arroz, un alimento básico de la clase baja, aunque podía elegir entre los mejores alimentos. Se dice que un día su ayudante añadió algo extra para mejorar el sabor. Ante esto, el señor se enfadó. Dijo que quería comer exactamente la misma comida que su pueblo, que se encontraba en situación de pobreza en esta época de guerra, para compartir su sufrimiento.

La idealización de la lealtad

Durante el turbulento período Sengoku, los samuráis cambiaban de bando sin manías y la ruptura y creación de nuevas alianzas fue algo habitual. Sin embargo, cuando el clan Tokugawa tomó el control de Japón, quiso consolidar su posición inculcando la idea de la lealtad como una gran virtud. Es entonces cuando la imagen clásica del noble y fiel samurái que reconocemos hoy en día comenzó a tomar forma.

Durante esta época, los historiadores pintaron a Minamoto no Yoritomo, fundador del shōgunato Kamakura, en una luz positiva. Su deseo de poder fue minimizado y se enfatizaba su papel al poner orden en Japón. Por el contrario, veían a Ashikaga Takauji, fundador del *shōgunato* Ashikaga, como una influencia negativa, porque había cambiado de bando y había sido algo difícil como comandante. En realidad, no había mucha diferencia entre ellos, pero los Tokugawa necesitaban ejemplos de buenos y malos samuráis como propaganda para guiar al pueblo a la sumisión.

Políticas de los Tokugawa para imponer la lealtad

Además de idealizar el concepto de lealtad, los Tokugawa introdujeron varias medidas prácticas para frenar las ambiciones de los distintos señores feudales o *daimyō*.

Por ejemplo, Tokugawa Ieyasu obligó a los *daimyō* a contribuir al gigantesco coste de la construcción del castillo de Edo, una medida que reforzaba su posición física al tiempo que debilitaba la posición financiera de sus potenciales rivales. El clan Tokugawa también introdujo la política de «un dominio, un castillo». Cada clan podía tener un solo castillo, normalmente construido en una llanura, lo que dificultaba su defensa y, por lo tanto, redujo las posibilidades de cualquier señor de la guerra de iniciar una rebelión exitosa.

En 1634, el nieto de Ieyasu, Tokugawa Iemitsu, introdujo el sistema de *sankin-kōtai* (参勤交代), por el que todos los *daimyō* del país debían pasar una cierta parte del año en la capital, Edo. La división de sus hogares de esta manera era una empresa masiva y costosa. Cuando los señores feudales regresaban a sus tierras ancestrales, tenían que dejar a sus esposas y herederos en Edo como rehenes para garantizar que no causarían problemas en su país.

Cuando el *shōgunato* Tokugawa finalmente se fracturó después de 250 años de gobierno, muchos señores de la guerra se apresuraron a rebelarse. Esto demostró claramente que los clanes no sentían lealtad real o amor hacia el *shōgun*.

Constructores

En la imaginación popular, los soldados romanos eran luchadores y constructores, y los samuráis no eran distintos. Según el manual *Bushidō Shoshinshū*, las dos principales responsabilidades de los samuráis eran las operaciones militares y el trabajo de construcción.

Cuando Oda Nobunaga estaba construyendo uno de sus castillos, puso a hombres de todos los rangos a trabajar. Todos se desnudaban hasta quedar en cueros, con una especie de cojín o alfombra que podían atar a la cintura para sentarse. Hasta que el castillo estuviera terminado, se decía que nadie se atrevía a llevar ropa elegante en ningún lugar cercano a él.

Los comandantes a cargo de los proyectos de construcción tenían un alto estatus. Cuando Tokugawa Ieyasu construía sus castillos, su principal arquitecto, Toda Takatora, era el único samurái al que se le permitía llevar un par de sables en la obra; todos los demás tenían que dejar sus catanas en casa mientras terminaban el trabajo.

El juramento de todos los señores de la guerra

Una de las medidas centrales en el intento de los Tokugawa de imponer la disciplina fue un nuevo juramento de lealtad, que se introdujo en 1611. Los señores de la guerra tenían que aceptar todo tipo de instrucciones y limitaciones, incluyendo las siguientes:

- Promover el estudio de las letras, las armas, el tiro con arco y la equitación.
- Reducir el número de fiestas y eventos sociales.
- Abstenerse de contratar a infractores de la ley, rebeldes y asesinos.
- No asociarse con personas de otras provincias (después del año 1615).
- Informar de cualquier cambio social o de nuevas facciones.
- Acatar las nuevas restricciones matrimoniales para la clase samurái.
- Limitar el número de vasallos que se lleva a Edo.
- Obedecer las restricciones sobre los tipos de ropa que se pueden llevar y sobre el uso de palanquines.
- Ser frugal (Tokugawa Ieyasu era famoso por su frugalidad).
- Nombrar a personas debidamente cualificadas para los cargos.

Este conjunto de normas acercaba a Japón a una dictadura nacional y estaba muy lejos de la imagen anterior de clanes rivales compitiendo por el poder.

La visión del *Hagakure* sobre la lealtad

Como producto de la era Tokugawa, el manuscrito *Hagakure* presenta una visión idealizada de la lealtad, personificada en las siguientes historias.

Mantenerse fiel a las propias creencias

Durante una reunión del consejo, un vasallo se frustró porque sus propuestas eran rechazadas. Finalmente, amenazó con matar al jefe del consejo si seguía siendo ignorado. Esto convenció al jefe del consejo para empezar a adoptar las políticas del vasallo. El ahora victorioso samurái respondió que el jefe del consejo era claramente el hombre equivocado para el trabajo, porque ni siquiera una amenaza de muerte debería desviar a un samurái de sus decisiones.

Poner a prueba la lealtad

Algunos señores llamaban a un samurái a su presencia y le comunicaban, como artimaña, que su servicio iba a terminar. El señor podía entonces evaluar el grado de lealtad del vasallo observando su reacción.

Siervos para la eternidadd

El famoso lealista Kusunoki Masashige y su hermano Kusunoki Masasue dieron su vida por el emperador, matándose mutuamente en un pacto suicida cuando su posición era desesperada. En realidad, sabían que su misión estaba condenada al fracaso desde el principio, pero siguieron adelante porque eso era lo que el emperador ordenó. Lejos de sentir algún resentimiento, con sus últimas palabras declararon que querían renacer siete veces al servicio del emperador. Haciéndose eco de su deseo, el autor del *Hagakure* declaró que él quería nacer siete veces al servicio de su clan (tener en cuenta que «siete veces» puede ser una expresión que signifique «para siempre» y no un número concreto).

Historias de lealtad y deslealtad

Como sugiere la siguiente selección de episodios, la visión idealizada de los Tokugawa sobre la lealtad de los samuráis no siempre se vio respaldada por los acontecimientos históricos.

Una oferta que no se podía rechazar

Tras la rebelión de Heiji de 1159, en la que su familia fue expulsada de Kyōto y su padre fue asesinado, Minamoto no Yoritomo creció en el exilio. Sin ejército que comandar, tuvo que pensar en una forma de restaurar el clan Minamoto en el poder.

En aquella época de la historia japonesa, los vasallos samuráis de nivel medio gestionaban las propiedades de los samuráis de nivel superior, recaudando los impuestos que permitían a los terratenientes de alto rango vivir cómodamente en Kyōto junto a los aristócratas. Los vasallos prestaban servicio y lealtad a sus señores porque estos tenían el poder de nombrarlos o despedirlos.

Por lo tanto, para crear un ejército de la nada, Minamoto no Yoritomo se dirigió a los administradores de las fincas y les pidió que lucharan por él en lugar de sus señores. A cambio, si salía victorioso, les prometía que sus cargos serían hereditarios para siempre, y también aumentar su participación en los ingresos de la tierra. Los vasallos ya no tendrían que preocuparse por mantener sus ingresos o asegurar el futuro de sus dependientes. Obviamente, muchos o la mayoría de los administradores de las fincas aprovecharon esta oferta y olvidaron la lealtad que habían jurado a sus señores. Después de haber creado un ejército de samuráis muy motivados, Yoritomo acabó convirtiéndose en el *shōgun* de todo Japón.

Esto tuvo lugar en el siglo XII, una época que todos los futuros samuráis consideraban como la edad de oro de los héroes, y sin embargo demostró que, incluso entonces, la mayoría de los samuráis cambiaban fácilmente de señor a cambio de más dinero y seguridad laboral. Además, tras la victoria de Yoritomo, este pagó a muchos de los aliados que le habían ayudado matándolos uno por uno. Ni siquiera su propio hermanastro Minamoto no Yoshitsune se salvó.

Muerte en la cena

El renombrado comandante y poeta del siglo XIV Imagawa Ryōshun decidió dar un escarmiento a un general desleal llamado Shōni Fuyusuke matándolo durante un banquete. Pretendía que esto desalentara a otros inclinados a traicionarle. Sin embargo, su plan fue contraproducente: varios de sus otros generales, indignados por el trato de Fuyusuke, desertaron al otro bando.

El samurái demasiado leal

Las demostraciones de lealtad podían verse como una forma de ganarse el favor de los demás. El samurái del siglo XVI Uemura Masakatsu o Shinroku molestaba a sus compañeros por llevar siempre sus sables y ser extremadamente deferente en presencia del señor. Su comportamiento lo distinguía del resto y hacía que los demás no se sintieran a gusto a su lado. Pero cuando el señor se enteró de su resentimiento, elogió a Shinroku por mostrar una conducta militar adecuada y le recompensó con un estupendo sable forjado por el maestro espadadero Yukimitsu. Este episodio demuestra que, incluso dentro del mismo clan, no todos tenían la misma opinión sobre lo que constituía un grado adecuado de lealtad.

Fe frente a lealtad

Como ocurría en la Europa de la época de la Reforma, los samuráis se enfrentaban a veces a un conflicto entre sus creencias religiosas y la lealtad que debían a su señor. La familia Honda se dividió en dos ramas, cada una de las cuales apoyaba una versión diferente de budismo; una rama se unió a las fuerzas de Tokugawa Ieyasu y la otra permaneció con la liga de clanes Ikkō Ikki. Algunas de estas escisiones fueron movimientos estratégicos para permitir que una familia jugara en ambos bandos, pero la religión siguió desempeñando un papel real y significativo en la política del antiguo Japón. Sin embargo, la influencia de la que gozaban las instituciones religiosas fue restringida por Oda Nobunaga, que destruyó los complejos militares monásticos.

Insubordinación leal

Cuando Tokugawa Ieyasu se enfrentó a la derrota en la batalla de Mikatagahara, se negó a abandonar el campo de batalla a pesar de que quedarse significaría una muerte segura. Al enterarse de ello, Natsume Yoshinobu, uno de los comandantes más antiguos y leales de Ieyasu, agarró el caballo de su señor por las riendas, le dio un golpe en la grupa y ordenó a Ieyasu que abandonara el campo y regresara a su campamento de batalla, acompañado de una escolta.

El valiente Natsume gritó entonces: «¡Yo soy Ieyasu!», y se lanzó en una carga suicida contra el enemigo. Este movimiento *kagemusha* (影武者), o «doble en la sombra», confundió al enemigo durante el tiempo suficiente para que el verdadero Ieyasu tuviera tiempo de escapar.

¿De qué lado estás?

En la batalla de Adzuki-zaka en 1563, un samurái llamado Naitō Masanari tuvo que enfrentarse a su tío, Ishikawa. En un momento de la batalla, Ishikawa estaba atacando directamente al señor de su sobrino, por lo que Masanari tuvo que decidir si ponerse del lado del miembro de su clan o con su señor. Gritó para que la gente pudiera oírle: «Puede que Ishikawa sea mi tío, pero mi señor es lo primero», y entonces disparó a su tío en las piernas.

En la misma batalla, Tsuchiya Chokichi, que estaba luchando contra su propio señor, vio que este –ahora su enemigo– estaba acorralado con solo una pequeña partida de guerreros para protegerlo. Declarando que no levantaría una lanza contra su señor, se puso de su lado, se unió a la causa de este y luchó hasta la muerte. Hachiya Hannojō era otro samurái de la batalla que se rebeló contra su señor. Un vasallo de Tokugawa Ieyasu le vio retirarse del campo de batalla y le acusó de cobardía. Hachiya respondió: «Me retiro porque no puedo luchar contra mi propio señor en un combate personal». Cuando otro samurái, Matsudaira Kinsuke, siguió llamándole cobarde, Hachiya dio media vuelta y lo mató, lo que demostró que no se retiraba por miedo, sino por un choque de lealtades.

Como epílogo a esta última historia, el propio Tokugawa Ieyasu echó a Hachiya del campo de batalla antes de que pudiera reclamar la cabeza de Kinsuke. Muchos años después, Ieyasu se jactó de haber obligado a Hachiya a huir sin haber luchado, lo que es otro ejemplo de un ilustre samurái que no cumplió con los ideales del *bushidō*.

La última muestra de lealtad

Cuando a un samurái de alto rango se le comunicaba que debía morir, era habitual que uno de sus vasallos se ofreciera a ocupar su lugar. Por ejemplo, cuando Tokugawa Ieyasu se vio obligado a ordenar a su hijo Matsudaira Nobuyasu que realizara el *seppuku*, el vasallo Hiraiwa Chikayoshi se ofreció a morir en lugar del joven. Sin embargo, la noble oferta fue rechazada porque su muerte no habría sido suficiente para resolver la situación política que había hecho necesaria la muerte de Nobuyasu (véase el capítulo 7).

La traición de Oda Nobunaga

En uno de los momentos más emocionantes de la historia de Japón, Oda Nobunaga se abría paso a través de Japón, conquistando provincia tras provincia. Justo cuando estaba a punto de unificar todo Japón bajo su estandarte, uno de sus vasayos de mayor confianza, Akechi Mitsuhide, se volvió contra él cuando se encontraba en el templo de Honnoji. Oda Nobunaga, al no tener suficientes hombres para repeler al ejército de Akechi, se vio atrapado y decidió realizar *seppuku*, pero antes ordenó a su paje Mori Ranmuru que prendiera fuego al templo para que nadie pudiera tomar su cabeza.

Algunos piensan que Akechi estaba haciendo un juego de poder, otros que estaba reaccionando tras ser insultado o golpeado por Nobunaga, pero, sea cual fuere su motivo, esta fue una de las mayores traiciones en la historia de Japón. Llevó a la destrucción temporal de los principales ejércitos samuráis de la época; Tokugawa Ieyasu tuvo que marcharse en su ya famosa huida a través de la provincia de Iga, mientras que Toyotomi Hideyoshi partió en una misión de caza para tomar la cabeza del traidor, lo cual consiguió.

El hijo mayor y heredero de Oda Nobunaga, Oda Nobutada, también realizó *seppuku* durante el ataque de Akechi a Honnōji. El siguiente en la línea fue el segundo hijo de Nobunaga, Oda Nobukatsu, pero sectores de sus propios samuráis no querían que gobernara porque se le consideraba un «tonto». El poderoso clan Oda pasó a un segundo plano y el verdadero poder fue asumido por Toyotomi Hideyoshi, de baja cuna.

Fuentes

Olvida lo siguiente para añadir devoción leal a un señor:

- Esposas e hijos.
- Tesoros y propiedades.
- Tu cuerpo y tu vida.

No olvides lo siguiente para añadir a la devoción leal a un señor:

- La determinación en la lealtad.
- El nombre de tu familia.
- Tus padres y antepasados.

Heika Jōdan (c. 1670)

«El segundo defecto de esta nación es la escasa lealtad que la gente muestra hacia sus gobernantes. Se rebelan contra ellos siempre que tienen oportunidad, usurpándolos o uniéndose a sus enemigos. Luego se declaran amigos de nuevo, para rebelarse una vez más cuando se les presenta la oportunidad. Sin embargo, este tipo de conducta no los desacredita en absoluto.»

Escritos de Alessandro Valignano (siglo XVI)

«En el período de los Estados Combatientes, gran parte de la tierra no se cultivaba y las zonas que se cultivaban eran destruidas en la época de siembra y saqueadas por los vecinos y las facciones opuestas, y los hombres se mataban entre sí en todas partes. Y así todo el reino y todos los nobles quedaron en la mayor pobreza y miseria, y la única autoridad o ley era el poder militar. Los hombres se castigaban y mataban unos a otros entre sí, desterraban a la gente y confiscaban sus bienes según les parecía; la traición era rampante y nadie confiaba en su vecino. A menudo, los siervos más influyentes asesinaban a su propio señor y se aliaban con otros más poderosos para que se les confirmara en la posesión de su territorio, y como precaución mataban a la parentela de su señor. De esta manera, las principales familias nobles llegaron a su fin y fueron destruidas. Algunos se rebelaban y se unían con otros, pero un hombre no podía confiar en su vecino y siempre mantenía sus armas a mano.»

Escritos de João Rodrigues
(finales del siglo XVI/principios del XVII)

7. Reputación

«La victoria y la derrota son estados temporales provocados por las circunstancias. La vergüenza es diferente. La única forma de escapar de ella es a través de la muerte.»
Hagakure (1716)

Nada importaba tanto a los samuráis como su buen nombre y el de su clan. Una reputación perdida era difícil de recuperar, excepto por una muerte gloriosa o un suicidio honorable. En este capítulo, exploraremos cómo los samuráis mantenían su reputación, a través de los logros, la honestidad y una implacable determinación de vengarse de los que les perjudicaban.

Buen nombre

«En una ocasión, mientras Manbei estaba en el castillo, un joven samurái entrometido se acercó a él y le dijo: "No recuerdo exactamente cuál es tu nombre… ¿Es Mabei o Manbei?". Al oír esto, Manbei se dio cuenta de que se burlaban de él y respondió: "Depende del nivel de tu moral. Cuando tengas la moral alta, me llamarás Manbei con buena pronunciación, y cuando tengas hambre o te falte voluntad puedes llamarme Mabei". Entonces el samurái entrometido se sintió avergonzado y así se retiró.»

Musha Monogatari (1654)

Minamoto no Yoshitsune era muy apreciado por los criados del clan Minamoto por sus muchos y variados logros militares, como cruzar montañas para invadir fortalezas inexpugnables, viajar por mares tormentosos cuando otros no se atrevían, desembarcando sus tropas antes que los demás, obteniendo la victoria en batallas navales. Sin embargo, acabó cayendo en desgracia y su hermano mayor, Minamoto no Yoritomo, el *shogun*, inició una campaña de desprestigio contra él para evitar que encontrara apoyo en otros lugares. En cambio, cuando Ishikawa Kazumasa traicionó a Tokugawa Ieyasu, este dijo que, aunque su antiguo vasallo había sido desleal, su destreza militar no debía ser desacreditada.

Por encima de todo, los samuráis valoraban su reputación de integridad y capacidad. Incluso si no poseían tales atributos, debían ser vistos como tales. Sabían lo difícil que era ganarse una buena reputación y mantenerla. Más difícil aún era limpiar una mala reputación.

Limpiar la mala reputación a través de los logros

«Según una antigua historia de samuráis, durante el asedio de invierno al castillo de Osaka, Suzukida Hayatonosuke, que estaba del lado del señor Hideyori, recibió el mando de un barco para defenderse de las provincias del centro oeste y fue destinado al castillo de Etsuda. Sin embargo, Hachisuka Awanokami del lado de Ieyasu atacó y capturó el castillo por lo que Hayatonosuke huyó a Osaka para salvar su vida.

»La primavera siguiente, cuando los consejeros principales del señor Hideyori se reunieron para hablar de estrategias, este Suzukida también estuvo presente. Entonces un paje de doce o trece años se dirigió a él con una gran fruta y le dijo: "Mire esto, señor Hayatonosuke. ¿No cree que es una fruta hermosa?". A lo que él respondió que era muy hermosa. Entonces el muchacho dijo: "Esta gran fruta es igual que usted, señor Hayatonosuke, si fuera un ser humano. Parece muy agraciada, pero no lo es tanto por dentro, por lo que no se puede servir como alimento. Recuerde que no se puede juzgar las cosas solo por su aspecto". Ante lo cual, el derrotado samurái Hayatonosuke se sintió terriblemente avergonzado.

»Sin embargo, en el Asedio de Verano, el día 6 del quinto mes, fue asesinado a la entrada Dōmyōji al castillo y su cabeza fue cortada por Kawakami Shinpachirō, un vasallo de Mizuno Hyūganokami Katsunari. Se dice que Ōno Shurinosuke ordenó al paje que lo contase así».

Musha Monogatari (1654)

Un samurái que perdía su reputación podía recuperarla mediante un nuevo logro. Si ese nuevo logro o serie de logros superaba una antigua hazaña, y si se hablaba más de los nuevos logros que de los problemas anteriores, su reputación volvía a quedar limpia.

Limpiar la mala reputación con la muerte

Morir se consideraba una forma segura de limpiar la mala reputación, si la muerte se producía de la forma correcta. Incluso si no se restablecía totalmente el buen nombre, se estaba seguro de anular los aspectos negativos de la mala reputación mediante un suicidio adecuado. Cuando la alternativa era vivir el resto de tu vida con vergüenza y rechazado por tus compañeros, quizás no sea una sorpresa que los samuráis buscaran la expiación a través del suicidio o una muerte gloriosa en el campo de batalla. Un samurái que hubiera llevado una vida relativamente negativa podía alcanzar la fama y el perdón con una muerte hermosa y heroica o quitándose la vida como disculpa por sus fechorías pasadas.

Fuentes

«Un hijo de Tomita dijo: "Aunque mi padre traicionó a Ashina Morishige [lo que causó una gran vergüenza a nuestra familia], mantenemos nuestros estandartes". Entonces se adentró en las líneas enemigas, mató a un samurái llamado Taromaru Kamon y trajo su cabeza para mostrársela a su señor [con la esperanza de que esta hazaña expiara las acciones de su padre].»

Musha Monogatari (1654)

«Mientras llevaba una lanza con accesorios de plata para mi señor samurái, me quedé dormido y la abrazadera de plata de la lanza fue robada. La culpa es mía y puede que me maten como castigo. Para expiar mi error y recuperar mi honor, esperaba hacer algo estupendo como matar a un enemigo.»

Zōhyō Monogatari (1657-1684)

Ganar mala reputación por culpa de la ignorancia

«Nunca debes preguntar sobre asuntos de guerra a alguien nacido tímido, por muy bien que lo conozcas.»

Escritos de Shiba Yoshimasa (1349-1410)

Estar constantemente desprevenido o desconocer las formas correctas de los samuráis creaba invariablemente una reputación negativa. En el documento *Chasō Kanwa* (茶窓閑話), el señor Sansei se quejaba de que los guerreros de su época solo disfrutaban de la ceremonia del té y otras actividades artísticas y que no tenían ninguna habilidad en asuntos militares. Decía que los samuráis debían estar siempre preparados, estar listos para luchar y saber utilizar todas las armas y equipos militares, y que el camino de un señor samurái era demostrar el amor por las formas militares como ejemplo para todos los vasallos por debajo de él. Esto mejoraría la capacidad marcial general del clan. Sansei también advirtió que, si un señor solo amaba el té, sus vasallos también lo harían y descuidarían sus habilidades militares. Exploraremos este tema con más detalle en el próximo capítulo.

> «En el peor de los casos, algunos pueden incluso aventurar la opinión de que la guerra no es el camino de un samurái. Hay que tener en cuenta que, ya sea en tiempos de paz o de guerra, los samuráis deben estar preparados para la guerra y nunca deben olvidar el *heidō*, el camino del soldado.»
>
> *Heika Jōdan* (c. 1670)

La importancia de un nombre

Aunque los samuráis se esforzaban por crearse un buen nombre en el sentido de crearse una reputación positiva, resulta desconcertante que a menudo cambiaran de nombre. Por ejemplo, cuando Oda Nobunaga concedió al samurái Okudaira Sadamasa el honor de poder utilizar la primera sílaba de su propio nombre, pasó a ser conocido como Okudaira Nobumasa.

No era raro que un samurái cambiara su nombre varias veces. A continuación, rastreamos los cambios de nombre del samurái nacido Matsudaira Takechiyo y más conocido hoy como Tokugawa Ieyasu. Especialmente significativo es su cambio de Motoyasu (元康) a Ieyasu (家康), que se cree que se hizo porque el carácter de *ie* (家) se asociaba a los *shōgun* del pasado. Este cambio se realizó mucho antes de que él mismo se convirtiera en *shōgun* y algunos historiadores lo ven como una señal de sus grandes ambiciones desde una edad temprana.

Los cambios de nombre de Tokugawa Ieyasu fueron los siguientes:

1. Matsudaira Takechiyo (松平 竹千代) (*yōmyō*: nombre de nacimiento).
2. Matsudaira Motonobu (松平 元信) (*genpukuna*: nombre al alcanzar la mayoría de edad).
3. Jirōsaburō (次郎三郎) (*haikōmei*: apodo que representa el orden de nacimiento).
4. Matsudaira Motoyasu (松平 元康) (*kaimei*: cambio de nombre, después del matrimonio).
5. Matsudaira Ieyasu (松平 家康) (*kaimai*: cambio de nombre, después de la batalla de Okehazama).

6. Tokugawa Ieyasu (徳川家康) (*kaisei*: cambio de nombre, para convertirlo en descendiente de la familia Minamoto).
7. Tōshō Dai-Gongen (東照大権現) (*shingō*: un nombre dado a través del Shintō).
8. Tōshō Dai-Gongen Ankokuin den Tokuren Shasūyo Tōwa Daikoji (東照大 権現安国院殿徳蓮社崇誉道和大居士) (*kaimyō*: nombre de la muerte, nunca se usó en vida).

Además, también se le concedieron los siguientes títulos honoríficos:

- Taikun (大君) (título para usar en documentos oficiales, que significa «gran señor»).
- Ōgosho (大御所) (título después de retirarse, que significa «*shōgun* retirado»).
- Shinkun (神君) (título póstumo, que significa «gran deidad»).

El táctico samurái y estudiante de guerra conocido como Natori Sanjūrō Masazumi escribió el ahora famoso manual *Shōninki* sobre tácticas *shinobi*. En la introducción del manual, que fue escrita por un samurái conocido como Katsuda, se refiere a Natori como «Masatake» y no como «Masazumi». Lo más probable es que se trate de un cumplido, porque «take» (武) significa «militar», así que al cambiar la segunda sílaba del Natori, Katsuda le llamaba «Masa, el militar». Probablemente, se trataba de una especie de apodo informal y no de un cambio de nombre oficial, lo que añade una capa más de complejidad a la cuestión de los nombres de los samuráis.

A veces, los samuráis cambiaban los caracteres de sus nombres para transmitir una determinada imagen, o incluso para atraer la buena suerte siguiendo los principios del *seimei handan* (姓名判断), un sistema de adivinación basado en el nombre. Sin embargo, cualquiera que pensara que cambiando su nombre podría cambiar su reputación se vería defraudado.

Juramentos

El jurar en la cultura samurái es un tema complejo. Había varios niveles de juramentos y votos utilizados para diferentes tipos de promesas. Algunos ejemplos son el *kishōmon*, que contenía la frase: «En testimonio de lo cual pongo mi mano y sello en este *kishōmon*». Llevaba un sello de sangre al final y estaba escrito en un tipo especial de papel conocido como *goō*. Una promesa *shinmon* tenía un sello de sangre al final y se escribía en papel normal, mientras que un juramento *seimon* utilizaba papel de escritura y no tenía sello de sangre.

Los juramentos solían implicar la invocación de los dioses a los que el jurador rendía culto, de modo que la persona que hacía el juramento se lo tomaba en serio. Los archivos japoneses contienen muchos ejemplos de juramentos, declaraciones y similares, todos firmados con tinta y luego estampados con la huella del pulgar con sangre.

El misionero jesuita del siglo XVI Gaspar Vilela describió la firma de un juramento de lealtad de un samurái a un señor. El samurái se puso delante de un ídolo –probablemente una estatua budista– se cortó el brazo y utilizó la sangre para escribir su juramento, incluyendo caracteres que el samurái no entendía, que podían estar en sánscrito. Después, el juramento en papel se quemaba y las cenizas se mezclaban en un líquido que el samurái bebía.

Este relato subraya el carácter sagrado del juramento de un samurái. Creado con la propia sangre del samurái y luego reabsorbido en su cuerpo, era una promesa no solo a su señor, sino también a los dioses. Y sería la tarea del señor y, también, de los dioses castigar a cualquier samurái que incumpliera su promesa.

Hay que señalar aquí que los samuráis no tenían que permanecer con el mismo señor para siempre. Los juramentos podían establecerse por un período de tiempo determinado, como es el caso de un contrato moderno.

Santo Abulón

La leyenda cuenta que la familia Chiba estaba en el mar y se hizo un agujero en su embarcación. En respuesta a su situación, un grupo de moluscos abulones acudió y tapó el agujero, salvando así al clan de morir ahogado. A partir de entonces, todos los miembros de la familia Chiba juraron no comer nunca abulones; si lo hacían, serían maldecidos con forúnculos. Sin embargo, un miembro del clan rompió con la tradición y comió uno de estos moluscos, lo que le acarreó su perdición.

El juramento de las siete hojas

El rollo manuscrito *Ippei Yōkō*, que contiene enseñanzas de la escuela de samuráis Natori-Ryū, explica el protocolo para escribir un *shichimai-gishō*, o «juramento de siete hojas».

Como muestra el siguiente resumen, se trataba de un contrato complejo, en el que cada hoja estaba dedicada a una deidad o deidades diferentes y requería un sello de sangre de una parte del cuerpo del samurái.

Hoja uno

Shichisha kishōmon: siete juramentos de siete santuarios realizados con el debido respeto. Aunque las promesas hechas son difíciles de cumplir, si hay alguna infracción o violación, recibiré el castigo divino del Señor de los Cielos, los Cuatro Guardianes de Taishakuten y todos los dioses mayores y menores de más de sesenta provincias de todo Japón, especialmente Atago Daigongen. En testimonio de lo cual pongo mi mano y sello en este *kishōmon*.

Aplicar sangre del dedo anular izquierdo.

Hoja dos

Shichisha kishōmon: siete juramentos de siete santuarios prestados con el debido respeto. Por este juramento, que está protegido por el templo Daigosan, sepa que el castigo vendrá de Sanbō en Godaidō. En testimonio de lo cual pongo mi mano y sello en este *kishōmon*.

Aplicar sangre del dedo anular derecho.

Hoja tres

Shichisha kishōmon: siete juramentos de siete santuarios prestados con el debido respeto. Por este juramento, recibiré castigos de Fuji Daigongen. En testimonio de lo cual pongo mi mano y sello en este *kishōmon*.

Aplica la sangre de la lengua.

Hoja cuatro

Shichisha kishōmon: siete juramentos de siete santuarios dados con el debido respeto. Por este juramento, recibiré castigos de Ōmine Daigongen. En testimonio de lo cual pongo mi mano y sello en este *kishōmon*.

Aplicar sangre de la nuca.

Hoja cinco

Shichisha kishōmon: siete juramentos de siete santuarios prestados con el debido respeto. Por este juramento, recibiré castigos de Hachiman Daibosatsu. En testimonio de lo cual pongo mi mano y sello en este *kishōmon*.

Aplicar sangre del pie izquierdo.

Hoja seis

Shichisha kishōmon: siete juramentos de siete santuarios prestados con el debido respeto. Por este juramento, recibiré castigos del dios que representa el Jūra para ese día y también del *happō-yū*. En testimonio de lo cual pongo mi mano y sello a este *kishōmon*.

Aplicar sangre del pie derecho.

Hoja siete

Shichisha kishōmon: siete juramentos de siete santuarios dados con el debido respeto. Por este juramento, recibiré las dificultades y agonías del Buda de [Konpon] Chūdō en la provincia de Ōmi, que perdurarán en la otra vida por larga que sea. En testimonio de lo cual pongo mi mano y sello en este *kishōmon*.

Aplicar sangre de las palmas izquierda y derecha.

> **Un vínculo sagrado**
>
> Un vasallo de Tokugawa Ieyasu recibió un pedazo de ginseng como regalo. Al no tener nada con lo que envolver el regalo, intentó arrancar un trozo de papel reservado para hacer juramentos. Esto disgustó mucho a Ieyasu, porque el papel utilizado para los juramentos se consideraba sagrado.

Falsas promesas

En lo que se está convirtiendo en un patrón familiar, por el que los principios del *bushidō* parecen ser algo elásticos, hay varios relatos de samuráis que son celebrados por haber roto sus promesas.

Por ejemplo, el *Heike Monogatari* describe lo ocurrido cuando Moritoshi, un poderoso samurái del clan Heike, derrotó a Noritsuna, un samurái de estatus similar del clan Genji. El guerrero derrotado se rindió y pidió ser perdonado. El vencedor aceptó y se intercambiaron promesas. Inmediatamente después, Moritoshi fue distraído por la aproximación de otros jinetes, momento en el que el derrotado Noritsuna –que acababa de prestar un juramento vinculante– aprovechó para matar a Moritoshi, decapitarlo y tomar su cabeza. Se dice que fue honrado por esta hazaña a pesar del hecho de que había roto su juramento.

Honestidad

«Se puede decir que las palabras dichas por los samuráis pueden considerarse más seguras que el oro o el hierro.»
Heika Jōdan (c. 1670)

Un elemento del *bushidō* que parece mantenerse inalterable en toda la literatura samurái es la honestidad. Si un samurái decía que algo era cierto, tenía que serlo. Si un samurái hablaba en falso – aunque solo fuera por exagerar un poco incluso–, podía poner una mancha indeleble en su honor. Las acciones engañosas, especialmente en la batalla, no parecen haber sido condenadas –de hecho, a menudo se celebraban–, pero mentir a un compañero samurái se consideraba degradante.

Existen innumerables citas históricas que ilustran que los samuráis debían decir la verdad, de las cuales las siguientes son solo una pequeña selección. Sin embargo, hasta qué punto los samuráis decían realmente la verdad sigue sin poder asegurarse.

Fuentes

«Cuando no haya nadie que te vea, piensa que las paredes tienen ojos y no bajes la guardia. En tu forma de comportarte con otras personas, no hace falta decir que no debes dar un paso en falso. Ni siquiera al pronunciar una sola palabra debes dar a los demás la impresión de que eres superficial.»
Escritos de Shiba Yoshimasa (1349-1410)

«La honestidad solo significa una mente recta. Si la mente está distorsionada, todo comportamiento está distorsionado.»

Escritos de Ichijō Kaneyoshi (1402-1481)

«El señor Oda Nobunaga una vez le dio a su asistente Mori Ranmaru su sable para que lo cuidara mientras él se aliviaba. Mientras esperaba a su señor, Ranmaru contó el número de muescas de la vaina. Sabiendo que su asistente habría hecho eso, el señor Nobunaga reunió a sus pajes y dijo: "Intentad adivinar cuántas muescas hay en mi vaina. Le daré este sable a quien lo adivine". Y así, todo el mundo se aprestó a dar un número, todos menos Ranmaru. Entonces el señor Nobunaga dijo: "Ran, ¿por qué no dices nada?". A lo que él contestó: "Porque ya he contado las muescas y por eso conozco la respuesta". Impresionado por la honestidad de su asistente, el señor Nobunaga le dio el sable.»

Musha Monogatari (1654)

«Básicamente, los monjes y los mercaderes no hacen nada que no sea rentable y tienen poca determinación en un sentido recto. Uno o dos de cada diez pueden ser sinceros, pero se aconseja a los samuráis no confiar en ellos. Cuando te encuentres en una posición débil, pide ayuda a otro samurái. Nunca debes avergonzarte de confiar en un samurái, incluso si tu fe en él resulta ser errónea. [...] Por lo tanto, como samurái, si caes en una situación grave y no tienes a quien pedir ayuda, sería más loable saltar a la muerte en aguas profundas con piedras en las mangas que confiar en un monje o en un comerciante, lo que sería extremadamente vergonzoso.»

Musha Monogatari (1654)

«Los buenos *bushi* con una serie de grandes logros no hablan de sus hazañas durante toda su vida, por mucho que la gente se lo pida. No necesitan hablar porque su reputación como extraordinarios samuráis de incomparable valor les precede. Por otro lado, algunos *bushi* de menor renombre y logros –aquellos, por ejemplo, que han conseguido dos o tres cabezas de enemigos en retirada– tienen un ávido deseo de fama y hablan de lo grandes que son. Si se les invita, hablan más que nunca, especialmente cuando están en compañía de jóvenes samuráis. Es como cuando pones sake en un barril. Cuando el barril está lleno, hace poco ruido; mientras que un barril que contenga solo un poco de sake resonará muy fuerte.»

Musha Monogatari (1654)

Venganza

«Morir sin lograr tu ansiado objetivo de vengarte no solo es un fracaso para ti, sino que puede manchar el nombre de tu familia. La vergüenza puede dar lugar a que el desprecio y el desdén alcancen a tu familia».

Heihō Yūkan (1645)

La venganza, conocida con el término *katakiuchi* (敵討), «golpear al enemigo», era una parte integral del honor de los samuráis. Por el buen nombre propio y el del clan, los insultos, los desaires y las heridas debían ser respondidos. Cuando el jefe de un clan había sido asesinado, su heredero no podía sucederle hasta que hubiera matado a su asesino. Un hermano menor no podía volver a casa hasta que no hubiera matado al asesino de su hermano mayor. Así se solucionaban las venganzas japonesas.

La importancia de la venganza en la cultura samurái puede verse en el hecho de que el rollo escrito *Heika Jōdan* dedica un capítulo entero al arte de los asesinatos por venganza, mientras que la escuela de samuráis llamada Mubyōshi-Ryū puede describirse con seguridad como una escuela de venganza porque su fundador, Hagihara Jūzō, solo creó la escuela como resultado de las enemistades y *vendettas* en las que se había visto envuelto durante su juventud.

La cuestión de la venganza estaba en el centro de la necesidad de Tokugawa Ieyasu de ordenar a su hijo Matsudaira Nobuyasu que se suicidara. La esposa de Nobuyasu era la hija de Oda Nobunaga. Ella escribió a su padre para acusar a su suegra, con quien no se llevaba bien, de conspirar contra él con el clan Takeda. Nobunaga se lo hizo saber a Ieyasu y, para apaciguar a su aliado, Ieyasu tuvo que dar muerte a su propia esposa. Por la misma razón, se vio obligado a ordenar a su hijo que realizara *seppuku*, porque de lo contrario Nobuyasu habría intentado matar a Nobunaga para vengar la muerte de su madre.

Un notable acto de venganza fue llevado a cabo por un samurái sin nombre al que su superior, Ankokuji Eikei, dejó sin amo. El samurái de menor rango, ahora un *rōnin*, se vengó más tarde diciéndole a Tokugawa Ieyasu dónde se escondía Ankokuji Eikei tras una batalla. Tras la exitosa captura del objetivo basada en la información del *rōnin*, Ieyasu intentó recompensarlo con una gran cantidad de oro. Al principio, el *rōnin* se negó, diciendo que era una cuestión de honor, pero cuando se le presionó, tomó el oro y lo entregó a su pueblo.

La legalidad de la venganza era vaga y cambiaba con el tiempo. Por ejemplo, los famosos «47 *rōnin*», que en 1702 mataron al hombre que había asesinado a su señor, fueron castigados por su acto de venganza a suicidarse, aunque en general se consideraba que habían hecho lo correcto desde el punto de vista moral. El gobierno Tokugawa de la época intentaba eliminar gradualmente las tradiciones violentas de los samuráis, como las disputas sangrientas y la práctica de que un vasallo siguiera a su señor hasta la muerte. Sin embargo, incluso en el siglo XIX, los asesinatos por venganza seguían siendo habituales. Los viajeros occidentales contaban que todas las mañanas se depositaba un cuerpo sin cabeza en algún lugar de Edo con una estera de juncos cubriéndolo, y que significaba que se había cumplido otra venganza.

Al parecer, el asesinato de un miembro femenino de la familia no solía considerarse lo suficientemente grave como para desencadenar una disputa. Si se mataba a un miembro masculino de la familia, había que vengarse, pero si le ocurría algo malo a una miembro femenina del clan, el incidente se olvidaba. Luís Frois escribió en 1585: «En Europa, el secuestro de una pariente femenina amenaza la supervivencia de toda familia, pero en Japón, el padre, la madre y los hermanos lo ocultan y lo dejan pasar». El episodio descrito anteriormente de la esposa y el hijo de Tokugawa Ieyasu ensucia este tema, pues el miedo a que su hijo vengara la muerte de su madre fue lo que motivó a Ieyasu a obligar a suicidarse a su hijo. Sin embargo, lo que está claro es que cualquier asesinato de un miembro masculino del clan provocaría una disputa sangrienta que solo se resolvería cuando el delincuente hubiera sido localizado y asesinado.

El incidente del *Madre de Deus*

El incidente de 1609 del *Madre de Deus*, una nave comercial portuguesa, fue un ejemplo de venganza samurái que se extendió más allá de Japón. La disputa se había desencadenado el año anterior, cuando la tripulación samurái de un barco comercial de los Tokugawa actuó de forma violenta y descontrolada en la colonia portuguesa de Macao. Las autoridades intentaron detenerlos, pero se retiraron a unos edificios, a los que los lugareños prendieron fuego. Cuando los samuráis salieron corriendo, algunos murieron a tiros, otros fueron encarcelados y estrangulados en sus celdas, y el resto fueron expulsados.

Al enterarse de esto, Tokugawa Ieyasu se vengó en el siguiente barco portugués que llegó a Japón, que fue el *Madre de Deus* (a veces bajo el nombre de *Nossa Senhora da Graça*). Se produjo una corta pero intensa batalla marítima en la que el barco extranjero fue destruido y su capitán, que, curiosamente, también había sido uno de los oficiales involucrados en el incidente de Macao, murió.

> **Fuentes**
>
> «Nací guerrero, y para mi casa, al igual que para mí, la repentina vergüenza [de ser asesinado] sería un golpe amargo.»
> *Heike Monogatari* (siglo xiv)
>
> «Si vas a matar a alguien, primero debes estar decidido a morir y no pensar en ti mismo, sino solo en el enemigo.»
> *Mizukagami* (*c*. 1670)
>
> «Cuando [Hagihara Jūzō] Shigetatsu era joven, inesperadamente tuvo que matar a alguien y a causa de ello fue perseguido, día y noche, durante nueve años. Con el fin de matar al enemigo, se dedicó a entrenarse en las artes marciales y buscó varias escuelas y pidió a muchos maestros que le instruyeran.»
> *Bishamonden* (*c*. 1698)

Envenenamiento

El envenenamiento constituía un peligro especial en tiempos de guerra o de contienda. Las familias de clase alta empleaban a catadores para asegurarse de que su comida era segura, porque los samuráis a menudo intentaban envenenar a sus rivales en las comidas. Parece ser que no había nada vergonzoso en utilizar un método tan poco limpio, pero tampoco parece que hubiera ningún honor.

Fuentes

«Las comidas para Yodo-dono eran preparadas por el personal de la cocina y pasadas a los camareros. Los sirvientes en la cocina probaban la comida para ver si estaba envenenada antes de pasársela a los camareros. O a veces estos camareros la probaban antes de ofrecérsela a la dama.»

Desconocido

«Si alguien intenta administrarte veneno, lo mezclará con bebida, té, comida, agua caliente, etc. Sin embargo, tiene que ser en algo que solo tú consumas y nunca en lo que compartas con el señor o con otros. Desde tiempos antiguos ha habido casos en los que un señor envenena a sus invitados; sin embargo, es posible hacer que el veneno al final sea consumido por el amo de la casa. Ten en cuenta que hay innumerables formas de evitar ser envenenado; por ejemplo, cambiando un pastel que te han servido por otro.»

Shōninki (1681)

«Observa el reflejo de ti mismo en el sake, el té o el agua. Si la bebida tiene veneno, no podrás ver tu propio reflejo.»

Rollos escritos de Sekiguchi-Ryū bajo Yamada Toshiyasu (período Edo)

8. Costumbres sociales

Los samuráis no solo eran militares, sino también miembros de la sociedad, y debían seguir las mismas costumbres y convenciones que los demás. Aunque las sutilezas sociales, como cuándo y cómo hacer una reverencia, a quién entregar un regalo o dónde sentarse, no se comparaban con las decisiones críticas y en fracciones de segundo que había que tomar en el campo de batalla, seguían siendo importantes. Equivocarse podía conducir a la vergüenza, al bochorno o incluso, en circunstancias extremas, a la muerte.

Educación

«El hijo de una familia samurái no debería criarse entre comerciantes o campesinos. Lo ideal es que empiece a aprender a leer y escribir a los ocho años y que se familiarice con las artes marciales a los catorce o quince años. Los padres pobres que no puedan proporcionar a sus hijos una educación de este tipo deben criarlos entre samuráis. No importa cuán noble seas, si te crías como un plebeyo, parecerás y hablarás como un plebeyo.»

Musha Monogatari (1654)

El concepto de *bunbu* (文武), «el pincel y la espada», que significa una combinación de habilidades literarias y de lucha, era lo que definía el enfoque samurái de la educación. Originalmente, los niños samuráis recibían clases en casa, pero más tarde se crearon escuelas para su educación. En general, los samuráis tenían una educación mejor que la de la gente común, pero inferior a la de las órdenes religiosas. En períodos posteriores, la mayoría de los samuráis sabían leer, aunque solo fuera fonéticamente, y la comprensión de los clásicos de la filosofía y la estrategia militar se consideraba algo digno de admiración. Fueron educados para ser militares independientes que servirían en un ejército compuesto por diversos elementos y favorecerían los intereses de su clan, necesitando una educación de algún tipo para distinguir sus acciones de las acciones de los simples matones.

Los niños samuráis no estaban protegidos de las duras realidades de la vida. Podían ser obligados a suicidarse e incluso los más jóvenes eran ejecutados por razones políticas o por los crímenes de otros miembros de la familia. Por lo tanto, aprendieron las posibles consecuencias de las acciones indebidas y la falta de respeto desde una edad temprana.

También aprendieron sobre el miedo y el derramamiento de sangre. Los niños eran enviados por la noche a lugares «embrujados» como los terrenos de ejecución, donde tenían que tocar las cabezas decapitadas que se exhibían o aventurarse en otras excursiones escalofriantes. El *Hagakure* dice que antiguamente los niños samuráis se entrenaban para la guerra decapitando perros antes de graduarse como criminales en los patios de ejecución. Según el escrito, cuando a un muchacho se le ordenó matar a diez criminales atados en sucesión, dejó ir al décimo, como un acto de misericordia. El autor recordó su propia visita a un patio de ejecuciones para probar su mano en las decapitaciones, diciendo que le produjo una sensación positiva.

Natori Sanjūrō Masazumi, fundador de la escuela Natori-Ryū, recomendaba a los jóvenes samuráis que asistieran a las ejecuciones públicas y se acostumbraran al derramamiento de sangre, porque era indecoroso que un samurái vomitara o se desmayara al ver matar. Esto se ve respaldado por la afirmación en el *Hagakure* de que muchos samuráis habían perdido el deseo de realizar actos de sangre y que a menudo intentaban eludir el deber de *kaishaku* (decapitar a la víctima durante el ritual de *seppuku*).

Niños soldados

Los jóvenes samuráis eran muy parecidos a los niños soldados que se utilizan hoy en día en los países en desarrollo. Se les adoctrinaba para la guerra desde una edad temprana, se les obligaba a matar como preparación para ser guerreros y se les educaba para mantener el orden imponiendo su voluntad en los escalones inferiores de la sociedad. Al tratar de racionalizar el comportamiento de los samuráis, siempre hay que recordar la forma en que fueron condicionados de niños.

El refinamiento y las artes

«Nosotros atesoramos gemas y piezas de oro y plata; pero para los japoneses las joyas son los viejos calderos, la porcelana vieja rota y las vasijas de barro.»

Luís Froís, *Tratado* (1585)

Aunque los samuráis eran famosos por su destreza militar, también eran devotos de las artes. El *Hagakure* afirma que los guerreros escondían poesías dentro de su casco y su coraza cuando iban a la batalla. Los samuráis también eran coleccionistas dedicados de obras de belleza como telas y colgaduras de pared y ollas, juegos de té, jarrones de flores y baratijas.

La vida japonesa estaba llena de poesía, teatro *nō*, ceremonias del té, danza ritual y comedia. Cuando Tokugawa Ieyasu se reunió con el clan Hōjō, hubo una representación teatral en la que el propio y poderoso Ieyasu asumió el papel del personaje cómico chino Jinen Koji y su criado Sakai Tadatsugu bailó la «danza del langostino» para gran diversión de los presentes. Luís Froís describió los entretenimientos en la corte de Oda Nobunaga, que incluían un enano elegantemente vestido que salía de una cesta para actuar, como los bufones de las cortes europeas.

Había diferentes tipos de teatro para diferentes niveles de la sociedad, que iban desde los humildes artistas callejeros hasta la sofisticación dramática de la corte de Kyōto. Los samuráis eran especialmente aficionados a las danzas *kōwak*a (幸若舞), piezas de corte militar en las que los intérpretes tenían derecho a llevar dos espadas.

A veces, el arte se encontraba en medio de la guerra. Durante el asedio al castillo de Nagashino por Tokugawa Ieyasu, cuando los sitiados se enteraron de que había un famoso actor de *nō* en el campamento de los sitiadores, enviaron un mensaje al enemigo pidiendo que el actor cantara y actuara para ellos bajo los muros del castillo porque pronto estarían muertos. Ieyasu les concedió su deseo y, al final de la actuación, uno de los criados salió del castillo y le dio regalos al actor en agradecimiento. Al día siguiente, llegó el asalto final, el castillo cayó y los defensores murieron con honor. A un samurái se le permitió vivir porque podía recitar todo la antología *Kin'yō Wakashū* de poesía *waka*, una hazaña tremendamente prestigiosa.

Se daba gran importancia a la conservación de las obras de arte y literatura incluso en las circunstancias más extremas. Cuando se vio atrapado en un asedio, al renombrado poeta-samurái Hosokawa Yūsai se le permitió mandar lejos un raro ejemplar de la colección de poesía *Kokinshū* para que no fuera destruido en la inminente matanza y aniquilación. En una situación similar, cuando los samuráis de Akechi fueron asediados, se les permitió salvar su preciada colección de sables del castillo.

En busca de la simplicidad

El objetivo del enfoque zen de la ceremonia del té era sustituir los anteriores juegos de té exquisitos y caros de factura china por toscas ollas de arcilla y utensilios sencillos de bambú. Sin embargo, en poco tiempo, estos objetos comunes pasaron a ser apreciados y, por lo tanto, valiosos, y los implementos de la ceremonia del té volvieron a ser exquisitos y caros.

Flores

Para los samuráis, las flores eran algo más que simples adornos: tenían un importante significado simbólico. Por ejemplo, la impresionante pero efímera flor del cerezo se consideraba una representación de la carrera de un valiente guerrero que cae gloriosamente en la batalla cuando aún está en la flor de la vida. En el siguiente episodio histórico, una flor no se limitó a simbolizar la muerte de un samurái, sino que contribuyó a causarla.

Cuando el poderoso señor de la guerra Sasa Narimasa recibió la provincia de Higo de Toyotomi Hideyoshi, mostró su gratitud regalando a la esposa de Hideyoshi, la dama Yae, un lirio negro del dominio de Kaga. La dama Yae, que nunca había visto una flor así, estaba encantada con su regalo y celebró una ceremonia del té en su honor con el lirio como pieza central. Sin embargo, su rival, la dama Yodo, la concubina de Hideyoshi, descubrió la procedencia de la flor y ordenó que le entregaran un gran número de ellas. Entonces celebró su propia ceremonia, pero colocó los lirios entre flores muy comunes, lo que menospreciaba tanto al lirio como, por asociación, a la dama Yae.

El conflicto que esto causó entre las dos mujeres se convirtió en una disputa de facciones, que finalmente, por un complejo conjunto de circunstancias, resultó en que Hideyoshi ordenara a Sasa Narimasa que se suicidara. Se dice que se sentó en una piedra y le dio al hombre que lo decapitaría treinta monedas de oro y sus finas ropas. Pidió que en el futuro se hablara de la piedra en la que se sentó como el lugar en el que había terminado su vida, para que su memoria perdurara. Después de esto, se realizó un corte transversal para abrirse las tripas, se sacó las entrañas, se volvió hacia el ayudante y pidió: «Ahora», y fue decapitado.

Exceso de interés por las artes

> «Si el interés por estos temas [como las artes] se expande y te involucras demasiado en sus significados, aparecerá la negligencia en el *budō*.»
>
> *Heika Jōdan* (c. 1670)

Había un patrón recurrente en la historia de Japón en el que un clan, habiendo luchado para obtener el poder, se excedía en las actividades artísticas y olvidaba las formas militares, por lo que acababa con su poder usurpado por otro clan. A su vez, este clan se dejaba seducir por los refinamientos de la vida en la corte y, tarde o temprano, era sustituido por otro clan. Este ritmo continuó hasta el final del período Sengoku.

Cuando el clan Tokugawa se hizo con el poder en la batalla de Sekigahara en 1600, consiguió mantenerse en la cima durante la mayor parte de los tres siglos siguientes. Sin embargo, lo consiguieron tanto debilitando la base militar y financiera de sus rivales como manteniendo su propia fuerza. El resultado de este prolongado período de paz fue que el interés por la guerrería disminuyó de forma generalizada. Aunque hay ejemplos de buenos y resistentes guerreros durante esta época, muchos samuráis volcaron su atención en otras actividades.

Este declive queda tipificado en el siguiente episodio registrado en el documento *Chasō Kanwa*. Un joven samurái pregunta al señor Sansai si puede convertirse en estudiante de la ceremonia del té bajo su dirección. Queriendo asegurarse de que los estudios militares del joven eran satisfactorios, el señor le pregunta cómo decapitaría a un enemigo que todavía lleve casco (*kitsuki*). La vaguedad de la respuesta del joven deja claro que la única experiencia que tenía era la de haber visto las representaciones teatrales del acto. El señor le enseña el método correcto y le dice que debe abandonar su afición al té y dedicarse a las artes militares.

En una historia contrastada del mismo manual, otro joven samurái se refiere ingeniosamente a los hilos utilizados en las bolsas de té japonesas durante una discusión con el señor Toyotomi Hideyoshi sobre cómo decapitar a un oponente con los cordones del casco en su sitio. Al hacer esta comparación, el estudiante está dejando claro que los guerreros deben concentrarse en entender las cuerdas de su armadura y no preocuparse por las cuerdas de las bolsas de té.

Ninja del té

El documento *Chasō Kanwa*, traducido al inglés como *Stories from a Tearoom Window*, fue escrito por Chikamatsu Shigenori, quien, siendo amante de todo lo relacionado con el té, era también un hábil táctico militar y un *ninja* cualificado (*shinobi no mono*). Una traducción de sus rollos *ninjas* está publicada en inglés como *Iga and Koka Ninja Skills* (History Press).

Lavado y aseo personal

La preocupación japonesa por la limpieza del cuerpo y del hogar no es un fenómeno moderno. Se cree que el gran líder del siglo XVI Oda Nobunaga estaba clínicamente obsesionado con la higiene.

Bañarse en baños públicos con agua de las fuentes termales era una costumbre popular en la época de los samuráis y sigue siéndolo hoy en día. A menudo, los baños no estaban separados por sexos y existía poca vergüenza en la desnudez, al menos entre la familia. Sin embargo, cuando un visitante occidental en Japón durante el período de los samuráis se encontró con una mujer desnuda caminando hacia los baños en una aldea remota, la mujer se sintió enormemente avergonzada. No esperaba ser vista por un hombre, ya que todos los hombres de la aldea estaban trabajando.

Originalmente, los samuráis se arrancaban el pelo para formar su característico moño; más tarde, se lo afeitaron. En el rollo escrito *Heika Jōdan*, se dice que si un samurái era llamado urgentemente mientras se ocupaba de su cabello, se ataría un paño *tenugui* alrededor de la cabeza para no llamar la atención sobre su falta de preparación. Según el comerciante florentino Francesco Carletti, tocar el copete de un samurái, incluso por accidente, se consideraba un gran insulto.

Ennegrecimiento de los dientes

Para la mentalidad contemporánea, los dientes negros parecen poco atractivos, pero en la época de los samuráis estaba de moda entre los aristócratas, en particular, teñir sus dientes con una mezcla de limaduras de hierro, vinagre y polvo de té. Los samuráis también adoptaron esta práctica para distinguirse de la gente común. Los dientes de los guerreros caídos se ennegrecían para subrayar su condición de «muertos gloriosos». La distinción de clase entre los que se ennegrecían y los que no se ennegrecían se explícita en el término *aobamono* (青歯者), utilizado para los guerreros de menor nivel, que significa literalmente «gente de dientes azules», pero en realidad se refiere a los dientes blancos. Además de su papel como indicador social, se cree que el ennegrecimiento de los dientes también tenía una función práctica: el tinte formaba una capa impermeable sobre los dientes que los protegía de las caries.

El ennegrecimiento de los dientes se remonta a mucho antes del período samurái y a la prehistoria. Entre los primeros clanes de samuráis, se dice que los Taira se ennegrecían los dientes, mientras que los rústicos y poco refinados Minamoto no lo hacían. Más tarde, el clan Hōjō también adoptó la práctica para mostrar su elevación por encima del tronco común. Las mujeres de la sociedad común iniciaban el proceso de ennegrecimiento de los dientes durante su adolescencia, pero solo los ennegrecían por completo cuando se casaban; sin embargo, los miembros de la clase marginada estaban excluidos de la práctica.

Parece que el ennegrecimiento de los dientes entraba y salía de la moda. Un misionero jesuita informó de que cuando llegó a Japón a finales del siglo XVI la práctica era popular, pero que cayó en desgracia hacia 1600. El viajero Bernardino de Ávila Girón escribió que las mujeres usaban polvo para los labios para cubrir las manchas que el tinte negro producía en los labios.

El ennegrecimiento de los dientes terminó oficialmente por decreto imperial en la Restauración Meiji de 1868. Sin embargo, cuando el diplomático británico A.B. Mitford se reunió con el emperador ese año, él aún tenía los dientes ennegrecidos y la emperatriz conservó los suyos hasta 1873. Parece que este poderoso símbolo de estatus era difícil de abandonar.

Modales y etiqueta

«Es mejor criticar lo que debe ser criticado. Si se dice lo que hay que decir, mantendrás tu mente tranquila y no serás considerado como un ignorante y un descerebrado.»
Escritos de Shiba Yoshimasa (1349-1410)

Existe una distinción entre los modales, la forma educada y considerada de tratar a las demás personas, y la etiqueta, el protocolo correcto en los actos sociales. En el antiguo Japón, como en todas las otras culturas, existía un complejo conjunto de costumbres sociales, que abarcaba todo, desde las reverencias y la posición de los asientos hasta la forma educada de usar los palillos o entregar objetos. Hay que tener en cuenta que los modales y la etiqueta eran diferentes del comportamiento caballeresco. El simple hecho de ser educado o realizar las gracias sociales correctas no podía compararse con la conducta exigida a un guerrero.

Reverencias

«El pueblo venera mucho a su gobernante y se considera un gran honor para los hijos de los más grandes nobles servirle. Se arrodillan y ponen ambas manos en el suelo cuando reciben o entregan algo en su presencia. Les gusta hablar en voz baja y nos desprecian por hablar con brusquedad. La etiqueta exige que un hombre reciba a los invitados de igual rango arrodillándose con las manos en el suelo hasta que se sienten».

Escritos de Jorge Álvares (siglo XVI)

La extendida práctica japonesa de hacer reverencias es una tradición que se remonta a la época de los samuráis. El tipo de reverencia dependía del estatus de la persona en relación con el de la persona que se inclinaba. Mientras que en el Japón actual los hombres se inclinan normalmente con las manos a los lados y las mujeres se inclinan con las manos al frente, los relatos de visitantes occidentales del siglo XVI sugieren que todos los japoneses tendían a inclinarse con las manos al frente cuando estaban en la posición de sumisión. Otros relatos informan de que, cuando estaban en presencia del señor, los samuráis se ponían de cara al suelo totalmente o medio inclinados, o al menos con la cara mirando al suelo y las manos al frente.

La reverencia se hacía de forma recíproca entre personas de todas las clases; la persona de menor estatus se inclinaba completamente, mientras que el de mayor categoría devolvía la reverencia en forma de una ligera inclinación de cabeza, tocando el suelo con las manos, o con una leve inclinación del cuerpo.

Si un jefe samurái que caminaba con sus criados flanqueándole se detenía durante un tiempo, todos los demás samuráis se arrodillaban mientras esperaban. Cuando el señor les hablaba, colocaban su mano izquierda en el suelo y agachaban ligeramente la cabeza en señal de reconocimiento. Solo se incorporaban y se alejaban cuando su señor comenzaba a moverse. La etiqueta básica de las reverencias entre rangos es la siguiente:

- Superior: una ligera reverencia a los que están por debajo de ellos.
- Inferior: reverencia completa a los que están por encima de ellos.
- Rangos iguales: una media reverencia a los demás.

Los primeros relatos occidentales cuentan que incluso los samuráis más poderosos de Japón se inclinaban como sirvientes comunes ante el regente o *shōgun* debido a su poder absoluto sobre todos.

Muestras públicas de respeto y subordinación

Había varios protocolos complejos que regían lo que debía ocurrir cuando dos samuráis se cruzaban en público. El principio detrás de estas normas era evitar que los samuráis de menor rango adoptaran una posición físicamente superior a la de sus superiores.

Si un samurái a caballo se cruzaba con un samurái de mayor rango que iba a pie, el jinete debía desmontar. Para evitar dudas, los samuráis importantes llevaban una lanza para señalar su estatus. El misionero portugués João Rodrigues, que escribió a principios del siglo XVII, dio detalles del procedimiento. Observó que cuanto más lejos se desmontaba más respeto ofrecía el samurái de menor rango; desmontar demasiado cerca era una ofensa. La distancia media era de quince pasos. El jinete caminaba tras el samurái de alto rango durante cierto tiempo, después de lo cual, como muestra de cortesía, el superior enviaba a uno de sus sirvientes para comunicarle al inferior que se le permitía volver a montar. Asimismo, en un contexto militar, si llegaba un mensajero (entendiendo que los mensajeros en los ejércitos samuráis eran vasallos de alto rango y de confianza), tenía que desmontar de su caballo para entregar el mensaje.

Si una persona de rango inferior se encontraba con otra de mayor rango, pero ambos iban caminando, entonces la persona de menor rango deslizaba sus pies fuera de su calzado (que en épocas anteriores era como una media sandalia) y se colocaba con los dedos de los pies en el borde posterior del calzado. Esto se hacía para mostrar sumisión, pero de una manera que mantenía los pies limpios.

Existían complejidades similares para muchas otras permutaciones de la reunión pública, incluyendo, por ejemplo, cómo acercarse a un samurái que llevaba un halcón y el protocolo para bajar la sombrilla en un día soleado (véase el capítulo 2). Muchas de ellas ya no se practican en Japón y se han perdido del imaginario colectivo.

Intermediarios

Para evitar discusiones indecorosas o muestras de emoción, los samuráis solía utilizar un mensajero para transmitir información no deseada o para tramitar asuntos delicados. El misionero italiano Alessandro Valignano escribió:

«Este método está tan en boga que se utiliza entre padres e hijos, amos y sirvientes e incluso entre esposos y esposas, pues sostienen que es prudente conducirse a través de una tercera persona para aquellos asuntos que puedan dar lugar a enfados, objeciones o peleas».

Sentarse y acomodarse

Tanto la postura que se adoptaba al sentarse en una conversación como el lugar que se asignaba en una reunión formal eran indicadores importantes del estatus en relación con las demás personas presentes. El orden de entrada y salida de los asistentes de la sala también es un indicador del estatus. No observar la etiqueta correcta sería una gran falta de respeto.

Posturas para sentarse

Había dos posturas principales para sentarse en situaciones formales: *seiza* (正座), una postura arrodillada, que es bien conocida hoy en día como postura utilizada en las artes marciales y actividades culturales japonesas, y *agura* (胡座), una postura con las piernas cruzadas. *Seiza* era una postura de sumisión adoptada por los inferiores, mientras que el superior se sentaba en *agura*.

Una persona podía tener que cambiar entre las posiciones *seiza* y *agura* dependiendo de con quién estuviera hablando. Imaginemos que hubiera tres samuráis: uno de rango bajo, otro de rango medio y otro de rango alto. Cuando el samurái de rango bajo se sentara a conversar con el de rango medio, el de rango bajo se sentaría en *seiza* y el de rango medio se sentaría en *agura*. Sin embargo, si el samurái de rango medio se sentaba a conversar con el de rango superior, debía cambiar a la posición de rodillas. Si tanto el samurái de rango bajo como el de rango medio estuvieran frente al samurái de rango alto, ambos se arrodillarían en *seiza*, mientras que el de mayor rango se sentaría con las piernas cruzadas en *agura*. Sin embargo, si los tres estuvieran frente a un altar, se arrodillarían todos, porque todos serían inferiores a sus antepasados y dioses.

En 1775, Carl Peter Thunberg, cirujano a bordo de un barco de la Compañía Holandesa de las Indias Orientales, observó que los japoneses se arrodillaban en *seiza* todo el tiempo que podían, pero que más tarde cambiaban a una posición más cómoda. Sin embargo, las mujeres permanecían en la posición sumisa de rodillas. Esta tradición de que los hombres se sienten con las piernas cruzadas y las mujeres permanezcan arrodilladas persiste aún hoy en algunos contextos.

Distribución de los asientos

El lugar en que uno se sentaba dentro de la sala en un banquete o reunión era extremadamente importante. Como en las tradiciones occidentales, la figura principal se sentaba a la cabecera de la mesa, mientras que las demás figuras se sentaban a los lados. Las personas de menor rango ocupaban la posición más cercana a la puerta.

Las casas japonesas se dividían en dos, con una mitad de la planta dedicada a las actividades públicas y siendo la otra mitad un espacio privado (esta disposición sigue siendo la norma en las casas modernas). Las reuniones tenían lugar en la zona pública de la casa. Los individuos de mayor rango se sentaban de espaldas a la pared interior y de cara a la pared exterior, una posición privilegiada según lo dictado por los principios del *feng shui*. Los siguientes en orden de prestigio se sentaban de espaldas a las paredes laterales, orientados hacia el este o el oeste; y los de menor rango se sentaban de espaldas a la pared exterior y de cara a la pared interior.

El médico alemán Engelbert Kaempfer describió una audiencia que tuvo con el *shōgun* en 1691. Dijo que había múltiples secciones elevadas de diferentes alturas utilizadas para personas de diferentes rangos, con el propio *shōgun* velado detrás de un biombo. Otras personas no identificables también estaban detrás de biombos; habían introducido hojas de papel dobladas entre los listones de las persianas para que pudieran observar los procedimientos sin ser ellos mismos observados.

Determinar la posición social relativa de un grupo de samuráis para asignar los asientos era un proceso complejo. Había que tener en cuenta varios factores en competencia, como los logros en la batalla, la reputación, los lazos familiares y el linaje. Todo el mundo en la sala tenía su propia idea de dónde radicaba su posición en el orden jerárquico y a veces los individuos disputaban el lugar que se les había otorgado.

Representaciones de nō

Durante los preparativos para una producción de teatro *nō*, Tokugawa Ieyasu recibió un mapa del plano de asientos del público para que pudiera confirmar que la disposición era correcta. Se dio cuenta de que dos clanes no estaban representados en el plano. Cuando Ieyasu cuestionó esto, el organizador explicó que los representantes de esos clanes estaban fuera de Edo en ese momento. Ieyasu dijo que no incluirlos en el plan era una deshonra y que se les debería asignar asientos, aunque no pudieran asistir. Cuando se cursaron las invitaciones, los dos clanes en cuestión enviaron representantes para que asistieran a la representación en lugar de los funcionarios que se encontraban fuera en ese momento, dando a todos los clanes el honor que les correspondía.

Comer y beber

«Y luego, con sus propias manos, nos dio *sakana* (que es algo así como las aceitunas entre nosotros). Esto es lo que se hace cuando se desea honrar a una persona en la corte.»

Luís Froís, *Tratado* (1585)

En el antiguo Japón, a la hora de comer, se rebajaban algunos de los límites sociales. Un banquete debía ser una experiencia agradable y relajante. A menudo estaban presentes pajes para asegurarse de que el vino fluyera, o bien para restringir el flujo. También era de buena educación que los comensales se sirvieran bebidas unos a otros; era un gran honor para una persona de rango inferior que le sirviera una bebida una de alto rango. Sin embargo, tal vez como resultado del vino que corría libremente, las cenas eran también un escenario habitual de alborotos, como discusiones, peleas e incluso muertes, ya sea en caliente o asesinatos políticos premeditados.

Señal de respeto

Cuando un samurái quería mostrar respeto por algún objeto, se lo llevaba a la frente en señal de respeto.

Caballerosidad frente a cortesía

Los ideales caballerescos del *bushidō* iban más allá de las sutilezas sociales como inclinarse, desmontar, arrodillarse y sentarse en el lugar correcto. Las reglas que se aplicaban a estos asuntos, aunque complejas, podían ser aprendidas y seguidas por cualquier estudiante diligente de etiqueta. Lo que diferenciaba a los mejores samuráis era su capacidad de actuar correctamente en un estado de conflicto o emergencia. En esas situaciones, las reglas normales no se aplicaban y ninguna cantidad de cortesía podía compensar una acción deshonrosa.

Regalos y sobornos

La entrega de pequeños obsequios bellamente envueltos es una parte central de la cultura japonesa que hunde sus raíces en las tradiciones de los samuráis. Los señores recompensaban a sus criados con todo tipo de regalos, como halcones, ropa, tierras, utensilios para el té, abanicos, armaduras, sables, pistolas, etc. El destinatario los apreciaba aún más por venir del señor. A veces incluso los pedían; por ejemplo, Tokugawa Ieyasu pidió en una ocasión el abrigo militar rojo (*jinboari*) de Toyotomi Hideyoshi como regalo.

Sin embargo, había una fina línea entre un regalo y un soborno. Se llegó a un punto en el que las cosas no se hacían en la cultura samurái a menos que los «regalos» correctos llegaran a las personas adecuadas, aunque estas personas eran invariablemente funcionarios del gobierno que ya tenían un salario.

Para conseguir que las ruedas de la sociedad girasen a tu favor, necesitabas aplicar un poco de aceite.

Este problema fue el desencadenante del famoso incidente de los «47 *rōnin*». Su señor, Asano Naganori, recibió ayuda de un alto funcionario del gobierno llamado Kira Yoshinaka. Sin embargo, cuando Asano no suministró suficientes «regalos» a cambio de este servicio, Kira lo insultó públicamente, lo que provocó que Asano intentara matar al funcionario. Como castigo, se le ordenó a Asano realizar *seppuku*, dejando a sus vasallos sin amo y sedientos de venganza. Saciaron su sed infiltrándose en la mansión de Kira y asesinándolo.

Por supuesto, algunos regalos eran muestras genuinas de gratitud y reconocimiento, pero siempre hubo un trasfondo de obligación en la sociedad samurái. La mayoría de la gente aceptaba la necesidad de dar pequeños e informales regalos-sobornos como una regla no escrita de etiqueta.

Herencias

Después de una batalla en la que Tokugawa Ieyasu había ayudado a Oda Nobunaga, este le regaló un sable forjado por el famoso herrero Nagamitsu, que había anteriormente sido propiedad del *shōgun* Ashikaga Yoshiteru. También se le dio una punta de flecha que había pertenecido a Minamoto no Tametomo. Tras la batalla de Mikatagahara en 1572, Ieyasu regaló su propio casco y arcos a quienes le habían ayudado a escapar de la muerte. Estos objetos se conservaron como reliquias.

¿Por qué querría un samurái más sables, arcos y cascos? Se podría pensar que preferiría monedas de oro o algo de uso más práctico para él que objetos de otros más antiguos, y a menudo de peor calidad, que ya poseía. Sin embargo, estas reliquias tenían un valor en términos del prestigio de sus ilustres propietarios anteriores que superaba su valor pecunario.

En el documento *Chasō Kanwa*, dos señores hablan sobre el té. Uno de ellos pidió ver los tesoros de la familia del otro, esperando quedar deslumbrado por un conjunto de preciosos utensilios para la ceremonia del té. Sin embargo, cuando llegó en la fecha prevista, se sintió consternado al ver que le mostraban armaduras, espadas, arcos y todo tipo de pertrechos militares. Señaló amablemente a su anfitrión que esperaba ver algunos utensilios para el té, pero este le respondió que esos eran los verdaderos tesoros de su clan y que, como ambos eran samuráis, lo correcto era que mostrara las reliquias militares de la familia.

Incluso los objetos aparentemente insignificantes eran venerados si procedían de una persona o familia importante. Cuando entrevisté a los miembros de la familia Natori de Wakayama, me hablaron de una púa con anillo para el pulgar utilizada para tocar el *koto* (un instrumento de cuerda japonés) que sus antepasados habían recibido de la familia Tokugawa. Esta púa tenía el escudo de Tokugawa y se había conservado en el clan Natori durante generaciones, pero se perdió en un bombardeo aéreo de una escuadrilla aérea de B-27 sobre Wakayama en 1945.

El preciado objeto ni siquiera tenía que haber pertenecido al notable personaje. En una ocasión, un señor estaba desfilando con su séquito cuando se sintió desfallecer y se detuvo en una tienda local para sentarse y tomar algo. La estera en la que se sentó se convirtió en una reliquia de la tienda y se expuso en lo alto de la pared, en un lugar privilegiado. Después de esto, un representante del clan del señor lo visitaba de vez en cuando para asegurarse de que el tapete era tratado con el debido respeto.

Todas las familias de Japón tienen sus reliquias, de los tres emblemas imperiales, que se transmiten como símbolos del cargo en las distintas líneas de la familia imperial, hasta los humildes objetos domésticos, que se transmiten entre la gente común. Conservar estos objetos es una forma valiosa de conectar con el pasado y honrarlo.

Dinero y finanzas

«Cuando el señor Ōuchi Yoshitaka de la provincia de Suō, también llamado señor Kanewaka-maru, era niño, vio a unos críos de clase inferior jugando con dinero y dijo: "Yo también quiero jugar con eso". Su ayudante, Sugi Hōki-no-kami, respondió: "Señor, eso es demasiado sucio e indecente para ser expuesto a su vista", y luego puso una horquilla de oro a través del dinero y lo arrojó a la letrina. Esto lo hizo para enseñarle [a no desear el oro].»

Musha Monogatari (1654)

Los samuráis tenían una relación complicada con el dinero. Despreciaban a los comerciantes y veían el dinero con desdén. Incluso hoy en día, los maestros de artes marciales japoneses no manejan directamente el dinero que les pagan los alumnos y delegan esta tarea en un subordinado de alto rango. Sin embargo, los vasallos seguían esperando ser recompensados por su servicio de una u otra forma, y reconocían que, por muy desagradable que fuera el dinero, también era una necesidad.

¿Por qué hay que ayudar?

«Las personas que piensan en recompensas no son más que mercaderes militares.»

Escritos de Suzuki Shōsan (1579-1655)

En 1333, durante la guerra entre las cortes imperiales del norte y del sur, un samurái llamado Chikafusa escribió una carta llamando a los señores de la guerra a unirse a su bando. Cuando le preguntaron qué recompensa recibirían por ayudarle, les contestó que el camino del guerrero no era buscar recompensa, pero que si se unían a él, al menos conservarían sus clanes y tierras si su bando ganaba. El punto a destacar aquí es que el samurái esperaba una recompensa, ya sea en términos de tierras, títulos u objetos de valor. La respuesta de Chikafusa se basó en los ideales de los samuráis, aunque estaba respaldada por un trasfondo de amenaza.

Apostar por los favoritos

En la crónica *Taiheiki*, Madenokōji Fujifusa dice que los samuráis acudían al estandarte imperial solo con la esperanza de ser recompensados por sus molestias, pero muchos se sentían vejados y decepcionados, porque solo se recompensaba a los favoritos de los gobernantes.

De la pobreza a la riqueza

Cuando el jesuita Francisco Javier llegó por primera vez a Japón en la década de 1550, se presentó como «un pobre hombre de Cristo». Sin embargo, nadie le tomó en serio porque ser pobre en la sociedad japonesa no era una posición noble o notable;

incluso los monjes se enriquecían. Por lo tanto, la siguiente vez que visitó el país, llevó cartas de presentación, se vistió como un hombre rico y se comportó de forma refinada. Esta vez la gente le mostró respeto y fue admitido en la vida de la corte.

En otro momento de sus viajes por el país, se encontró de nuevo en harapos, por lo que fue ignorado una vez más. Solo cuando un rico comerciante portugués llamado Mendes Pinto dijo a la gente que Francisco Javier era, de hecho, una figura religiosa extremadamente poderosa, capaz de apoderarse de cualquier barco europeo que quisiera, las puertas se abrieron para él una vez más.

El almacén del castillo

En su juventud, Tokugawa Ieyasu fue conducido a un almacén del castillo por el samurái Tori Tadayoshi, que entonces tenía ochenta años. Le pidió al joven Ieyasu que mirara todo el arroz almacenado allí y que pensara en términos del número de vasallos que podría pagar. También señaló las monedas cuidadosamente apiladas en montones envueltos para que fueran fáciles de manejar y no se cayeran. Las lecciones que Ieyasu aprendió sobre la prudencia financiera y la conexión entre los alimentos básicos y el poder parecen haber sido bien asimiladas, a juzgar por su reacción despectiva ante los raros melocotones que le enviara Oda Nobunaga (véase el capítulo 4).

Gastar todo y no pedir nada prestado

Había un samurái llamado Ishida Masazumi que a menudo se jactaba de gastar cada centavo que le daba su señor, pero que nunca necesitaba pedir prestado. Al final de cada año, sus libros cuadraban perfectamente, lo que demostraba que tenía un perfecto control de las finanzas de su hacienda. Por desgracia, murió en un vano intento de defender su castillo, que fue incendiado en el ataque. Cuando las llamas se extinguieron, se dice que no se encontró oro entre las cenizas, lo que se tomó como prueba de que sus afirmaciones eran veraces. Sea real o no, este episodio pone de manifiesto la desconfianza de los samuráis hacia el dinero. Comprendían que el dinero era una necesidad, pero también lo veían como la causa de muchos problemas.

Ofrecer la mitad, pero pagar el doble

Se dice que Toyotomi Hideyoshi decía a sus samuráis por adelantado la cantidad de tierra o dinero que les daría a cambio de su servicio. Sin embargo, siempre tenía en mente el doble de esa cifra para los que actuaban bien. Cuando recibían el doble de la cantidad que se les había prometido, se sorprendían, por supuesto, y lo agradecían enormemente. Esto consolidó su lealtad a Hideyoshi y les hizo desear sobresalir en sus futuras tareas. Se corrió la voz y otros se inspiraron para hacer lo mismo. Por el contrario, si algún samurái tenía un mal desempeño, podría recibir solo la mitad de la cantidad acordada. Se cree que Tokugawa Ieyasu continuó utilizando este sistema después de la muerte de Hideyoshi.

Prestamistas clandestinos

Para un samurái, ser visto pidiendo dinero prestado habría sido deshonroso. Sin embargo, a veces no tenían otra opción, por lo que el préstamo de dinero era una rentable operación clandestina. Los prestamistas utilizaban a las *miko*, o doncellas de santuario, como intermediarias. Debido a su respetada posición en la sociedad, las doncellas de los santuarios podían llamar a las casas sin despertar sospechas y los pagos de los préstamos que recogían podían ser disfrazados como donaciones al santuario. Esto significaba que las familias prestigiosas podían pedir y devolver dinero sin perder su prestigio.

El significado del dinero

Los samuráis se esforzaban por adquirir tierras productivas para financiar su vida militar y mantener a su clan. La tierra se valoraba más que el dinero porque era una fuente de ingresos más predecible y sostenible. Aunque era apropiado tratar el dinero con desagrado, también era deshonroso ser financieramente insolvente. Por lo tanto, los samuráis sabían que necesitaban los medios para asegurar un flujo de dinero próspero, pero también tenían que demostrar que no estaban motivados solo por el dinero.

Los samuráis en la sociedad

La sociedad medieval japonesa estaba muy estructurada. Como en la mayoría de otras culturas de esa época, había protocolos para sentarse, reunirse, andar, etc. Estas tradiciones se fueron desarrollando gradualmente a lo largo de cientos de años. Por supuesto, se entiende que en ciertos períodos de la historia japonesa se apretaron las «tuercas» de las restricciones, pero es importante señalar que nunca se aflojaron hasta el punto de que toda la gente gozara de libertades sociales. Dependía de cada persona hasta qué punto se esforzaba por mejorar su posición en la sociedad.

9. Comportamiento deshonroso

> «Entre nosotros la traición es rara y extremadamente reprobable; en Japón es tan común que casi nunca se critica.»
>
> Luís Froís, *Tratado* (1585)

Teniendo ahora alguna idea de lo que es realmente la caballería samurái y siendo conscientes de que puede diferir de las ideas preconcebidas en la actualidad, pasamos a ver ejemplos de comportamientos que parecerían deshonrosos en cualquier contexto. En este capítulo, destacaremos episodios de la historia japonesa en los que el *bushidō* parece estar ausente, aunque en algunos casos un examen más detallado de los motivos del autor puede justificarlo.

Fechorías varias

La ciudad de los espíritus vengativos

Minamoto no Yoritomo dijo que perdonaría a la ciudad que albergaba a su hermano Minamoto no Yoshitsune si sus habitantes lo entregaban. El pueblo, según la mayoría de las tradiciones, mató a Yoshitsune y presentó su cabeza como se les había ordenado, pero Yoritomo quemó la ciudad de todos modos. Reconociendo más tarde que había actuado mal, construyó un templo para apaciguar a los espíritus vengativos.

Decapitado en el baño

Minamoto no Yoshitomo cabalgó hasta Kyōto y secuestró al emperador retirado, que no había dado a Yoshitomo la recompensa esperada por apoyarle en un conflicto anterior. El objetivo de Yoshitomo era provocar la caída de su enemigo Taira no Kiyomori y elevar el estatus de su familia. En un acto de barbarie, quemó el palacio imperial e hizo matar a todos los que huyeron. Se dice que los que saltaron a los fosos para escapar de las llamas fueron ahogados por la masa de gente que los pisoteaba. En ese momento, Kiyomori acudió en ayuda del emperador retirado. Yoshitomo se preparó para el asalto, pero, al no poder resistirlo, mató a su hijo herido y se retiró a la casa de un vasallo de confianza. Sin embargo, su brutalidad fue pagada con la misma moneda: mientras Yoshitomo estaba en el baño, el vasallo lo mató y lo decapitó.

Un ataque al regente

Según consta en el documento *Heike Monogatari*, el regente Fujiwara no Motofusa se dirigía a su palacio en carruaje cuando se encontró con un joven samurái y sus criados, igualmente jóvenes, que viajaban en dirección contraria. Se trataba de Taira no Sakamori, el nieto del señor Taira no Kiyomori. El comandante de la guardia del regente dijo que Sakamori y su grupo debían inclinarse y arrodillarse, pues el regente estaba a punto de pasar junto a ellos. Sakamori decidió que, en lugar de rendir homenaje, él y sus hombres atravesarían la procesión al galope. Cuando lo hicieron, la guardia del regente los humilló desmontándolos a todos de sus caballos y obligándolos a tirarse al suelo.

Cuando el señor Kiyomori se enteró de esto, dispuso que un grupo de sus vasallos se aliara con algunos bandidos para emboscar al regente en sus viajes. Los emboscados cortaron el pelo a todos los asistentes del regente y amenazaron al propio regente, cortando las correas de los bueyes de su carruaje. Se dice que las tropas del regente lloraron por la vergüenza que soportaron.

Ante esto, el padre de Sakamori, enfadado por todos los problemas que había causado su hijo, desterró a Sakamori, para alivio de la gente de la ciudad. Este caso muestra claramente que los jóvenes armados con un sable y un sentido torcido del derecho pueden fácilmente inclinarse hacia la rudeza en lugar de seguir el *bushidō*. Japón estaba lleno de hombres jóvenes como este.

Furia en los caminos

El documento *Bushidō Shoshinshū* observó que los problemas solían empezar cuando se encontraban dos cortejos diferentes de señores samuráis. Si las personas que iban al frente de los grupos se peleaban entre sí, los alborotos a veces se intensificaban hasta el punto de que los dos señores salían a pelearse, lo que provocaba todo tipo de problemas diplomáticos.

Una última oración interrumpida

Durante el conflicto de Heike, un samurái mortalmente herido intentaba rezar una última oración budista mientras yacía con su vida apagándose, pero un miembro del ejército Taira le cortó la garganta antes de que pudiera terminar. Impedir que un hombre moribundo que no era una amenaza preparara su alma para la próxima vida fue un acto vergonzoso.

La muerte de un bailarín

La historia del arquero Minamoto que estaba en una playa y disparó una sola flecha que impactó en un abanico de la cabecera de un barco enemigo es bien conocida (ver capítulo 10). Sin embargo, este notable despliegue de logros samuráis dio lugar a un acto de deshonra igualmente notable.

Tras ver cómo la flecha impactaba en el abanico, ambos bandos aplaudieron esta gran hazaña. En las filas enemigas, una figura chamánica ejecutó una danza de la victoria para elogiar la habilidad del arquero. En lugar de aceptar el tributo de forma caballeresca, Minamoto no Yoshitsune, el líder de la fuerza Minamoto, ordenó al mismo arquero que disparara de nuevo y matara al hombre que bailaba. Aunque se sintió mortificado ante esta petición, el arquero no tuvo más remedio que obedecer. Con un disparo tan preciso como el primero, el bailarín fue abatido. Sin embargo, esta vez los enemigos estaba enfurecidos; saltaron al agua y se dispusieron a luchar. Atacaron sin táctica y algunos se ahogaron al intentar matar al arquero por su crimen atroz.

Se dice que Yoshitsune dio esta orden porque sabía que enfurecería a sus enemigo y abandonarían la seguridad de sus barcos. Visto así, puede considerarse un ejemplo de que la táctica tiene más peso que el honor. Sin embargo, matar al bailarín seguía siendo una acción muy poco caballerosa.

Abuso de poder

En 1285, las familias rivales de Adachi y Taira se enfrentaron en el llamado Incidente de Shimotsuki. Esto llevó a la destrucción del clan Adachi. Taira no Yoritsuna, el vencedor, obtuvo el poder que ansiaba, pero abusó mucho de él. Por ello, fue atacado por su propio bando para que no pudiera tomar el control total del gobierno: un ejemplo de poder ostentado por una sola persona o facción que conduce a un mal comportamiento.

Insultar al emperador

En 1341, Toki Yoritō cabalgaba por la ciudad de Mino al amanecer cuando se encontró con la procesión del emperador retirado. La procesión imperial exigió que él y sus hombres desmontaran y mostraran respeto. Aunque la mayoría de sus samuráis obedecieron la petición, Toki Yorito gritó: «¿Has dicho emperador retirado? Creía que habías dicho perro». El insulto se basaba en la similitud de la palabra palabra *in*, que significa «emperador», con la palabra *inu*, que significa «perro». Habiendo llamado perro al emperador retirado, Yoritō continuó diciendo: «Debería disparar a la bestia». Disparó una flecha al carruaje imperial, causando el pánico a resultas del que el vehículo volcó y dejó al antiguo emperador tirado en el suelo. El clan Ashikaga hizo arrestar a Yorito, pero este huyó e intentó defenderse. Sin embargo, al final fue capturado y decapitado.

Quema de un templo por unas hojas de arce

En la década de 1340, un notorio samurái llamado Sasaki Dōyo envió a sus hombres a recoger ramas de arce de un árbol dentro del templo Myōhō-in. El templo estaba dirigido por un abad de sangre imperial (conocido como *monzeki*), que ordenó que los samuráis intrusos fueran expulsados de sus terrenos. Dōyo tomó represalias haciendo que se quemara el templo; posteriormente fue enviado al exilio.

Engañado en un castillo

El samurái del siglo XVI Matsudaira Nobutaka perdió su castillo en un complot urdido por sus propios aliados. Tras ser atraído a una ceremonia de honor, regresó a su fortaleza para descubrir que había sido entregada a otra persona. Cuando acudió a sus superiores, sus quejas cayeron en saco roto, por lo que simplemente se cambió de bando y se unió al clan Oda. Esto demuestra que la mentira y el engaño no eran un problema para los samuráis, sino también que la respuesta era simplemente cambiar de bando.

Una familia retorcida

El señor de la guerra Saitō Toshimasa quemaba y hervía vivos a los que le desagradaban. Su hijo, Saitō Yoshitatsu, no era mejor. Siendo un leproso que medía más de dos metros y medio de altura, engañó a sus hermanos y los asesinó, luego fue a la guerra con su padre, lo mató también y tomó el clan por la fuerza.

Los ídolos rotos

Según el viajero del siglo XVI Luís Froís, Oda Nobunaga construyó castillos con enormes murallas de piedra. Para horror de la población, Nobunaga asaltaba los templos cercanos en busca de ídolos de piedra y los hacía pedazos para ayudar a construir sus fortalezas.

Asalto al monte Hiei

En 1570, Oda Nobunaga advirtió a los monjes del monte Hiei que si ayudaban al ejército enemigo que se estaba retirando a su montaña, quemaría cada uno de sus edificios y mataría a todos los monjes que había en su interior. Sin embargo, si no ayudaban al enemigo, los recompensaría con creces.

Los monjes ignoraron a Nobunaga y ayudaron a su enemigo, por lo que aquel marchó hacia el lugar sagrado. Incluso el emperador y sus generales le imploraron que no destruyera el complejo templar, pero después de una prolongada campaña destruyó todo el lugar y mató a miles de personas. Muchas obras de arte se perdieron en la destrucción y algunos eruditos de alto rango fueron asesinados. Nobunaga respondió que habían perdido el rumbo y olvidado lo que significaba ser monjes.

Froís escribió un relato sobre la destrucción. Dijo que Nobunaga «sació su sed de venganza y fama» y que tenía gente cazando en las colinas para rastrear y matar a los monjes, y que destruyó todos los edificios posibles. Las mujeres y los niños fueron llevados a un templo con estatuas sagradas para su protección, pensando que Nobunaga no se atrevería a dañar esas reliquias, pero Nobunaga quemó todo el lugar, destruyéndolo todo y matando a todos los que estaban dentro.

Matar a inocentes

Matar era cosa de samuráis y, por tanto, matar en sí mismo no puede considerarse un comportamiento poco caballeroso. Hay que distinguir entre matar a un enemigo y matar a un inocente. Los siguientes episodios ponen de relieve algunos ejemplos de samuráis que matan a lo que se puede considerar, en mayor o menor medida, personas inocentes para satisfacer sus propios deseos y objetivos.

Matanza de niños

¿Hasta qué punto era aceptable en la cultura samurái matar niños? Hemos conocido el poder absoluto que los samuráis tenían sobre sus propios hijos, lo que incluía el derecho legal a matarlos, pero ¿qué pasa con el asesinato de los hijos de otras personas? Cuando se mataba a un enemigo, se consideraba una precaución sabia matar también a sus hijos, independientemente de su edad. Aquellos niños que no eran asesinados por un samurái conquistador pronto se convertirían en hombres armados y vengativos, como fue el caso de Minamoto no Yoritomo y Minamoto no Yoshitsune, que se vengaron del asesinato de su padre. Por lo tanto, se podría argumentar que solo el asesinato de niños sin relación con un conflicto y sin una buena razón se consideraba una acción negativa.

Bodas de sangre

El matrimonio de Taira no Masakado con una de sus primas, la hija de Taira no Yoshikane, desencadenó una guerra de clanes que provocó la muerte de muchos inocentes. El problema no era el matrimonio en sí, que se consideraba correcto. El problema surgió por la diferencia de estatus entre las dos ramas implicadas. El clan Taira descendía de la línea imperial, pero el lado de Yoshikane era considerado más cercano a la realeza que el de Masakado. Por lo tanto, Yoshikane insistió en que Masakado fuera a vivir con su clan en lugar de que su hija se mudara con su marido. Masakado se negó, porque no podía aceptar ser relegado al servilismo de esta manera. Y así estalló la guerra entre clanes.

Hubo, por supuesto, muchas bajas de samuráis en esta disputa, pero más polémica fue la decisión de Masakado de quemar más de quinientos edificios enemigos, desde mansiones ricas hasta viviendas de gente pobre; cualquiera que intentara escapar era atravesado por las flechas. La masacre fue considerada digna de informar a la corte imperial.

Después de que Masakado y Yoshikane entraran en batalla más de una vez, al final el asunto se resolvió políticamente. La atrocidad de las quemas y asesinato fue «escondida bajo la alfombra» por un poderoso aliado de Fujiwara y no se presentaron cargos contra Masakado. Sin embargo, su esposa fue recuperada por su familia original y la disputa comenzó de nuevo. Yoshikane murió por causas naturales, pero a esas alturas el conflicto se había intensificado más allá del control de nadie y el odio estaba alimentando la destrucción generalizada.

Durante la guerra se desató una hambruna, y un poderoso samurái del clan Fujiwara comenzó a quemar los almacenes de alimentos de otras personas y a retener el grano, perjudicando a la población local. La corte ordenó a Masakado que aliviara el sufrimiento del pueblo hambriento; en lugar de ello, se unió a la élite del poder local y tomó el control de la zona, erigiéndose en una autoridad ajena al gobierno.

Masakado seguía lo que consideraba la ética samurái de gobernar por el poder en nombre del emperador (o de convertirse en el emperador porque era de sangre imperial), pero el hecho es que muchas personas inocentes murieron porque no quiso mudarse con su suegro.

Remedio espantoso

Ha habido muchas historias apócrifas sobre Masakado desde su muerte en 940. Se dice que asesinó a una mujer embarazada para conseguir su feto masculino y convertilo en polvo para utilizarlo como remedio para una herida de batalla.

El samurái pirata

Al mismo tiempo que Taira no Masakado quemaba aldeas y, supuestamente, trituraba fetos, surgía otro asunto: Fujiwara no Sumitomo (893-941) pertenecía a una familia poderosa, pero se había encontrado aislado en las provincias. Tras ser acusado por otro samurái de iniciar una rebelión, Sumitomo interceptó a su acusador, que se dirigía a la capital, y le cortó las orejas y la nariz, le robó a su mujer e hizo matar a sus hijos.

Sumitomo era también el líder de una flota pirata local lo suficientemente grande como para atraer la atención del gobierno central. Después de que los intentos de neutralizar la amenaza pirata fracasaran, Sumitomo fue traicionado por uno de sus seguidores cercanos por una recompensa, y fue capturado y decapitado.

> **Los piratas japoneses**
>
> La imagen clásica del pirata como un forajido que opera en el mar en su propio beneficio y el de su tripulación, y para nadie más, no siempre resiste un examen minucioso. En realidad, algunos barcos «piratas» estaban oficialmente autorizados por una nación o clan para atacar barcos de otra nación o clan. Los verdaderos piratas no estaban afiliados a ninguna forma de gobierno. Los japoneses tenían una mezcla de verdadera piratería y flotas de ataque sancionadas por varios clanes, lo que hace que la distinción entre la marina y los piratas sea difícil de establecer.

Compasión equivocada

Antes hemos hablado de la muerte de Minamoto no Yoshitomo a manos de un vasallo de confianza cuando huía de Taira no Kiyomori. Después de esto, la esposa de Yoshitomo huyó con sus hijos, pues sabía que serían los siguientes objetivos. Tras pasar un tiempo en tierras remotas sin medios para sobrevivir a largo plazo, se presentó al clan Taira y se puso a merced del enemigo de su marido. Se dice que Yoshitomo la había elegido entre mil hermosas mujeres para que fuera su esposa, y Taira no Kiyomori fue igualmente susceptible a su belleza. La convirtió en su esposa y envió a sus hijos a monasterios, ignorando el consejo de sus asesores de que debía matar a los niños para que no pudieran rebelarse y derrocarlo, lo que finalmente hicieron. Esta es claramente una de esas situaciones en las que matar niños inocentes habría sido una estrategia prudente.

El tío asesino

La concubina de Minamoto no Yoshitsune se llamaba Shizuka. Después de su muerte, cayó en manos de Yoritomo, el hermanastro de Yoshitsune, que había ordenado su asesinato. Pronto se supo que Shizuka estaba embarazada, a lo que su nuevo amo, en lugar de celebrar su inminente condición de tío, dijo que el hijo no nacido debía ser extirpado de ella inmediatamente, lo que mataría tanto a la madre como al bebé. Yoritomo fue persuadido de no hacerlo. En su lugar, Shizuka fue obligada a bailar para él mientras estaba muy embarazada, y se determinó que si el bebé era una niña se lo quitarían a su madre, mientras que si era un niño tendría que morir. El niño nació y era un varón, por lo que fue ahogado en el agua cercana para eliminar cualquier riesgo de que fuera criado para tomar venganza contra su tío.

¿Muerte o libertad?

Cuando Minamoto no Yoriyoshi capturó el fuerte de Kuriyagawa, encontró al hijo de trece años de su enemigo entre los supervivientes. Elogiando al chico por su valor, Yoriyoshi estaba a punto de liberarlo cuando un samurái llamado Kiyohara le convenció de que, si lo hacía, el chico le buscaría después para vengarse. Así pues, el valiente hijo de un enemigo fue asesinado para evitar futuros problemas.

Un asunto de familia

El *shōgun* del siglo XVIII Tokugawa Ietsugu tenía una concubina llamada Ejima, que servía como punto de contacto para la entrega de regalos y bienes a la gente en el castillo. En esta función se familiarizó con todo tipo de personas y fue invitada al teatro Nakamura, donde se relacionó con un actor llamado Ikushima Shingorō. La relación fue descubierta y el teatro cerró definitivamente. Se podría haber esperado que Ejima fuera ejecutada, pero en lugar de eso, fue exiliada y a su hermano –que no había tenido nada que ver con el asunto– se le ordenó realizar el *seppuku*. Según las costumbres japonesas, el asunto fue culpa de la familia de Ejima en su conjunto, por lo que se consideró correcto hacer que un miembro importante de su familia pagara por su error.

Heredero hoy, desaparecido mañana

Hasta 1593, el heredero de Toyotomi Hideyoshi había sido su sobrino Toyotomi Hidetsugu. Sin embargo, en ese año Hideyoshi fue padre de un hijo, Toyotomi Hideyori, que sustituyó inmediatamente a Hidetsugu como heredero. Para evitar que Hidetsugu se enfrentara al liderazgo, Hideyoshi envió a su sobrino al exilio y lo obligó a suicidarse. Sin embargo, todos los planes de sucesión de Hideyoshi fueron en vano, ya que Tokugawa Ieyasu tomó el relevo y aniquiló a toda la línea de la familia Toyotomi. Este episodio muestra lo rápido que una caída en desgracia puede convertirse en una sentencia de muerte, incluso para el segundo hombre más poderoso de Japón en esa época.

Gran luchador, mal hombre

Se dice que Hosokawa Tadaoki, que a los once años demostró una considerable habilidad en la batalla, a los quince años ya se había convertido en un verdadero gran guerrero. Sin embargo, parece que era más un asesino despiadado que un noble caballero. De adulto, expulsó a su hijo mayor y mandó matar a su segundo hijo, amenazó con matar a su esposa si no renunciaba al cristianismo, y cortó las narices y las orejas a algunas de las damas de su madre adoptiva por cuestiones insignificantes.

Matanza en Hara

La brutal represión del levantamiento de Shimabara en 1638 (véase el capítulo 3) dejó una mancha indeleble en la reputación de los samuráis. Especialmente vergonzosa fue la forma en que se llevó a cabo el asedio al castillo de Hara. Decenas de miles de *rōnin* rebeldes, campesinos, mujeres y niños fueron primero matados de hambre y luego masacrados en lo que solo puede calificarse de atrocidad. El comandante samurái Matsudaira Nobutsuna se aseguró de que el ataque final no se lanzara hasta que se agotaran las provisiones de los rebeldes. Algunos de los otros samuráis querían avanzar más rápidamente y ganar fama; secciones del clan Hosokawa hicieron túneles bajo los muros del castillo para prepararse, además de acorralar a familiares inocentes de los rebeldes asediados y utilizarlos como amenaza para los que estaban dentro del castillo. La matanza de personas en el interior de un castillo asediado después de haberse quedado sin alimentos no era infrecuente en la guerra, pero la matanza en Hara fue a escala masiva.

Incumplimiento de la promesa

Cuando los Tokugawa asediaron la fortaleza de los Toyotomi en Osaka en 1614-1615, Tokugawa Ieyasu estaba dispuesto a rescatar a su nieta, que, como esposa de Toyotomi Hideyori, estaba atrapada en el castillo de Osaka. Ieyasu declaró que cualquier hombre que pudiera sacarla sana y salva podría obtener su mano en matrimonio. El señor Sakazaki Dewa no Kami Takachika aceptó el reto. Sin embargo, cuando entregó a la joven a Ieyasu, no recibió la recompensa que esperaba. Rompiendo su palabra, Ieyasu casó a la joven con otra familia para obtener un mayor beneficio político. Para consternación de sus miembros del clan, Sakazaki amenazó con ir contra el poderoso Tokugawa. Para evitar una guerra que sabían que no podrían ganar, los miembros del clan emborracharon a su señor y lo decapitaron. El salvador de la mujer puede no haber sido un ejemplo de caballerosidad, pero ser engañado por Ieyasu y luego asesinado por sus propios hombres fue una pobre recompensa para su misión.

El asesinato de las mujeres que huyen

Justo antes de que Takeda Katsuyori hiciera su última parada durante la caída del clan Takeda, las mujeres que huían con él fueron capturadas por el enemigo y ejecutadas. No habían hecho nada malo y no estaban armadas, pero aun así tuvieron que morir.

¿Una solución conveniente?

Matsudaira Nobuyasu es más recordado como el hijo de Tokugawa Ieyasu obligado por su padre a suicidarse para apaciguar a Oda Nobunaga (ver capítulo 7). Aunque no se puede culpar a Nobuyasu de las circunstancias que rodearon su muerte, fue culpable de una gran crueldad durante su vida. Por ejemplo, cuando se enteró de que la dama de compañía de su esposa le había dicho a esta que él deseaba a otra mujer, entró por la fuerza en la habitación de su esposa y apuñaló a la criada. Mientras ella agonizaba, le abrió la boca con un cuchillo y dijo que ese era el destino de aquellos que causaban discordia entre un hombre y su esposa.

También se dice que Nobuyasu disparó y mató a una bailarina con una flecha porque su baile no era lo suficientemente bueno. En otra ocasión, después de un día infructuoso de caza con halcones, culpó a un sacerdote que pasaba por allí de su falta de éxito. Ató al sacerdote a su caballo y lo arrastró por el suelo hasta que murió. Además, se dice que estuvo a punto de disparar a uno de los criados de su padre que criticó su mala conducta, pero decidió que era mejor no provocar la ira de su padre.

Como hijo mayor de uno de los hombres más poderosos de Japón, se esperaba que Nobuyasu se hiciera cargo del clan. Pero tal vez Ieyasu calculó que sería mejor para los Tokugawa que Nobuyasu no le sucediera. Por lo tanto, cuando Nobunaga pidió la muerte de Nobuyasu, quizá no fue un dilema tan terrible para Ieyasu obligarlo a suicidarse. De hecho, quizá resultó ser una solución conveniente para una incómoda situación familiar.

La esposa y el halcón

El diario de 1692 de un samurái de Nagoya habla de una mujer que mató a un halcón perdido que se había posado en su cocina. El marido de la mujer denunció el incidente a las autoridades locales y el asunto subió por la cadena de mando. Cuando se supo que el halcón pertenecía a un señor de la guerra local, la mujer y el marido fueron atados y presentados al señor. Como ejemplo de justicia, el señor mandó crucificar a la esposa mientras que el marido quedó libre porque no estaba en casa cuanvo mataron al ave. Algunos informes dicen que la mujer sobrevivió a la crucifixión y se le permitió seguir viviendo. En cualquier caso, está claro que la vida de un pájaro propiedad de un señor se consideraba más valiosa que la de un humilde humano.

Justicia sumaria

Luís Froís describe un incidente que tuvo lugar mientras Oda Nobunaga estaba construyendo su gran castillo. Samuráis de todos los rangos se desnudaron e hicieron de obreros y el propio Nobunaga se paseaba supervisando. Un día, un trabajador samurái levantó la capucha de una mujer para mirarle la cara. Al ver esto, Nobunaga decapitó al hombre en persona sin juicio ni preguntas. Simplemente consideró grosero acercarse a una mujer de esa manera.

Ejecutado por pedir vacaciones

Cuando el oficial naval estadounidense de mayor rango, el comodoro Matthew Perry, visitó Japón en la década de 1850 con la misión de obligar al país a abrirse al resto del mundo, un joven intelectual samurái llamado Yoshida Shōin vio en la visita una oportunidad. Le pidió a Perry que lo llevara con él a Estados Unidos para poder observar la cultura extranjera. Los viajes fuera de Japón estaban prohibidos en ese tiempo. Perry se negó a hacerlo y Shōin se sometió a los tribunales para ser juzgado. Fue puesto bajo arresto y trasladado a varios lugares. Sin embargo, en un momento tan delicado de la historia de Japón, las autoridades estaban especialmente decididas a evitar que ideas ajenas corrompieran la mente de la nación y en 1859 Shōin fue decapitado en Edo solo por querer viajar al extranjero. Poco después, el país se abrió y los japoneses fueron libres de viajar por el mundo.

Honor militar

Por encima de todo, los samuráis eran guerreros y, por lo tanto, su conducta en la batalla estaba en el núcleo de su sentido de la autoestima y el honor. Sin embargo, como descubriremos, había algo más en el samurái que la imagen popular del maestro del combate cuerpo a cuerpo empuñando la catana. Existían otras armas y otras formas de guerra que eran igualmente valoradas. Lo que más importaba era ganar.

10. Equipo militar

> «Los japoneses creen que ninguna otra nación puede compararse con ellos en lo que respecta a las armas y el valor, por lo que miran con desprecio a todos los extranjeros. Valoran mucho sus armas y prefieren tener buenas armas decoradas con oro y plata».
>
> Escritos de san Francisco Javier (siglo XVI)

Los samuráis eran personajes públicos y sus armaduras, ropa y armas eran importantes símbolos de su estatus, además de proporcionar información codificada sobre sus logros militares. En este capítulo veremos cómo estos objetos ayudaron a crear la identidad samurái y su contribución a la historia de la caballería samurái.

Armadura

La armadura es una parte integral de la identidad samurái, y un tema que merece un estudio detallado por derecho propio. Este breve resumen se centra en la armadura en el contexto de la caballería y la relación entre el samurái y su equipo militar. En general, la armadura iba de la mano del honor y la reputación. Una armadura era una expresión descifrable de la destreza militar de su propietario.

Cascos

Los cascos eran ricos en significado. La parte más simbólica era el *hachimanza*, el agujero de ventilación en la parte superior. Además de permitir la salida del aire atrapado, representaba la «sede del dios Hachiman», el lugar donde los dioses entraban en el samurái y lo imbuían de espíritu guerrero. Este conducto de aire nunca debía tocarse a menos que un samurái estuviera a punto de suicidarse, en cuyo caso podía quitarse el casco colocando los dedos en el agujero.

También en el casco estaban las alas laterales conocidas como *fukikaeshi*, que normalmente portaban el escudo de la familia del samurái o, si no, podían tener una representación de una puerta *torii* Shintō (los guantes también llevaban el emblema familiar). Como indica la siguiente cita, la forma de las alas laterales también era significativa.

> «Las alas de los cascos *Fukikaeshi* están pensadas para mejorar el ánimo de la persona. En general, todo lo que sobresale hacia fuera se considera positivo y, aunque no se da superioridad a las alas de casco más grandes sobre las más pequeñas, las más grandes pueden considerarse más positivas, ya que muestran niveles más elevados de espíritu».
>
> *Heigu Yōkō* (*c*. 1670)

La longitud del pico del casco también era algo a tener en cuenta. Un pico demasiado corto haría que el portador inclinara la cabeza hacia delante para protegerse; pero si era demasiado largo el samurái tendría que inclinar la cabeza hacia atrás para poder ver, lo que haría que su rostro fuese vulnerable a una flecha perdida. La longitud ideal del pico era tal que un samurái no necesitaba inclinar la cabeza hacia atrás o hacia delante. A un samurái que llevara un casco así se le llamaba *ikubimusha*, o «guerrero con cuello de jabalí».

A veces se usaba piel en el casco, pero nunca en dos colores, porque el término para ello, *nige*, sonaba demasiado parecido a la palabra que significa «huir», *nigeru*. El casco de un líder solía llevar un dragón o una azada de jardín, o ambos combinados. El dragón representaba el poder de una fuerza ascendente (porque en la cultura japonesa los dragones surgían de los ríos) y la azada representaba la tierra, que, en la antigua teoría china de los Cinco Elementos, es el elemento que está en el centro y controla a los otros cuatro. Por la misma razón, los líderes también vestían de amarillo u oro, el color asociado con el elemento tierra.

Los 98.000 dioses de la guerra

«El dios de la guerra es la deidad Miwa Daimyōjin (三輪大明神), que es también conocido como Ōnamuchi-no-mikoto (大己貴命). La manifestación de este dios es una serpiente que tiene 98.000 escamas, que es el origen de la frase "98.000 dioses de la guerra"».

Heigu Yōhō (*c*. 1670)

> A través de su armadura, los samuráis invocaban el poder de Miwa Daimyōjin, el dios serpiente gigante de la guerra. A menudo se pensaba en una multitud de dioses, 98.000, para ser exactos. Sin embargo, como esta cita del *Heigu Yōhō* explica, en realidad era una única deidad con 98.000 facetas.

Armadura corporal

«Cuando los japoneses llevan armadura, están tan desnudos como el día en que sus madres los dieron a luz.»

Luís Froís, Tratado (1585)

Acostumbrados a ver a los caballeros de su país con armadura de placas de cuerpo entero, los visitantes europeos como Froís se sorprendieron al ver a los samuráis entrando en batalla comparativamente «desnudos». A veces tenían una placa en el pecho, pero sus brazos y piernas solían estar desprotegidos. Los soldados de a pie llevaban incluso menos armadura.

Las primeras formas de armadura tenían una placa trasera para cubrir la costura. Esto se conocía coloquialmente como «la placa del cobarde», porque si esa parte de la armadura de un samurái era visible para el enemigo, significaba que le había dado la espalda. Por el contrario, a los guerreros más valientes se les permitía llevar estandartes especiales en la espalda para distinguirlos del resto.

Los cordones de las distintas placas tenían un significado simbólico especial. Los colores de los cordones y los dibujos con los que se ataban tenían un significado, e incluso los nombres de los cordones se asociaban a aspectos de la destreza guerrera. Como se explica en el *Heigu Yōhō*:

> «El término *odoshige* (威毛) se utiliza para describir los cordones de la armadura. Esta palabra y sus caracteres se emplean con la intención de evocar la imagen de un animal como un jabalí con los pelos erizados, de punta, cuando está enfadado. Así, la gente lleva estos cordones para despertar su valor y para intimidar al enemigo, como hace un animal con su pelo erizado.»
> *Heigu Yōhō* (c. 1670)

Los cordones rojos de las armaduras se consideraban valientes y «ardientes», y eran utilizados por el famoso clan Ii. Muchas de las diferentes combinaciones de colores de los cordones hacían referencia a otros aspectos de la vida de los samuráis, como la ascendencia del clan.

A veces se llevaba a la batalla un traje de armadura de una pieza de estilo antiguo conocido como *ōyoroi* y se erigía en un «templo» móvil especial –probablemente detrás de las mamparas de guerra– donde se le rendía culto como encarnación del dios de la guerra.

Horo, la capa de honor

El *horo* era una forma de capa que llevaban los samuráis de alto rango conocidos como *horomusha* (母衣武者). Se sujetaba a la parte trasera de la armadura y originalmente servía como una especie de dispositivo para atrapar flechas. El *horo* podía ir suelto o estirado sobre un armazón de bambú. Toyotomi Hideyoshi dio capas de *horo* amarillas a sus hombres más cercanos y llamó al grupo *kiboro-shū* (黄母衣衆), el «escuadrón de la capa amarilla».

Como hemos visto, las medidas destinadas a defender a un guerrero en retirada solían asociarse con la cobardía. Sin embargo, el *horo* se tenía en gran estima, muy probablemente porque al principio lo llevaban los arqueros samuráis en ataques súbitos por sorpresa. Cargaban con valentía, disparaban sus flechas y salían al galope, con la capa protegiéndolos. Por lo tanto, el *horo* representaba la valentía de cargar a fondo y cerca del enemigo. En términos de caballerosidad, empezamos a entender que era totalmente aceptable que los samuráis se alejaran del peligro en estas circunstancias, siempre que lo hicieran de forma controlada.

«En el asedio de Odawara, el guerrero Kawada llevaba un enorme estandarte y con él otro samurái llamado Narasaki tenía un *horo* de flechas de un tamaño de 18 *tan*. Ambos iban de pueblo en pueblo en su camino a la batalla. El señor Taikō Hideyoshi, que entonces estaba en Numazu, en la provincia de Izu, los vio pasar con su enorme bandera y su capa de *horo*. El señor dijo: "¡Mira qué guerreros tan fuertes! Ve y pregúntales sus nombres". El samurái que lo atendía fue inmediatamente y les dijo, desde su caballo: "Escuchad esto humildemente, de parte del señor Hideyoshi. El señor ha admirado vuestro espectacular *horo* y bandera y me ha pedido que averiguara vuestros nombres". Sin embargo, no respondieron y el mensajero volvió en vano. Al oír esto, el señor Hideyoshi dijo: "¿Les preguntaste sin desmontar de tu caballo? Eso es una grosería. Esos guerreros que llevan una bandera y un *horo* tan grandes no podrían montar, ya que ningún caballo podría llevarlos, sin importar el rango de los guerreros. Si ese es el caso, ¿por qué habrían de darte sus nombres si les preguntas desde tu caballo". Entonces ordenó a otro hombre que les preguntara, esta vez no a caballo, y ellos respondieron».

Musha Monogatari (1654)

La capa de *horo* es una buena ilustración de cómo la retirada adecuada era correcta para un samurái y también de cómo su equipo y su uniforme eran una señal de su estatus social. Originalmente, este artículo podía ser una herramienta funcional utilizada por muchos niveles de guerreros, pero en años posteriores se convirtió definitivamente en un símbolo del cargo para los samuráis de mayor rango.

Ropa y accesorios

«Nosotros tenemos nuevos diseños de ropa casi todos los años; en Japón, la moda es siempre la misma.»

Luís Froís, *Tratado* (1585)

El documento *Heike Monogatari* habla de Iesada, un vasallo de Tadamori, el jefe del clan Taira. Al enterarse de un intento de asesinato contra su señor, Iesada llegó a la corte con una armadura y una capa verdes, y su aspecto causó un gran revuelo, ya que se trataba de la indumentaria de un guerrero y no de un cortesano.

Como samurái, Iesada tenía derecho a asistir a la corte, pero llevaba el atuendo incorrecto. Había reglas estrictas en cuanto a lo que podías y no podías llevar en diferentes escenarios. La regulación de la ropa, los peinados e incluso las puertas de las casas estaba establecida para todas las clases sociales. Aunque las normas cambiaban de período en período, existía sin duda la idea de que ciertos artículos pertenecían a determinados niveles sociales.

Algunos guerreros experimentados consideraban que la vestimenta de la corte era demasiado lujosa y no era apropiada para combatientes aguerridos, aunque esa indumentaria representase una posición social más alta. Cuando Tokugawa Ieyasu pidió que le trajeran un abrigo *haori* porque el tiempo se estaba enfriando, un criado le trajo uno exquisito que le había regalado Toyotomi Hideyoshi, pero Ieyasu lo rechazó, declarando que esa chaqueta solo era apta para las formas ostentosas de la capital y que, en el campo, un guerrero no podía llevar una indumentaria tan lujosa.

Por el contrario, cuando un niño samurái que estaba siendo utilizado como rehén político llegó a la capital desde las llamadas «tierras salvajes», sus cuidadores observaron que, aunque hablaba muy bien y sus modales eran impecables, su ropa era demasiado rústica. Por lo tanto, lo vistieron con ropa más apropiada para la vida en la corte.

En las siguientes secciones, nos centraremos en ciertas prendas de vestir, que tenían un significado especial para los samuráis en términos de la forma en que eran vistos por sus compañeros.

Blasones en la ropa

Los samuráis solían llevar ropas con blasones para mostrar al mundo a qué clan pertenecían. La colocación de los blasones se ajustaba a las convenciones sociales: solían estar en la parte delantera de las chaquetas y camisas, uno a la izquierda y otro a la derecha. y también en la parte trasera. En determinadas circunstancias, los samuráis recibían permiso para llevar el escudo de su señor o del clan superior al que servían, como insignia de honor. Según el documento *Bushidō Shoshinshū*, aquellos samuráis que llevaban el blasón de su señor también debían mostrar el suyo propio para que no pudieran ser confundidos con miembros del clan superior. Por ejemplo, podían llevar su propio blasón en la chaqueta y el del señor en su abrigo, o viceversa. Cuando se sustituían las ropas desgastadas, se les quitaban los blasones y se quemaban para que no pudieran ser mal utilizados.

Calzado

«Nosotros mostramos cortesía quitándonos los sombreros; los japoneses lo hacen quitándose el calzado.»

Luís Froís, *Tratado* (1585)

En Japón, los zapatos y el resto del calzado siguen ocupando un lugar destacado en el ámbito de los modales y las costumbres. Es de sobra conocido que nunca se debe entrar en un edificio japonés con los zapatos puestos, y una vez dentro, incluso hay que cambiar de calzado cuando se entra en una zona de aseos o en un patio interior ajardinado. Lo que es menos conocido es que, al menos hasta el final del período Sengoku, las personas de rango inferior debían quitarse el calzado cuando atendían o hablaban con un superior, aunque fuera al aire libre.

También existía una jerarquía en cuanto al propio calzado. El manual *Heigu Yōhō* establece que, especialmente en la corte, las personas de alto rango debían ser atendidas por alguien que llevara zapatos de piel de oso en lugar de las más típicas sandalias de paja. Estos botines de piel de oso formaban parte del «mejor» uniforme de gala de un samurái, que se ponía cuando asistía a una ocasión importante.

Como expresión de la posición social y el respeto, el calzado puede considerarse un punto de partida para actuar correctamente en sociedad. Demostrar mala «etiqueta en el calzado» era empezar con mal pie.

Símbolos de estatus

En el Japón del período Edo, habría sido fácil identificar a un samurái, ya que eran las únicas personas que tenían derecho a llevar dos sables. Sin embargo, antes de que Toyotomi Hideyoshi desarmara al público en 1588, incluso los campesinos llevaban los dos sables. Los relatos occidentales de la época cuentan que los campesinos estaban muy molestos con este cambio. Por lo tanto, antes de esto, la ropa, los estilos y la forma de hablar eran las únicas diferencias visibles entre los samuráis y el resto de la sociedad. Los matices habrían sido simplemente una parte del tejido social de la época.

Fuentes

«En las calles, todos se inclinan con sus zapatos en las manos hasta que él [Oda Nobunaga] pasa. Los de rango inferior hacen lo mismo con los superiores, y si se encuentran con personas nobles y honorables, se quitan los zapatos y se inclinan mucho colocando las manos entre los muslos».

Escritos de Jorge Álvares (siglo XVI)

> «Al cruzar por el puente cerca de él [el *shōgun*] sin mis sandalias –pues así es la costumbre aquí–, me llamó varias veces con voz fuerte y me dijo que no me preocupara, que volviera a calzarme.»
>
> <div align="right">Luís Froís, <i>Tratado</i> (1585)</div>
>
> «En presencia de aquellos a los que saludan, se quitan los zapatos (en cuanto a las medias, no llevan ninguna) y luego, dando una palmada con la mano derecha en la izquierda, las ponen en las rodillas, y así moviendo las manos de un lado a otro, se agachan y pisan y se mueven con pasos deslizantes y gritan "agh, agh".»
>
> Escritos de John Saris (principios del siglo XVII)

Abanicos

Los samuráis utilizaban dos tipos principales de abanicos: los abanicos plegables llamados *sensu* (扇子) y los abanicos de guerra rígidos llamados *gunbai* (軍配), que llevaban los generales.

Abanicos plegables

> «En Japón, un hombre siempre lleva un abanico en el cinturón; sería considerado vulgar y miserable si no lo llevara.»
>
> <div align="right">Luís Froís, <i>Tratado</i> (1585)</div>

Como sugiere la cita anterior, se consideraba impropio de un samurái estar sin su abanico plegable *sensu*. Los abanicos tenían muchos usos, además de combatir el calor. Entre ellos, los siguientes:

- Señalizar las órdenes militares en el campo de batalla.
- Presentar una cabeza decapitada a un superior.
- Recibir recompensas o regalos.
- Escribir notas en ellos con tinta y pincel.
- Escribir un poema sobre la muerte antes del suicidio.

A un inferior no se le permitía usar un abanico para refrescarse si había un superior en la habitación; sin embargo, los superiores podían hacerlo delante de los inferiores. Se dice que los sacerdotes que daban sermones golpeaban el abanico con la mano abierta o lo golpeaban en el «púlpito» para enfatizar sus palabras.

Los abanicos eran para los samuráis un emblema tan importante como sus sables. Las clases bajas también usaban abanicos, pero solo los samuráis se sentían mal vestidos sin uno.

Abanicos y bastones de guerra

Los abanicos de guerra (*gunbai*) y los bastones de guerra (*saihai*) eran símbolos ceremoniales del cargo. Un *gunbai* era una vara con dos grandes alas unidas a la parte superior; a menudo estaba decorado con motivos como la constelación de la Osa Mayor o el sol ardiente. Un *saihai* era una vara con una «fregona» de borlas de papel en el extremo. En general, el *gunbai* le estaba reservado a los generales o a otros militares de muy alto rango, mientras que el *saihai* era para los capitanes de las tropas. Esto significaba que en el campo de batalla, todos los samuráis podían identificar al instante a un superior mediante el bastón o el abanico que llevaban.

Armas

Arcos

«En la antigüedad, se consideraba que el tiro con arco y la equitación eran las más elevadas de las artes marciales.»
Bushidō Shoshinshū (c. 1700)

Los primeros guerreros samuráis eran arqueros montados de caballería, por lo que, antes de que el sable se convirtiera en el símbolo del samurái, el arco era el arma de elección. De hecho, durante todo el período samurái el arco siguió siendo exaltado, y el dominio del arco se consideraba símbolo de prestigio para todos los guerreros. Según el escrito de principios del siglo XVIII *Bushidō Shoshinshū*, el tiro con arco seguía siendo una de las principales artes marciales que un joven samurái debía aprender a partir de los quince o dieciséis años.

El estatus del arco se reflejaba en el lenguaje de la guerra: una palabra para guerra en japonés era *yumiya* (弓矢), que significa literalmente «arcos y flechas»; y había una forma de impuesto militar llamada *yumiya hanjo*, «un documento firmado para arcos y flechas», o *yasen*, «dinero para flechas».

El clan Minamoto era famoso por la calidad de sus arqueros. Había uno que se decía que era capaz de disparar a dos de cada tres pájaros en vuelo, y otro que, en medio de una batalla, se enfrentó al reto de acertar a un abanico que había sido fijado a la punta del mástil de un barco. De pie en la orilla, el arquero lanzó una flecha que derribó el abanico de su posición. Lo hizo entre los vítores de los samuráis aliados y enemigos, que comprendieron la enorme destreza que suponía lo que había hecho.

Si el arquero hubiera fallado, habría sido una gran vergüenza para él; de hecho, se dice que declaró que, si no hubiera dado en el blanco, se habría suicidado.

En el mismo conflicto, cuando Minamoto no Yoshitsune dejó caer su arco, lo arriesgó todo para recuperarlo. No lo hizo porque fuera especialmente valioso para él, sino porque era menos potente que la mayoría y por eso temía que si el enemigo encontraba su arco y lo probaba sabría que no era físicamente fuerte. Sin embargo, en los textos de Natori-Ryū, escritos en el siglo XVII, se decía que un arco debía ser, sobre todo, fácil de tensar, porque el combate podía durar mucho tiempo. Esto revela la diferencia de tácticas entre épocas. En los primeros tiempos de los samuráis, cuando los Minamoto eran una fuerza dominante, se consideraba magnífico disparar un arco fuerte, porque los combates se hacían a caballo y en estilo escaramuza; mientras que, para los Natori, era mejor tener tropas de arqueros a pie que soltaran muchas flechas en un campo de batalla abarrotado en apoyo de sus camaradas.

Las figuras chamánicas también utilizaban los arcos para despejar el aire de espíritus no deseados. Para ello, hacían girar el arco sobre una persona enferma o en una dirección determinada. Sin embargo, el escrito *Ippei Yōkō* nos dice que daba mala suerte hacer girar el arco tres veces. Esto se debía a que el término *miuchi*, que significa «tres golpes», era similar al término *mi wo utsu*, que significa «ser golpeado en el cuerpo».

> **Guantes**
>
> Los primeros visitantes occidentales de Japón observaron que los japoneses usaban guantes solo para el tiro con arco y no para mantener las manos calientes. Se calentaban las manos metiéndolas en las mangas, aunque ni siquiera esto estaba permitido en presencia de un superior.

El tiro con arco y el zen

Publicada en 1948, la influyente obra *Zen en el arte del tiro con arco*, del filósofo alemán Eugen Herrigel, ha hecho del tiro con arco japonés (*kyūdō*) un sinónimo del entrenamiento espiritual y ritual. Sin embargo, esta visión ha sido puesta en cuestión en las últimas décadas. En su artículo de 2001 «El mito del zen en el arte de tiro con arco», el historiador cultural japonés Yamada Shōji desmonta la idea de una conexión primordial entre el zen y el arco. Aunque acepta que la arquería ritual formaba parte del conjunto, Yamada señala que había otras varias formas de la disciplina, cada una de las cuales difería en estilo y enfoque. Entre ellas, el tiro con arco de competición, que se celebraba en los templos y tenía una larga historia, y, por supuesto, la arquería militar en el campo de batalla. Yamada descarta la idea de que el tiro con arco en un contexto militar contenga enseñanzas Zen. Sostiene que en la Edad Media el tiro con arco en el campo de batalla era una habilidad puramente práctica y no tenía ningún aspecto ceremonial.

Un artículo de 1993, «Valorous Butchers: The Art of War

during the Golden Age of Samurai», del historiador estadounidense Karl Friday, destaca la brutalidad de la guerra samurái. Traza una evolución desde los enfrentamientos ordenados entre ejércitos que acordaban reunirse en un momento y lugar determinados, hasta los ataques por sorpresa a tres bandas en los que un bando prendía fuego al campamento enemigo para que este saliera a campo abierto y luego masacrar a todos los que escapaban por el cuarto lado con lluvias de flechas. Esto dista mucho de la imagen que Herrigel tiene del arquero japonés como maestro zen.

Orígenes del arco

El arco japonés es anterior a los samuráis en muchos siglos. Una campana *dōtaku* de bronce que data del siglo IV a.C. representa a un arquero que utiliza un arco no muy diferente del de estilo clásico. Basándose en las descripciones de la crónica Weishu (recopilada antes del año 297), se cree que el arco clásico japonés se utilizaba con fines militares desde el siglo III. También existía la tecnología perdida del *ōyumi* («gran arco»), que se cree que era una antigua ballesta montada de estilo chino utilizada en la guerra de asedio.

Lanzas y otras armas de asta

«Hizo que sus hombres (*yariwaki*) le apoyaran con el sable. Para cuando el tercero se unió a la refriega, todas las lanzas de ambos lados del enemigo y de nuestros aliados se cruzaron a la vez, y muchas de ellas quedaron enredadas entre sí como si fueran helechos.»

Zōhyō Monogatari (1657-1684)

El documento *Ōgiden* afirma que la lanza es «la reina de las armas» y es cierto que, cuando el uso de arqueros montados cayó en desgracia y los ejércitos se modernizaron y ampliaron su tamaño, la lanza adquirió un papel mucho más destacado. En los primeros tiempos, la *naginata*, un brazo de pértiga similar a una espada, también era un arma popular, pero a medida que las formaciones de batalla se hacían más densas y el combate individual dio paso a las tácticas de grupo, la lanza *yari* se convirtió en el arma preferida porque podía utilizarse más fácilmente junto a otros guerreros.

Las lanzas podían usarse como símbolos de valor o de oficio. Armas como la «lanza blanca» eran utilizadas únicamente por los comandantes. Los hombres con hazañas conocidas o los que tenían un miembro del clan que había sido un héroe en el pasado llevaban a veces una lanza con una línea roja pintada en el surco de la hoja.

La primera lanza

«Entre los lanceros del frente, ten en cuenta que los primeros en atacar deben ser los samuráis, así que no hay que atacar hasta que ellos lo hagan.»

Zōhyō Monogatari (1657-1684)

El logro más prestigioso de todos en la batalla samurái era el de *ichibanyari* (一番槍), la «primera lanza». Se concedía al primer samurái que entraba en combate y ganaba. También se reconocía a los que les ayudaban, como *yarishita no kōmyō*; sin embargo, la primera lanza era la mayor distinción.

Los dos logros también podían expresarse como *uwayari*, «lanza superior» (la persona que empuja primero), y *shitayari*, «lanza inferior» (la persona que empuja en segundo lugar). Por accidente, la «lanza superior» solía terminar físicamente más baja que la «lanza inferior». Esto se debe a que la persona que defiende el primer golpe bloqueaba la lanza atacante hacia abajo y luego era derribada por el segundo atacante, que se aprovecharía de la lanza baja del defensor. En este caso, «superior» e «inferior» deben entenderse en términos de honor, no de posición física.

Fuentes

«Esta etapa se llama *yari-ba*, el campo de las lanzas. Esto comenzará cuando ambos bandos estén aproximadamente a treinta *ken* de distancia, pero no es una regla absoluta. Cuando el primer par, uno de cada lado, se encuentra, entonces se llama *ichibanyari*, la primera lanza.»

Ippei Yōkō (c. 1670)

«Cuando ambos bandos adoptan la formación de *hōshi*, la formación de punta de flecha, y los dos hombres principales se encuentran, esto es *ichibanyari*, la primera lanza. Si se inicia un duelo o no depende de la situación. Se debe determinar quién logró el *uwayari*, la lanza superior, y el *shitayari*, la lanza inferior, y si hubo un anuncio de los nombres o no.»

Ippei Yōkō (c. 1670)

La segunda lanza

«*Nibanyari*, la segunda lanza, es el combate que sigue a *ichibanyari*, la primera lanza. Si los participantes declaran sus nombres antes de entrar en combate, entonces el *nibanyari* se considera más prestigioso que el combate *ichibanyari*, en el que los participantes no declaran sus nombres».

Ippei Yōkō (*c*. 1670)

El segundo logro más prestigioso en la batalla samurái era el *nibanyari*, que se traduce como «segunda lanza». Los principios son los mismos que los del *ichibanyari*, salvo que se refieren al segundo combate de la batalla, no al primero.

La tercera lanza

«Se dice desde la antigüedad que el primero y el segundo en entrar en batalla son grandes y que el tercero no tiene importancia.»
Zōhyō Monogatari (1657-1684)

La numeración de los logros de las lanzas no se prolongó indefinidamente; al final del segundo combate con lanzas, la mayoría de las tropas se habían enfrentado y el cuerpo a cuerpo general había comenzado. Sin embargo, como se explica en la siguiente cita del *Ippei Yōkō*, en un campo de batalla especialmente grande se añadía a veces *sanbanyari*, una «tercera lanza», como una posición adicional de mérito.

«En la mayoría de los casos *sanbanyari*, la tercera lanza, no existe. A veces en batallas más grandes, la tercera lanza se produce de forma espontánea. Normalmente, justo cuando las segundas lanzas se han unido, el resto de las fuerzas chocan juntas. Si la zona de duelo es relativamente grande, la tercera lanza puede ser reconocida como un logro, pero no es muy prestigiosa.»

Ippei Yōkō (c. 1670)

La lanza como símbolo del cargo

La lanza también servía como símbolo del cargo para funcionarios importantes como magistrados *bugyō* o comandantes y señores de la guerra *daimyō*. Eran armas honoríficas que llevaba el sirviente del funcionario en un desfile. Por lo general, el sirviente de un oficial de alto rango llevaba la lanza delante de su señor, mientras que el portador de la lanza de un samurái normal caminaba a la derecha del señor.

Había especificaciones detalladas para la propia lanza en función del rango, que variaban de una región a otra. El siguiente extracto del documento *Heigu Yōhō* ofrece un esquema del tipo de lanza que debía utilizar un comandante.

«Desde la antigüedad, una *taimai no yari* (タイマイノ鑓), lanza con dibujos de caparazón de tortugas, ha sido llamada *shirae no naginata* (白柄ノ長刀), alabarda de mango blanco, y solo la lleva el comandante. Tiene las siguientes características:

- La empuñadura debe ser de estilo *nashiji*, que se laca con polvo de oro y plata.
- Debe tener una longitud de siete *shaku*, cinco *sun*.
- La longitud de la hoja debe ser de un *shaku*, siete *sun*.
- La línea de endurecimiento del *hamon* en la hoja debe estar en el *komidare* (小乱).
- La punta de la hoja (*kissaki*) debe tener líneas del estilo de *hakikake* (ハキカケ).

- El surco (大樋) de la hoja debe partir desde la sección de *mitsugashira* (三ツ頭), que está debajo de la punta de la hoja de la lanza, y el interior de la ranura debe estar coloreado en rojo.
- El estilo de *saba-no-o*, que significa como la cola de aleta partida de caballa, debe utilizarse como extremo de lanza.
- El mango también debe tener una marca de guía para ayudar a identificar el lado del filo de la hoja.

Estas formas son de *koryū*, escuelas antiguas».

Heigu Yōhō (c. 1670)

Como demuestra la siguiente cita, para un vasallo el cargo de portador de lanza conllevaba una gran responsabilidad y prestigio.

«Con respecto al *omochiyari katsugi*, vasallo portador de lanza: normalmente en Edo reciben un buen estipendio y caminan al frente del desfile de un *daimyō*, ya que llevan el arma más importante para un samurái.»

Zōhyō Monogatari (1657-1684)

La insignia roja del valor

La hoja de la lanza japonesa tenía una sección transversal triangular o en forma de diamante y a menudo presentaba una ranura en el centro. A los guerreros que lograban llevar a cabo una hazaña destacada en la batalla se les permitía pintar de rojo la ranura de la hoja de su lanza. Esta marca también podía ser llevada por los descendientes de los samuráis heroicos. Las fuentes disponibles no aclaran lo común que era esta práctica, pero se hace referencia a ella en este fragmento del *Heigu Yōhō*.

«Durante su estancia en la provincia de Suruga, el señor [Tokugawa Ieyasu] prohibió a todo el mundo llevar una lanza con un surco rojo. Sin embargo, cuando el guerrero Hosokawa Ecchū-no-kami fue asignado a la construcción del castillo, un comandante *bugyō* a sus órdenes llevaba una lanza roja de este tipo y todos los que lo vieron lo comunicaron al señor. El señor dijo que este guerrero, cuyo nombre era Sawamura Daigaku, había alcanzado un excelente logro el año anterior en la batalla de Nagakute. Explicó que cuando había prohibido llevar lanzas rojas había excluido de la regla a los hombres sobresalientes, por lo que les ordenó que dejaran en paz a este hombre.»

Heigu Yōhō (*c.* 1670)

Lanzas famosas

Los samuráis celebraron las siguientes armas notables como *tenka san meisō* (天下三名槍), «las tres mejores lanzas de todo el mundo»:

- Tonbokiri (蜻蛉切), la «cortadora de libélulas», utilizada por Honda Tadakatsu.
- Nihon-gō (日本号), título no totalmente traducible sin contexto, utilizada por Fukushima Masanori y Mori Tahei
- Otegine (御手杵), la «Maza», utilizada por Uki Harutomo y pasada a Tokugawa Ieyasu.

La lanza Nihon-gō tiene una interesante historia de fondo, que se cuenta en la famosa canción de taberna samurái «Kuroda Bushi». El emperador del siglo XVI Ōgimachi regaló la Nihon-gō a su *shōgun* Ashikaga Yoshiaki. Después pasó a manos de

Oda Nobunaga y, posteriormente, a Toyotomi Hideyoshi, y a Fukushima Masanori. Mori Tahei, un samurái con una reconocida capacidad para beber alcohol, llevó un mensaje de su señor, Kuroda Yoshitaka, a la mansión de Masanori. Masanori trató de hacerle beber sake para poner a prueba su reputación, pero Tahei se negó a aceptar el reto porque estaba allí por asuntos oficiales.

Masanori se irritó y dijo: «Parece que no hay grandes hombres en el clan Kuroda». Entonces llenó una gran jarra de sake y dijo: «Si te bebes esto, te daré lo que quieras». Tahei cogió la jarra, engulló su contenido y dijo: «Quiero la famosa lanza Nihon-gō», y así es como se convirtió en el dueño de una de las tres grandes lanzas de Japón. Fue un error costoso de Masanori valorar la capacidad de beber de un samurái por encima de su destreza como guerrero.

La *naginata*

La *yari* era una lanza de hoja recta, mientras que la *naginata* tenía una hoja curva similar a la de una alabarda. La *naginata* se considera a menudo como un arma de mujer. Sin embargo, muchos de los visitantes europeos que llegaban a Japón en siglos XVI y XVII fueron testigos de su uso por parte de los hombres. Según Luís Froís, Oda Nobunaga se defendió con una *naginata* en el ataque que le causó la muerte, y Rodrigo de Vivero y Velasco dijo haber visto una tropa de trescientos guardias del castillo que llevaban *naginata*. Bernardino de Ávila Girón escribió sobre la *naginata*, describiéndola como una hoja montada sobre un asta y utilizada por los samuráis a la manera de una gran espada occidental. También afirmó que la *naginata* era un arma de dignidad y que había había reglas en cuanto al tipo y estilo de *naginata* que los samuráis de diferentes rangos podían llevar en tiempos de paz.

La lanza simbólica

Desde un trozo de bambú afilado que sostenía el soldado de a pie de rango más bajo, hasta la preciada «lanza blanca» del comandante samurái, las lanzas y otras armas de asta simbolizaban el camino del guerrero. Las armas de asta cobraron importancia después del arco, pero antes que el sable. En la época en que la lanza se consideraba el arma del samurái, incluso los campesinos medios llevaban dos sables, por lo que una buena arma de asta hacía que el samurái destacara como una persona importante, especialmente cuando desfilaba ante él su portador de lanza. Por lo tanto, mientras que el arco representaba el concepto de guerra, el arma de asta simbolizaba la dignidad y la identidad del samurái.

Armas de fuego

«En la ciencia militar tradicional no hay reglas para las armas de fuego. Sin embargo, en vista de su función como instrumentos para matar y herir, los samuráis no tienen por qué ignorarlas».

Heihō Ōgisho (siglo XVII)

El samurái y el arma de fuego: una combinación que supuso un cambio drástico en la guerra japonesa. La pólvora había llegado a Japón poco después de su invención por los chinos en el siglo IX y se cree que los cañones primitivos conocidos como *teppō* fueron introducidos durante las invasiones mongolas de 1274 y 1281. Sin embargo, el uso de la artillería en Japón parece haber sido limitado hasta el siglo XVI. Aunque hay algunas evidencias de armas de fuego básicas de principios de ese siglo, fue la llegada del armamento europeo en la década de 1540 lo que provocó la explosión de la industria japonesa de armas de fuego. A finales de siglo, incluso el *shōgun*, Tokugawa Ieyasu, estaba bien versado en su manejo.

Breve historia del arma de fuego en Japón

En 1543, tres aventureros portugueses se convirtieron sin querer en los primeros europeos en llegar a Japón. Viajaban a bordo de un barco chino que se vio obligado a refugiarse de una tormenta en la isla de Tanegashima, frente al extremo sur de Kyūshū. Allí se relacionaron con el gobernante local, el señor Tanegashima Tokitaka, que les compró dos arcabuces. Pidió a su herrero Yatsuita que los replicara, pero el mecanismo del gatillo resultó ser superior a sus capacidades, por lo que se dice que el señor entregó a su hija al capitán portugués a cambio de los conocimientos técnicos necesarios.

Al cabo de un año, se habían fabricado diez pistolas; en diez años, se estaban fabricando en todo Japón. Las armas de fuego se convirtieron en algo habitual, aunque aún no habían sido explotadas en todo su potencial. Los vasallos de los samuráis fueron entrenados en el manejo de estas nuevas armas y las utilizaban en las maniobras militares, convirtiéndose en tiradores expertos.

> **Abierto al comercio**
>
> Durante largos períodos de su historia, Japón estuvo muy aislado del resto del mundo, pero no fue así durante los siglos XV y XVI. Incluso antes de que se iniciaran las relaciones con Europa en la década de 1540, había una gran cantidad de comercio con China y el sudeste asiático. Se calcula que solo en 1483 se enviaron a China 67.000 sables. Japón no tardó en empezar a enviar cobre a Ámsterdam y competía con Inglaterra en hierro y acero.

Las armas de fuego se utilizaron por primera vez en la batalla de Uedahara en 1548. Takeda Shingen llevaba consigo algunos mosqueteros, pero tras los rituales tradicionales previos a la batalla, como el intercambio de nombres, los fusileros no estaban con el estado de ánimo adecuado para utilizar las armas de la mejor manera posible y no pudieron obtener ninguna ventaja con ellas.

Sin embargo, a medida que los tiempos avanzaban y las viejas costumbres daban paso a las nuevas, los clanes redujeron sus lanceros y aumentaron sus fusileros. En 1560, un general samurái completamente acorazado fue abatido por primera vez, lo que supuso una señal de que las armas habían llegado al campo de batalla samurái de forma importante. En la batalla de Nagashino, en 1575, Oda Nobunaga utilizó la táctica de disparar en sucesivas andanadas para destruir el ejército del hijo de Shingen, Katsuyori. Colocó varias filas de fusileros en posición defensiva e hizo que cada fila se turnara para disparar y recargar. Los cañones también se utilizaron con gran efecto durante las invasiones de Corea de 1592 a 1598. Un señor escribió a Japón desde Corea diciendo: «Olvida las lanzas, envíanos armas de fuego, pólvora y munición».

Las armas de fuego se usaron ampliamente durante lo que quedaba del período Sengoku. Sin embargo, con el comienzo del período Tokugawa, cuando el énfasis estuvo en la centralización del poder y el debilitamiento de los señores de la guerra regionales, las armas de fuego comenzaron a ser reguladas. A partir de 1607, los pedidos de nuevas armas de fuego debían realizarse a través de las oficinas del gobierno, con la intención de restringir la propiedad y la producción de estas devastadoras armas. Con el número de encargos legales significativamente reducido, algunos armeros volvieron a la fabricación de sables y otros abandonaron la industria oficial de armas de fuego del gobierno y volvieron a las provincias para producir armas no reguladas. Sin embargo, Tokugawa Ieyasu les ordenó volver y les dio un subsidio a cargo de la financiación central, de modo que pronto el gobierno tuvo un control casi total sobre la producción de armas japonesas.

A principios del siglo XVIII, se fabricaban una media de unos pocos cientos de armas al año para una población de samuráis de alrededor de un millón. El último bastión del romance de cien años de Japón con las armas de fuego fue la ciudad de Sakai, que contaba con la única fábrica que tenía el derecho legal de fabricar armas de fuego. Sin embargo, poco a poco, los edictos y las leyes se fueron depurando, cerrando incluso ese centro de producción. En 1776, el cirujano y botánico sueco Carl Peter Thunberg, que llegó a ver Japón en sus días de clausura, informó de que las baterías de defensa costera se probaban una vez cada siete años y estaban equipadas con cañones anticuados. Sin embargo, los clanes de samuráis seguían utilizando armas de fuego, sobre todo para reprimir una rebelión tribal *ainu* en la segunda mitad del siglo XVII y un levantamiento campesino en el siglo XVIII.

Este uso esporádico de las armas de fuego se mantuvo durante el resto del período Tokugawa, pero estaban tan desfasados que no tenían ningún efecto real. Para cuando el comodoro Perry llegó en 1853 para reabrir Japón al mundo, las baterías de la costa a menudo eran simplemente pantallas pintadas con unos pocos cañones muy envejecidos, y no eran rivales para el poder de Occidente.

> El uso de armas de fuego por parte de los samuráis
> «[Mi maestro] solo utiliza [un mosquete] cuando el enemigo está a cierta distancia, pero no cuando el enemigo está demasiado lejos para disparar. También prefiere tomar su lanza a veces y hacer que yo sostenga el arma por él.»
> *Zōhyō Monogatari* (1657-1684)

¿Utilizaban los samuráis armas de fuego? La respuesta sencilla es que sí. Sin embargo, los samuráis de alto rango tendían a no usar armas en la batalla, aunque a menudo llevaban pistolas lujosamente engastadas. No es que consideraran las pistolas como armas poco caballerosas, sino que creían que estaba por debajo de ellos participar en cualquier forma de combate cuerpo a cuerpo, sin importar el arma. Los comandantes samuráis fueron desalentados de luchar en el frente; su papel era proporcionar liderazgo y pensamiento estratégico.

Los cañones eran más efectivos cuando eran utilizados por un gran número de hombres dispuestos en filas más que por individuos. Los fusileros solían ser soldados de clase baja que tenían un entrenamiento básico en una sola arma y luchaban como una unidad, por lo que eran muy diferentes de las fuerzas de los samuráis, compuestas por guerreros independientes y de múltiples talentos.

Sin embargo, las armas de fuego fueron adoptadas por los samuráis de menor rango y les ayudaron a ascender en el escalafón. Cuando Toyotomi Hideyoshi se vio presionado en la batalla contra los Asakura, los hombres de Mikawa se adelantaron para ayudarle y el propio Tokugawa Ieyasu utilizó un arma de cerrojo. Después de la batalla, un sacerdote disparó dos veces contra Ieyasu, pero los disparos no atravesaron su armadura.

En otro ejemplo de destreza armamentística samurái, dos vasallos de Ieyasu, Okubo Tadayo y Amano Yasukage, tomaron dieciséis fusiles de cerrojo por la noche para flanquear a las fuerzas de los Takeda y causar el pánico en el campamento. Además, en la batalla de Komaki de 1584, un samurái del clan Mori intentó reunir a sus hombres. Al ir vestido de blanco, destacó como objetivo y, efectivamente, uno de los samuráis de la prestigiosa tropa al mando de Ii Naomasa apuntó y le disparó en la cabeza.

Incluso teniendo en cuenta todas estas pruebas positivas, hay informes contradictorios que demuestran que en el período Sengoku algunos samuráis despreciaban las armas de fuego. La siguiente cita es de un misionero que estuvo en Japón durante esta época. Sin embargo, murió en 1570, por lo que no vivió para ver el auge del arma de fuego al final del período Sengoku.

«No tienen ningún tipo de arma de fuego porque declaran que son solo para los cobardes. Son los mejores arqueros que he visto en el mundo y miran con desprecio a todas las demás naciones».

Escritos de Cosme de Torres (siglo XVI)

Una perspectiva experta

El exsoldado británico Matthew Okuhara reside ahora en Japón y ha sido adoptado por una familia de exsamuráis y forma parte del equipo de arqueros del castillo de Matsumoto. Su objetivo es preservar la comprensión práctica del arma de fuego japonesa y promover la historia del arma de fuego dentro de Japón. A continuación, se presenta una visión general de su comprensión de la relación entre el samurái y estas armas.

«La historia de las armas de fuego en Japón no comienza en 1543, como la mayoría de la gente cree. Esa es solo la historia de las armas de fuego occidentales en Japón. La pólvora en sí había estado presente en Asia desde hacía mucho más tiempo y se cree que los cañones chinos estuvieron presentes en Japón desde el siglo XV.

»Los cañones iban desde los de baja calidad, como los *banzutsu* (番筒), que se numeraban y almacenaban como equipo militar a cargo de un intendente, hasta ejemplos mucho más prestigiosos como los *ōzutsu* (大筒) y los *bajōzutsu* (馬上筒). El tipo de arma llamada *tanzutsu* (短筒) era muy probablemente una costosa pieza de exhibición no destinada a un uso práctico.

»Es común escuchar dentro de la comunidad de entusiastas de los samuráis hoy en día que estos no usarían armas de fuego. Pero esto no es cierto: existen evidencias abrumadoras en sentido contrario del uso de armas de fuego tanto por soldados de infantería samurái y *ashigaru* (infantes), y grandes señores samuráis como Oda Nobunaga y Toyotomi Hideyoshi eran más que aficionados a ellas. Los señores samuráis solían comprar las armas, blasonarlas con el escudo de la familia y distribuirlas entre los samuráis propiamente dichos y los soldados de a pie. Se utilizaban tanto para la guerra como para la caza.

»El hecho es que las armas de fuego cambiaron la cara de la guerra samurái en el siglo XVI y solo después, durante la época de paz, el amor por las armas de fuego disminuyó ante el romántico regreso del sable. Cuando Japón se abrió de nuevo al mundo en el siglo XIX y los occidentales regresaron con sus modernas armas de fuego, los japoneses seguían utilizando armas de tres siglos de antigüedad. El arma de fuego japonesa es una parte preciada de la historia de los samuráis, sin embargo, permanece en la sombra de la catana como arma del guerrero.»

Armas de captura

Cuando se examina el arsenal de los samuráis, a menudo se pasan por alto los rastrillos (*kumade*) y otras herramientas de «captura». A veces, los samuráis tenían que elegir: matar al enemigo allí mismo o capturarlo. A veces se quitaban los sables y los sustituían por herramientas de captura para que sus ayudantes pudieran realizar la decapitación. En la batalla de Sekigahara, un samurái conocido como Kinshichirō utilizó un brazo de pértiga tipo rastrillo para arrastrar a diez enemigos y que sus ayudantes pudieran decapitarlos, antes de que él mismo muriera. Los guardias samuráis que patrullaban la ciudad a menudo utilizaban un rastrillo o un brazo de pértiga para inmovilizar a un objetivo en lugar de echar mano directamente del sable. La habilidad con las herramientas de captura era un elemento básico de las artes de los samuráis.

Fuentes

«En cuanto a la captura de granjeros, artesanos y comerciantes, eso no presenta problemas. Sin embargo, hay múltiples enseñanzas sobre la captura de samuráis y otros si se defienden con armas blancas o armas de proyectil, como arcos o mosquetes. Hay que saber que hay que tener en cuenta varios planes y que deben tomarse algunas medidas:

- Arrojar agua caliente o fuego.
- Poner ceniza en un mosquete y dispararles.
- Proteger el cuerpo con el equipo.
- Utilizar las herramientas de agarre *tsukubo*, *sasumata* y *kumade* junto con el tradicional gancho de agarre.

Hay que actuar según cuál sea la situación».

Heika Jōdan (c. 1670)

> «Las seis herramientas de guardia:
>
> 1. *Hayanawa* (早縄): cuerda rápida para atar.
> 2. *Kumade* (熊手): el bastón con forma de garra de oso.
> 3. *Tsukubō* (突棒): bastón de barra en T con pinchos.
> 4. *Hyōshigi* (拍子木): claquetas de madera de advertencia.
> 5. *Bō* (棒): báculo de cuarto de hora.
> 6. *Sasumata* (指胯): bastón con púas en forma de U.»
>
> *Heigu Yōhō* (c. 1670)

Armas ocultas

Un error común y bastante drástico es creer que las armas ocultas eran consideradas deshonrosas, que eran utilizadas por los *shinobi* para sus oscuras operaciones, pero que los samuráis las rechazaban. Esto es un auténtico mito y en realidad es todo lo contrario.

En toda la literatura *shinobi* y en las pruebas originales que nos quedan hoy en día, apenas se describen las armas ocultas. Los *shinobi* utilizaban una combinación de herramientas de infiltración y armas convencionales y abiertas, como los sables *tachi* y *katana*, las granadas de mano, las minas terrestres y las herramientas de fuego. En cambio, los samuráis utilizaban todo tipo de armas y trucos engañosos para ayudarse en el combate y para defenderse en otras ocasiones.

Hay libros enteros dedicados al tema de las armas secretas de los samuráis y parece que no había ningún tipo de deshonra en luchar con armamento encubierto. Es un aspecto fundamental de la cultura japonesa que los samuráis lleven cuchillas o herramientas ocultas, conocidas comúnmente como *hibuki* (秘武器) o *kakushibuki* (隠し武器), para la defensa personal. Algunos ejemplos son las armas preparadas (*shikomibuki*), como pinchos dentro de porras (*shikomi-jutte*), abanicos de imitación con hojas ocultas (*shikomi-sensu*) y bastones espada (*shikomi-jō*). También existía el ritualista «rayo» budista (*kongōsho*). Este se utilizaba originalmente en la India, donde era conocido como *vajra*. Similares a este eran una barra corta de madera (*yawara-bō*) y su contraparte de hierro (*suntetsu*), que se ocultaban en la palma de la mano y se utilizaban para golpear al enemigo. Las armas de cadena incluían la «cadena de los diez mil poderes» (*manrikikusari*) y la bola y la cadena (*chigiriki* y *tobigane*). Luego estaba, por supuesto, el famoso *shuriken*, un arma utilizada por los espadachines para distraer al oponente antes de golpear; un anillo con púas (*hojokuwa*) para agarrar a la gente; polvos cegadores (*metsubushi*) utilizados antes de una detención o un ataque; minilanzadores de flechas (*tsutsu-uchiya*); lanzadores de balas de mano (*tsustu-uchidama*), y una pesa de metal para acabar con todo, y que se denomina acertadamente «el principio y el fin» (*a-un*).

Esta lista no es exhaustiva, pero es un buen resumen de los tipos de armas ocultas utilizadas por los samuráis, además de las armas más convencionales por las que eran más conocidos.

Fuentes

«Las cinco virtudes de la daga oculta (*shinobi-zashi*):

1. Se puede utilizar en combate.
2. Se puede utilizar para decapitar.
3. Se puede utilizar en un lugar donde las espadas están prohibidas.
4. Puede utilizarse para la enseñanza de *santō issho*.
5. Tiene una empuñadura más pequeña.

»Hay varios tipos de las anteriores.»

Heika Jōdan (*c*. 1670)

«Si alguien se acerca a ti de forma relajada con su mano izquierda dentro de su kimono y con su espada en posición informal, no bajes la guardia, sea de día o de noche. Si esto ocurre de noche, es más que probable que su espada esté en una vaina hecha de papel negro y que pueda golpearte inmediatamente sin desenvainarla.»

Mizukagami (*c*. 1670)

«La "vara de la niebla" es un bastón o vara que tiene una punta incrustada con veneno hecho de:

- Flores de un cardo.
- Cal en polvo (carbonato de calcio).
- Limaduras de hierro.
- Cal sin escamotear.

»Mezcla lo anterior, pulverízalo e introdúcelo en una varilla. Mueve la varilla hacia el enemigo teniendo en cuenta el "viento y la ola". Utiliza esto en la guerra o en el combate callejero.»

Textos de Sekiguchi-Ryū bajo
el mando de Yamada Toshiyasu (período Edo)

«Saca el contenido de un huevo, limpia [el interior] con licor de *shochu* y llénalo con el veneno [mostrado abajo]. Retuerce el papel [en una cuerda] con pólvora envuelta en ella [y ponla en el agujero del huevo], luego enciende. La receta de la pólvora es la siguiente:

»Mezcla cantidades iguales de:

- Salitre.
- Cal.
- Resina de pino.
- Azufre.

»Mezcla lo anterior y el polvo. Introdúcelo en el huevo y lánzalo al enemigo después de encender la mecha. Esto disparará veneno y todos los enemigos morirán [o caerán inconscientes] durante un tiempo. Para protegerte de esto, guarda tres *bu* de azúcar cristalina en tu boca y aplica el aceite del árbol de anís japonés en las nueve aberturas del cuerpo.»

Rollos manuscritos de Sekiguchi-Ryū bajo
el mando de Yamada Toshiyasu (período Edo)

> «Quema los hígados de los jabalíes y de los topos y pulverízalos. Mezcla estos dos ingredientes y pulverízalos finamente. Envuélvelo con tela o papel de seda y llévalo siempre en tu kimono [cuando sea necesario, sóplalo] sobre el enemigo o lánzalo. Asegúrate de hacerlo muy rápido.»
> Rollos manuscritos de Sekiguchi-Ryū bajo
> el mando de Yamada Toshiyasu (período Edo).

Escudos

«Los japoneses utilizan un trozo de tabla plano como una puerta [como escudo].»

Luís Froís, *Tratado* (1585)

Las primeras guerras japonesas se basaban en el estilo chino, en el que se utilizaban escudos. Sin embargo, a medida que el combate a caballo fue ganando terreno, los escudos se volvieron menos necesarios, pero no desaparecieron del todo y, de hecho, resurgieron con la llegada del cañón en el siglo XVI. En el Japón medieval abundaban los escudos, incluidos los tres tipos que se describen a continuación, y existe una amplia literatura sobre el tema.

El *ōsode* (大袖)

Cuando las armaduras japonesas se desarrollaron tras el declive del estilo de guerrear de influencia china, se crearon protectores de hombros de gran tamaño, parecidos a un escudo, llamados *ōsode*, para evitar que las flechas golpearan la cara y la zona del pecho. Aunque no eran escudos propiamente dichos, constituían un panel de protección en la armadura y cumplían la misma función que un escudo.

El *tedate* (手立)

El *tedate* era un escudo de mano fabricado con madera maciza o con paneles de madera engastados en metal. Algunos ejemplares contaban con un panel de visión y, a veces, con un faldón de cota de malla en la parte inferior. Era similar al moderno «escudo antidisturbios», pero mucho más pequeño. El *tedate* era utilizado por filas masivas de soldados para empujar a un oponente o acercarse a un objetivo armado, o podía ser usado a caballo con una pistola o un sable de una mano. Se pueden ver ejemplos de combate con estos escudos en los rollos ilustrados de artes marciales hasta principios del siglo XVII, después de lo cual debió de perder importancia.

El *tate* (楯)

Eran escudos independientes que se utilizaban para crear un muro para que las tropas en masa se defendieran de los proyectiles, y a menudo se desplegaban delante de los mosqueteros y arqueros *ashigaru* cuando se formaban las líneas de batalla. Fue el escudo japonés más empleado en la época de los samuráis.

No era vergonzoso que un samurái se escondiera detrás de los escudos cuando era apropiado hacerlo, siempre y cuando también estuviera preparado para salir de detrás de ellos. Hay una vieja historia de dos samuráis que iban a entregar un mensaje. Uno de ellos decidió cabalgar a lo largo de la primera línea de escudos aliados, abierta al fuego enemigo; el otro decidió cabalgar detrás del muro de escudos. Ambos mensajeros llegaron a su destino, pero, cuando se preparaban para regresar, el samurái que había cabalgado fuera del muro de escudos dijo que había escapado con vida de milagro y que habría sido mejor haber cabalgado detrás del muro. El guerrero que había cabalgado detrás del muro dijo que lo había hecho porque el mensaje era de vital importancia y que haber muerto antes de entregarlo habría sido una tontería. Sin embargo, como ahora había entregado el mensaje, podía permitirse correr más riesgos, así que esta vez cabalgó por el exterior del muro de escudos, mientras que el otro hombre lo hizo por el interior. Esta historia resume la actitud de los samuráis ante la seguridad personal.

Caballos

«Nosotros luchamos a caballo; los japoneses desmontan cuando tienen que luchar.»

Luís Froís, *Tratado* (1585)

Los caballos eran apreciados y honrados, y poseer uno marcaba la pertenencia a un determinado nivel social. Su compra era costosa y también su mantenimiento, ya que requerían al menos dos mozos de cuadra como asistentes: uno para guiar en la parte delantera y otro para seguir en la trasera. Eran papeles de confianza. Cuando Minamoto no Yoritomo pidió a su hermanastro Minamoto no Yoshitsune que guiara su caballo en una ceremonia dedicada a Hachiman, Yoshitsune declaró que era una tarea de poca importancia para un hombre de su categoría, pero Yoritomo respondió que era un puesto de honor.

Los caballos tuvieron un impacto en el *bushidō* de varias maneras. Por ejemplo, ser incapaz de controlar un caballo se consideraba una vergüenza (aunque, mirando esta cuestión en términos prácticos, era bueno identificar a los caballos revoltosos antes de que causaran el caos en las filas del desfile y en la marcha).

Además, cuando un samurái subalterno informaba a un samurái de rango superior, si este iba montado, el de rango inferior podía permanecer montado, pero si el superior iba a pie, el samurái subalterno tenía que desmontar y entregar su informe a pie e inclinarse. Tal era el protocolo para informar desde un caballo.

Malos augurios

En los primeros tiempos de la historia de los samuráis, ciertas características de un caballo se consideraban que no eran propicias. Entre ellas, un único bloque de color en una columna desde la nariz hasta la frente, que se decía que se parecía a una tabla de la muerte japonesa (*ihai*); pelo con espirales, membranas en los ojos y aliento débil.

Los caballos de mal agüero solían cruzar las líneas de batalla antes de que comenzara el combate, con el fin de transferir la mala suerte al enemigo. Estos respondían cortándoles la crin, haciendo ofrendas a los dioses y realizando hechizos de retorno antes de devolverlos.

Un caballo que tenía un color base y luego manchas de otro color se asociaba a la cobardía. Esta superstición se basaba en la similitud entre los términos *nige* (二毛), «bicolor», y *nigeru* (逃げる), «huir», que hemos encontrado antes en relación con la piel de los cascos.

> **Una jerarquía de caballos**
>
> No todos los caballos eran iguales; al igual que los sables y lanzas más exquisitas, algunos caballos especialmente finos eran más apreciados que los demás. Esto no siempre era bueno: se decía que los caballos de Kyōto estaban protegidos del frío y de los insectos, pero estos mimos eran una mala preparación para las penurias que debían soportar en la marcha o en la batalla, por lo que no solían ser muy útiles para los samuráis. Luego hubo ciertos ejemplares de caballos que pasaron a la historia, como Ikezuki (池月), la malhumorada montura propiedad de Sasaki Takatsuna, y Tayūguro (太夫黒), el apuesto caballo negro de Minamoto no Yoshitsune.

Entrenados para la excelencia

La imagen del caballo y su entrenador o del halcón y su cetrero se utilizaba para representar la importancia de tener guerreros con talento y, también, un líder igualmente talentoso.

Un caballo es poderoso y puede correr lejos y rápido, un halcón domina por naturaleza los cielos; pero incluso el caballo o el halcón más dotado por naturaleza no puede alcanzar su pleno potencial sin un entrenador o un adiestrador hábil que saque a relucir sus talentos, y lo mismo ocurre en materia de samuráis y militares.

Esta idea, que persistió durante toda la época de los samuráis, se expresó de forma memorable cuando Tokugawa Ieyasu elogió a uno de sus hijos, Matsudaira Tadakatsu, ante lo que su vasallo Ii Naomasa dijo: «Los buenos halcones solo vienen de una gran estirpe». Ieyasu devolvió el cumplido contestando: «Solo si tienen grandes entrenadores».

> **Fuentes**
>
> «[Los samuráis bajo el mando de Kakihanji] galopaban por toda la llanura, aparentando caer solo para hacer una pirueta de montura voladora, y estar montando solo para desmontar volando, maniobrando tan libremente que eran conocidos como expertos jinetes.»
> *Bushidō Shoshinshū* (c. 1700)
>
> «Según nuestros criterios, sus caballos no son nada buenos; el mejor de todo Japón solo sirve para acarrear leña.»
> Escritos de Bernardino de Ávila Girón
> (finales del siglo XVI/principios del XVII)
>
> «[En Japón], la crin de un caballo se recorta y se teje con paja de arroz para aumentar su volumen, mientras que su cola se ata en un nudo.»
> Luís Frois, *Tratado* (1585)
>
> «Kurokawa solía decirle a su caballo antes del combate: "Te aprecio mucho y confío plenamente en tu valor. Por lo tanto, si las cosas se tornan contrarias a mi deseos, moriremos juntos. Por favor, no pienses mal de mí por esto". Fiel a su palabra, apuñaló a su caballo dos veces en el lado del cuello mientras ambos estaban en el agua. Eso es lo que

> se descubrió después de que sus cuerpos fueran sacados de las profundidades».
>
> *Musha Monogatari* (1654)

Banderas y estandartes

> «Junto con un sirviente llamado Oacha y otro más, encontraron el estandarte de calabazas doradas que habían dejado atrás, y considerando que sería vergonzoso que estuviera abandonado, lo rompieron y lo tiraron.»
>
> *Okiku Monogatari* (siglo XVII)

Un samurái sin estandarte no estaba bien preparado para la guerra. Los banderines y gallardetes eran emblemas de orgullo, identidad y logros. Al imaginar al samurái sobre su caballo, imagina su librea, incluyendo la cimera del yelmo, los banderines y los estandartes de batalla del caballo.

Estandartes del caballo

El *umajirushi* (馬印), «estandarte de batalla de caballo», era un estandarte especial diseñado para identificar la posición del caballo de un samurái en el campo de batalla. En lugar de una bandera de tela tradicional, era un objeto tridimensional fijado a un palo largo. Normalmente, lo llevaba un sirviente. La mayor parte del tiempo, un samurái estaba con su caballo, pero el estandarte del caballo le permitía encontrar el camino de vuelta a sus propios hombres si se había separado de ellos. En los campamentos de batalla, cada samurái izaba su estandarte equino junto a su escudo heráldico fuera de su tienda. Esto significaba que incluso si dos samuráis tenían el mismo blasón heráldico, sus tiendas podían distinguirse entre sí por sus respectivos estandartes del caballo.

Banderas individuales

Mientras que el estandarte del caballo indicaba la posición del samurái, los propios samuráis tenían una bandera de batalla para distinguirse de la multitud. Los seguidores a veces incorporaban el emblema de su señor a su bandera individual. La mayoría de los samuráis llevaban la bandera en la parte trasera de su armadura, excepto cuando iban a una incursión nocturna (en cuyo caso la bandera no era visible) o si pedían permiso para ir a la batalla sin ella, lo que podían hacer por varias razones. Por ejemplo, podían no llevar la bandera si llevaban a un miembro inexperto del clan a la batalla para realizar su primera muerte.

También existía el concepto de «estandartes permitidos», que eran estandartes que tenían un significado especial y que solo podían llevar los samuráis que habían realizado hazañas especiales. Por ejemplo, un estandarte que mostraba cien tallos de paja representaba las cien grandes hazañas; una bandera con un jabalí indicaba la capacidad de cargar y luchar ferozmente.

Fuentes

«Yamaguchi Mozaemon recibió una coraza, pero no tenía estandarte, así que le pidió a su hija Kiku que le hiciera uno. Así que ella cosió seda roja y blanca para hacer un estandarte; con esto, él quedó muy satisfecho.»

Okiku Monogatari (siglo XVII)

«Según una antigua historia de samuráis, había doce mensajeros en el ejército del señor Takeda Shingen. Cada uno de ellos debía llevar una bandera cuadrada de tela blanca con un ciempiés negro encima. Sin embargo, uno de ellos, Hajikano Den'emon, tenía una bandera cuadrada blanca sin ciempiés. El señor Shingen, al ver esto, preguntó quién de los doce mensajeros tenía solo una bandera blanca. Alguien respondió que era Hajikano Den'emon. El señor se enfadó y le preguntó por qué no obedecía esta regla. A esto, Den'emon respondió: "Nunca rompería las reglas. Tengo un ciempiés de un *sol* [tres centímetros] justo al lado de un lazo lateral de la bandera". Y se lo mostró al señor. El señor le preguntó por qué era así. Den'emon respondió: "Si tuviera un ciempiés igual al de los demás, nadie podría saber lo que he conseguido en el campo de batalla". El señor Shingen se rio al escuchar esto.

Musha Monogatari (1654)

«Hōjō Saemon-dayū, un vasallo del señor Hōjō Ujiyasu de Odawara, en la provincia de Soshu, tenía una bandera de seda leonada con solo dos caracteres escritos en tinta sobre ella (八幡). Estos caracteres significaban: "Soy un seguidor directo de Hachiman Daibosatsu". Por lo tanto, se llamó la bandera de Jiki Hachiman. Durante el asalto al castillo de Fukasawa en Soshu, la bandera cayó en manos del señor Takeda Shingen. Él se la dio a Sanada Genjirō Nobukimi, que más tarde entró en la familia Katsuno y cambió su nombre a Katsuno Ichiemon. Era el hijo menor de Sanada Ittokusai. Dicen que esta bandera aún se conserva en la familia.»

Musha Monogatari (1654)

11. Sables

Ninguna otra arma está tan estrechamente asociada al samurái como el sable. En la imaginación moderna, vemos a un samurái mostrando unas habilidades de esgrima impresionante con una deslumbrante catana. En este capítulo exploraremos los complejos protocolos y el simbolismo relacionados con el sable, además de cuestionar su estatus en la tradición samurái. ¿Era realmente la catana una parte tan importante de la identidad samurái o es un elemento más del mito del *bushidō*?

El alma del samurái

«No hay nada entre el cielo y la tierra que un hombre deba temer si lleva un sable a la cintura.»

Refrán japonés

Se cuenta una vieja historia que dice que un herrero forjó el sable perfecto, que probó en un vendedor ambulante local. El vendedor ambulante, sin saber que había sido cortado por el extremo afilado del sable, siguió caminando hasta que su cuerpo se desmoronó. Esta ficción obvia transmitía el creciente amor de los samuráis por el sable. El *Hagakure* consideraba el arma como un reflejo de la identidad interior del samurái: la mente de un samurái era tan opaca o afilada como la hoja de su sable.

Esta idea se convirtió en la creencia de que el sable de un samurái era su alma, una idea que se fijó en la conciencia moderna con la publicación de *Bushidō: el alma del samurái*, de Nitobe Inazō, a principios del siglo XX. Nitobe se había convertido al cristianismo y su uso del término cristiano «alma» resulta un tanto problemático; los samuráis y los monjes de mediados del siglo XVI discutían con los misioneros jesuitas sobre el concepto de alma, que chocaba con la idea del Shintō de que los muertos se convertían en *kami*. Un monje amenazó con cortarle la cabeza a un jesuita para ver si podía encontrar esa supuesta «alma». Sin embargo, el dicho de que el sable de un samurái era su alma («*katana wa bushi no tamashii*») se registra ya alrededor de 1750. En cualquier caso, en el período Edo el sable había comenzado a asociarse estrechamente con la idea del espíritu samurái. El *Hagakure* también afirmaba que los que nunca usaban sus sables eran cobardes, mientras que los que los usaban en exceso eran propensos al descaro.

Aunque la asociación del sable con el samurái se afianzó más durante el período Edo, el poder de los propios samuráis se desvaneció precisamente durante esta época. A finales del siglo XIX, la clase mercantil había ascendido a la cima y el comercio mundial se expandía con rapidez; el metal ya no se utilizaba para espadas, sables y armaduras, sino para los ferrocarriles y los barcos de vapor. Cuando Japón comenzó a ejercer su influencia en el mundo moderno, el sable se convirtió en un emblema del pasado.

La catana en su contexto

La historia de las espadas japonesas es compleja, pero un punto que destaca es el hecho de que la *tachi* o gran espada era una espada anterior utilizada por los samuráis y solo más tarde se desarrolló la catana. Con el término catana se puede hacer referencia a las espadas en su conjunto, pero aquí lo utilizamos para referirnos a un sable más corto y recto que la *tachi*.

Cuando la guerra pasó del combate abierto y a caballo al combate cuerpo a cuerpo, se creó la *uchigatana* (打刀), «espada de golpear». Se trataba de un arma más corta que podía utilizarse eficazmente para cortar desde el suelo. A veces se usaban dos *uchigatana*; en otras ocasiones, un samurái podía tener tres espadas: una principal, una secundaria y una daga de reserva. Más tarde, llevar dos sables era un privilegio que distinguía al samurái, pero en épocas anteriores no era nada especial. De hecho, según el *Heike Monogatari* (compilado antes de 1330) casi no había diferencia entre el aspecto de los monjes que luchaban con una armadura de estilo samurái y los propios samuráis, aparte de los sombreros de paja que llevaban los monjes para mostrar su devoción a una secta o religión.

El hecho de que la catana no existiera durante la primera mitad del período samurái socava el concepto de la espada como «alma del samurái». En esos primeros y turbulentos tiempos, eran el arco y la lanza los que inspiraban más respeto. Las espadas se veían como herramientas extremadamente útiles, pero no se consideraban más especiales que cualquier otra arma del arsenal samurái. Solo después de que se pusiera punto final al guerrear, y de que los relatos de batallas heroicas quedaran envueltos en la nostalgia, el sable adquirió su significado espiritual.

> ### Una necesidad asequible
>
> La idea popular de que un sable de samurái era caro es un error; los sables nuevos eran caros, sobre todo los forjados por un espadero de renombre, pero el sable medio de segunda mano habría sido lo suficientemente asequible como para que lo tuvieran los granjeros y los soldados de a pie. Es obvio que los samuráis tenían más de un sable. De hecho, parece que a menudo tenían múltiples repuestos. No eran las atesoradas posesiones que podríamos imaginar que eran; manuales como el *Heika Jōdan* y el *Bushidō Shoshinshū* mencionan que los samuráis empeñaban sus espadas de repuesto e incluso que las regalan como presentes de victoria.
>
> El *Bushidō Shoshinshū* también afirma que cualquier guerrero que equipase a sus vasallos con espadas de bambú o sustitutos de madera –supuestamente para ahorrar dinero– carecía de honor, porque era responsabilidad de los samuráis armar a sus hombres con un armamento adecuado.

Armas secundarias

Un samurái siempre tenía que tener una espada a su lado para protegerse o para poder suicidarse. Originalmente, el *tachi* era el nombre del arma principal del samurái y el arma secundaria más corta se llamaba *uchigatana* o simplemente catana. Más tarde, la catana se convirtió en la espada principal, mientras que el arma secundaria se denominaba *wakizashi* (脇差), literalmente «llevar al lado». Independientemente de la terminología, carecer de un arma secundaria, a menos que se lo pidiera una persona de mayor rango, era una deshonra e iba en contra de la manera de ser de los samuráis.

Hojas ocultas

Las hojas ocultas se llamaban *shinobi-zashi* (忍指), pero no tenían nada que ver con los *shinobi* (*ninjas*). La palabra «*shinobi*» aquí se refiere a oculto o secreto, por lo que estas armas eran «armas secundarias secretas». Los samuráis, sabiendo que a veces se les pediría que se quitaran tanto su sable principal como su arma secundaria, a menudo escondían una hoja en su persona por si acaso.

Cacerías de espadas

«Incluso la gente de clase baja, como los granjeros, los comerciantes y los artesanos atesoran una espada oxidada […] en los clanes guerreros, incluso los de categoría más baja y los escuderos siempre llevan una espada corta como norma.»

Bushidō Shoshinshū (c. 1700)

Antes de mediados del siglo XVI, la mayoría de la gente podía llevar un sable, y no había ninguna asociación especial con el hecho de llevar dos. De hecho, los documentos muestran que los samuráis a veces llevaban tres espadas en lugar de dos: normalmente, un sable principal, un arma secundaria y una daga oculta. La gente común y las figuras religiosas, individuos y grupos podían armarse con sables, armas de asta y otras armas. Algunas órdenes religiosas estaban tan bien armadas y formadas que amenazaban el dominio de los samuráis.

Sin embargo, a medida que Japón se centralizaba más y más a mediados y finales del siglo XVI, el gobierno aumentó su control sobre las armas en público, emitiendo edictos prohibiendo la posesión y el porte de espadas en público por parte de la población en general. Estos edictos se conocían como «caza de espadas», porque las espadas (y otras armas) eran perseguidas por las autoridades y confiscadas. El más famoso fue el edicto de 1586 de Toyotomi Hideyoshi, que declaraba que todas las espadas debían ser recogidas para forjar una gran estatua del Buda. La idea básica era desarmar a la población en general y permitir que solo la clase samurái llevase armas (los plebeyos podían seguir llevando espadas cortas para protegerse cuando estaban de viaje, aunque con el paso del tiempo las restricciones se hicieron más estrictas y solo se permitieron las dagas).

A partir de este momento, la relación del samurái con el sable –en particular *daishō* (espadas iguales que se llevaban por parejas)– se fijó en la mente del público. Los samuráis seguirían siendo los únicos miembros de la sociedad que ejercerían libremente su derecho a portar armas en su totalidad (a excepción de pistolas), hasta la abolición de llevar armas en público en la década de 1870. Con la pérdida de este privilegio, ya no era posible mantener la pretensión de poder de los samuráis.

> «No apuestan; al igual que el robo está castigado con la muerte, también lo está el juego. Como pasatiempo practican con sus armas, con las que son extremadamente hábiles, o escriben coplas, como los romanos componen poesía, y la mayoría de la alta burguesía [samurái] se dedica a ello.»
>
> Escritos de Cosme de Torres (siglo XVI)

Miyamoto Musashi y la escuela Nitō Ichi-Ryū

El famoso espadachín Miyamoto Musashi fue el jefe de varias escuelas en diferentes épocas. Su escuela principal era conocida como Nitō Ichi-Ryū (二刀一流), que suele traducirse como «la escuela de las dos espadas usadas juntas» o «la escuela de las dos espadas juntas». Sin embargo, esta no es probablemente la mejor traducción. El propio Miyamoto Musashi explicó por qué utilizó ese nombre en su «rollo de tierra» (*chi no maki*) de su tratado *Gorin no Sho* (五輪書; *El libro de los cinco anillos*). A continuación se presentan dos traducciones del mismo pasaje para que no pueda haber error de comprensión. También se han utilizado otras traducciones para cotejar el pasaje:

> «La cuestión de hablar de dos sables radica en que es el deber de todos los guerreros, tanto comandantes como soldados, llevar dos. Antiguamente, se llamaban *tachi* y catana; hoy en día se llaman catana y *wakizashi*. No es necesario describir detalladamente los asuntos de los guerreros que llevan estas dos espadas. En Japón, la manera de hacerlo es llevarlas al costado, tanto si saben algo de ellas como si no. Llamo así a mi escuela [Nitō Ichi-Ryū] para señalar el principio fundamental de ambas».
>
> *Gorin no Sho* (1643-1646), traducido de
> la traducción inglesa de Thomas Cleary

> «Hablamos de los dos sables: la posición de los miembros de la clase guerrera, desde los generales hasta los soldados de a pie, conlleva portar dos sables al cinto desde el principio. Antiguamente, se llamaban *tachi* y catana, ahora se llaman catana y *wakizashi*. No hay necesidad de entrar a explicar las particu-

laridades sobre el uso de estos dos sables. Aquí, en nuestro país, se entienda o no, llevarlas es propio de un miembro de la clase guerrera. Para indicar el principio fundamental de ambas, llamo a [esta escuela] Nitō Ichi-Ryū».

Gorin no Sho (1643-1646), traducido de
la traducción inglesa de David K. Groff

Es mejor dividir el nombre en dos partes *nitō* (二刀), que significa «dos espadas», e *ichi-ryū* (一流), que significa «escuela principal». La gente suele pensar que *nitō* (二刀) e *ichi* (一) van juntas, como un término que significa «dos espadas como una» o «dos espadas usadas juntas para luchar a la vez», pero posiblemente no es así. Como se ve en las traducciones paralelas anteriores, las «dos espadas» del nombre se refiere a las dos espadas que se llevan como símbolo del estatus de samurái. De este modo, la primera parte del nombre, *nito*, es una forma de referirse a un «guerrero». El término *ichi-ryū* significa en realidad «la primera escuela o tradición», «una» en este caso significa «la mejor» y «escuela» se refiere al camino, tradición o flujo de un linaje. Esto se pone de manifiesto al llamar Musashi al escrito «Sobre la denominación de este estilo de dos sables» (*kono ichi-ryū nitō to nazukeru koto*) en el rollo de tierra (*chi no maki*) donde afirma claramente que *ichi-ryū* (一流) es el sufijo del nombre de la escuela.

Por lo tanto, las siguientes podrían ser traducciones más precisas del nombre de la escuela Nitō Ichi-Ryū:

- La principal escuela del guerrero.
- La escuela del guerrero supremo.
- La escuela de la supremacía del guerrero.

La escuela de Musashi a veces también es llamada Niten Ichi-Ryū (二天一流), que significa literalmente «la primera escuela de los dos cielos». Mucha gente cree que esto significa «dos espadas del cielo». Sin embargo, es probable que sea una referencia al nombre budista de Musashi, Niten Dōraku (二天道楽), lo que haría que la traducción del nombre de la escuela fuese «la primera escuela de Miyamoto Musashi». El propio Musashi cambia entre los dos nombres de escuela de Nitō y Niten en sus propios escritos.

> **¿Dos sables o uno?**
>
> Musashi recomendaba empuñar un sable en cada mano durante el entrenamiento, no para que un samurái aprendiera a luchar con los dos, sino para desarrollar fuerza en el brazo dominante. La idea era que, al sostener un sable en la otra mano, el alumno aprendería a resistir la tentación de usar ambas manos para blandir su sable principal. Musashi continuó diciendo que el sable largo usado con una sola mano era para espacios abiertos y que el corto era para espacios cerrados, dando a entender que en realidad la mayoría de los combates se hacían con una sola espada. Sin embargo, había situaciones, como los combates en grupo, en las que aconsejaba el uso de dos sables.

Musashi nació en una época en la que la población de Japón estaba siendo desarmada y cuando la espada se estaba convirtiendo en el emblema de los samuráis. Él también, con razón o no, consideraba que los samuráis se estaban volviendo rápidamente redundantes. Creía que su escuela representaba el camino correcto de la espada, remontándose a una época en la que la eficiencia en la batalla era el objetivo de la clase militar. Por lo tanto, para él, Nito Ichi-Ryū enseñaba lo mejor de la esgrima de los samuráis.

Emblema del cargo

«Si el amo sostiene la brida y toma el mando del caballo, los mozos de cuadra tenemos las manos libres y nada que hacer, por lo que es una pena si no matamos al enemigo, ya que llevamos una espada.»

Zōhyō Monogatari (1657-1684)

Caminando por las calles de Edo en el período Tokugawa (1603-1868), se habrían visto figuras humildes, como campesinos y mozos de cuadra, que llevaban espadas cortas o puñales, funcionarios de menor rango y lo que comúnmente se denominaba «medio samurái», que llevaban una sola catana, y samuráis de pleno derecho (incluidos los *rōnin*), que llevaban *daishō*, el par de sables que denotaba el estatus de samurái.

Con todas estas espadas en circulación, desde ganchos y cuchillos hasta armas de asta y dagas, sería un error pensar que el derecho especial de los samuráis a llevar dos sables era lo que les permitía sujetar al populacho. Lo que dio a los samuráis su poder fue su condición de clase guerrera con infraestructura y suministros suficientes para hacer la guerra contra las masas cuando se alzaban contra sus señores, lo que ocurrió más a menudo de lo que la mayoría de la gente cree.

> **De las espadas a las palas**
>
> Cuando se construían nuevos castillos a finales del período Sengoku y principios del Edo, los samuráis tuvieron que ponerse a cavar y construir. Sin embargo, solo podían llevar sus *wakizashi* a la obra; tenían que dejar en casa sus sables más largos. Solo el supervisor de la construcción y los dignatarios o señores de alto rango podían llevar dos sables durante la construcción.

Ritos de paso

«Tanto los nobles como los plebeyos llevan una espada y una daga a partir de los catorce años.»

Escritos de san Francisco Javier (siglo XVI)

Los samuráis se iniciaban en el camino de la espada a una edad temprana. Alrededor de los cinco años, los niños samuráis se colocaban en una especie de tablero de ajedrez y recibían un sable sin filo como símbolo de su rango. A los quince años, el niño se había convertido en un hombre y se le otorgaba el derecho a llevar los afilados sables de un guerrero.

Curiosamente, el rollo manuscrito *Hagakure* dice que a la edad de cinco años los niños deben decapitar a perros para adquirir la sensación de matar y que a los quince años deben matar a los criminales para que entiendan la naturaleza de quitar la vida humana. Sin embargo, las edades indicadas no se corresponden exactamente con las occidentales. En Japón, se considera que un bebé tiene un año de edad el día de su nacimiento y se hace un año mayor cada año nuevo. Por lo tanto, alguien descrito como de «quince años» en realidad solo tiene catorce o posiblemente trece, en términos occidentales.

Los viajeros portugueses del siglo XVI daban diferentes edades a estos ritos de paso. Según Jorge Álvarez, que escribía en 1547, los niños samuráis alcanzaban la mayoría de edad a los ocho años, mientras que Baltasar Gago, que escribía en 1555, decía que era a los diez años. Luís Frois, que escribía en la década de 1580, informaba de que realizaban el primer ritual a «una edad muy temprana», pero que recibían los dos sables entre los doce y los trece años. Teniendo en cuenta estas discrepancias, podemos decir que un niño samurái recibía el sable romo entre los cuatro y los diez años, y el par de sables afilados entre los doce y quince años.

Día de los chicos

El quinto día del quinto mes era conocido como el Día de los Chicos. Originalmente, las armaduras se colocaban delante de las puertas de los samuráis en este día como marca de la destreza familiar, y las clases bajas exhibían armaduras falsas para mostrar que sus propios hijos varones también llegaban a la mayoría de edad. Hoy en día, en Japón, este día se sigue celebrando con la exhibición de pequeñas maquetas de armaduras y con la vestimenta de los niños en traje de samurái. A menudo se ven estandartes y banderas con forma de carpa, porque la carpa es un pez que lucha por remontar la corriente, igual que los jóvenes guerreros deben luchar contra la marea de la batalla.

Aspectos prácticos y protocolos

Llevar una espada

Lo que la mayoría de la gente considera la forma correcta de llevar un sable samurái, con la curva de la hoja apuntando hacia arriba y la empuñadura y la punta hacia abajo, es una adopción posterior. En realidad, había varias formas de llevar el sable. Originalmente, se hacía al «estilo *tachi*», lo que significa que la hoja se colgaba de un cinturón de forma que el filo de la curva quedaba mirando hacia abajo y la empuñadura y el extremo de la vaina hacia arriba. Este método se adoptó tanto con armadura como con ropa normal: hay muchas imágenes de samuráis vestidos de civil con sable al estilo *tachi*.

Mucha gente cree que con la llegada de la catana, más recta y corta, las hojas de las espadas se invirtieron y el filo de la hoja se llevaba hacia arriba. Sin embargo, también hay numerosas imágenes de samuráis que llevan la catana a través de una faja con el filo de la hoja hacia abajo. Según fuentes como el documento *Heigu Yōhō* del siglo XVII, la distinción entre llevar el filo de la espada hacia arriba y hacia abajo se basa en la teoría del *yin-yang*. Una espada llevada con el filo hacia arriba estaba en el estilo *yang*, asociado a la vida (es decir, no matar), mientras que una llevada con el filo hacia abajo estaba en el estilo *yin* de muerte. Por lo tanto, la dirección de la hoja del samurái dependía de la situación y de la intención. El *Heigu Yōhō* afirma que el *wakizashi* se llevaba siempre en posición *yang*, mientras que una catana o *tachi* se colocaba en estado *yin*. Hay muchas representaciones en el arte japonés de principios del siglo XVII de esta combinación de hoja arriba y hoja abajo.

Después, la mayoría de las imágenes muestran ambas espadas con la hoja hacia arriba en posición de vida, probablemente porque este era un período de paz.

Había otra forma más informal de llevar la espada. Tanto Hagihara Jūzō en su manuscrito del siglo XVII *Mizukagami* (水鏡) como Luís Froís observaron que la espada se llevaba sobre el hombro en su vaina, con una mano en la empuñadura y la vaina inclinada hacia atrás, con la punta en el aire. Hagihara Jūzō observa que la espada puede desenvainarse desde esta posición muy rápidamente (véase *The Lost Samurai School*). La espada también podía llevarse a la espalda en un estilo conocido como *wassoku* (輪束).

Hay que tener en cuenta que todos los estilos de llevar una espada transmitían un mensaje social a otras personas. Por ejemplo, cuanto más inclinada esté la empuñadura hacia arriba (dificultando el desenvainado rápido), más elevado será el rango del samurái (los samuráis de mayor rango tienden menos a luchar). Una posición más horizontal de la espada implica la disposición a luchar y un estatus social más bajo.

Sentarse con la espada

Existe un debate sobre si un samurái podía sentarse con la espada en el cinturón o no. El protocolo en torno a cuándo se podía colocar una espada en el fajín y cuándo debía quitarse no está claro. Hay varias imágenes históricas de samuráis arrodillados en *seiza* con espadas en el cinturón, pero también hay relatos que mencionan la obligación de quitarse las espadas antes de entrar en un edificio. Una referencia antigua proviene del viajero español Rodrigo de Vivero y Velasco, que dice que visitó a Tokugawa Ieyasu en su corte y que el propio Ieyasu estaba sentado en un cojín, vestido de verde y con dos espadas en el cinturón.

Quitarse las espadas

«[Los samuráis] llevan una espada y una daga tanto dentro como fuera de casa y las depositan junto a sus almohadas cuando duermen.»

Escritos de san Francisco Javier (siglo XVI)

Un samurái nunca estaba sin una espada de algún tipo. Se consideraba impropio de un samurái no tener al menos un arma pequeña *wakizashi* en el interior y también era incorrecto que un samurái fuera visto sin un par de sables. Sin embargo, en algunas ocasiones, como en la ceremonia del té, en presencia de personas de alto rango, durante la construcción de un castillo, etc., se pedía a los samuráis que se quitaran el sable más largo o ambos. A veces, el sable lo llevaba un ayudante: Oda Nobunaga hacía que un chico sujetara el suyo cuando iba al baño (véase el capítulo 7); Luís Froís informó de que Toyotomi Hideyoshi hacía que una «chica» llevara su sable al hombro (a menos que Froís hubiera confundido a un chico con una chica, lo cual es dudoso porque conocía bien Japón). Natori Sanjūrō Masazumi explica que el método de llevar la espada en nombre de un señor tenía connotaciones sociales. Observar la etiqueta incluso entre el señor y el sirviente era esencial.

> ### Asistentes de los samuráis
>
> Los caballeros tenían sus escuderos y pajes, y los samuráis también tenían asistentes de confianza. Sin embargo, es difícil aplicar los términos occidentales a sus homólogos japoneses. La palabra escudero es incorrecta, porque los hombres que ayudaban a los samuráis de alto rango no esperaban convertirse en samuráis, como los escuderos esperaban ser nombrados caballeros; ya eran samuráis de nacimiento. Del mismo modo, sería engañoso referirse a estos ayudantes de los samuráis como pajes, ya que algunos de ellos eran hombres mayores.

Lugares aceptables para dejar el sable

Cuando un samurái no llevaba su sable, debía guardarlo en el lugar apropiado. A continuación se indican las posiciones en las que se dejaban los sables en diferentes circunstancias.

- **En su propia casa:** dentro de la sala principal y colocado en un soporte a la izquierda del lugar donde se sentaba el samurái principal para que pudiera desenvainarlo con facilidad (un samurái de alto rango contaba con un ayudante para llevar su espada en castillos y mansiones).
- **Por la noche:** junto a su futón.
- **En las reuniones sociales prolongadas:** en una especie de «guardarropa» junto a su ropa de calle.
- **De visita en una casa:** junto a un sirviente.
- **En la ceremonia del té:** en una especie de armario o alacena.

- **En una posada:** junto a su futón, pero con las cuerdas atadas.
- **Al bañarse:** sujetado por un sirviente.

Se consideraba de mala educación llevar una espada en el interior, especialmente en épocas posteriores. Sin embargo, cuando se detenía a alguien, el oficial podía guardar el sable en su fajín; en épocas posteriores, llevaba el sable y lo colocaba a su lado, pero no lo dejaba en la puerta. Esto no explica el informe occidental de que Tokugawa Ieyasu llevaba sus dos sables mientras estaba sentado. Aunque había excepciones, lo que es evidente es que, en general, había lugares en los que las espadas podían dejarse cuando no estaban en la cintura.

Cuidado con el extremo de la vaina

El extremo de la vaina sobresalía por detrás del samurái para que, al girar este, la vaina girara rápidamente. Era muy importante que un samurái nunca golpeara a una persona o un objeto con su vaina. El término japonés para esta acción extremadamente grosera es *saya-atte* (鞘当). Golpear un objeto, como una pared o un poste, era vergonzoso; golpear a una persona era mucho peor. Si un samurai golpeaba accidentalmente a otro samurai con la punta de su vaina o si tocaba la espada de otro samurái por error, inclinaban la cabeza y se tocaban la frente. Si no lo hacían, a menudo resultaba en una lucha a muerte. En el período Edo, los samuráis o *rōnin* que buscaban pelea golpeaban a propósito a otro samurái con su vaina y no se disculpaban. Esto significaba que el otro samurái tenía que luchar contra ellos en un duelo o quedar humillado.

También era importante evitar los choques con las espadas de los demás. Golpear, tocar o pisar la espada de un samurái era una grave violación del protocolo, lo que requería de una disculpa inmediata. Esta disculpa solía adoptar la forma de reverencia mientras se levantaban las manos por encima de la cabeza, como si se levantara la espada de la otra persona en señal de reverencia. A veces la otra persona levantaría su espada y entonces el samurái se inclinaría ante ella en señal de disculpa.

> «Si tu pierna toca el arma de la otra persona, entonces la regla es mantener [tus manos] por encima de la cabeza [mientras te inclinas]; también es aceptable [si el dueño] levanta la espada, que entonces solo tú hagas la reverencia.»
>
> *Heika Jōdan* (c. 1670)

Dejar caer una espada de su vaina

El *Bushidō Shoshinshū* señala que era impropio de un samurái permitir que su espada se cayera de la vaina. Por esta razón, cuando montaban a caballo, los samuráis, especialmente los de menor rango, solían atar la empuñadura de su espada a su vaina (también ataban la empuñadura de su lanza a la vaina de la misma). El documento estipula que la sujeción no debe hacerse con toallas o telas, por lo que hay que suponer que había una forma más discreta.

Perder una espada

Un samurái nunca debe ser visto en público sin su sable. Los siguientes ejemplos ilustran lo deshonroso –por no decir peligroso– que era para un samurái no tener su arma principal a su lado.

El documento *Buke Giri Monogatari* (1688) cuenta que dos samuráis viajaban en un barco entre otros pasajeros. Uno de ellos, llamado Takeshima, insultó varias veces al otro, Takitsu, lo que llevó a una discusión y luego a un duelo. Cuando Takeshima buscó su espada, vio que había desaparecido; disgustado consigo mismo por no cuidar adecuadamente su arma, intentó suicidarse. Sin embargo, un tercer pasajero samurái empezó a sospechar cuando se dio cuenta de que a un monje que iba en el barco le faltaba la calabaza que llevaba hasta entonces. El samurái observó la calabaza flotando y anclada por una cuerda. Cuando tiraron de ella, encontraron la espada atada al extremo. El monje la había robado y utilizado la calabaza como flotador para poder recuperar la espada más tarde.

En el siguiente relato, el samurái Manbei argumenta contra la necesidad de matarse cuando le han quitado el sable mientras dormía.

«Durante la batalla con Akai Akuemon, el señor del castillo Hotsuzu de Tamba, el señor Akechi acampó en la zona del monte Yahata. Mientras inspeccionaba a sus hombres, encontró una cabaña en la que Manbei y un samurái mayor y recién reclutado dormían profundamente. El señor entró a hurtadillas y les quitó las espadas. Los dos samuráis se sorprendieron al ver que sus armas habían desaparecido cuando se despertaron y el samurái más viejo dijo: "Todo se revelará cuando amanezca. Deberíamos apuñalarnos mutuamente antes del amanecer". Manbei contempló esta posibilidad durante un rato y luego dijo: "No sería beneficioso que muriéramos en vano. Habría sido una profunda desgracia si nos hubieran quitado los sables mientras estábamos despiertos, pero como ocurrió mientras dormíamos no debe considerarse nuestra culpa en absoluto. Si realmente quieres matarte por ello, debo subrayar que no soy de la misma opinión". Cuando el día estaba a punto de amanecer, Manbei, con un banderín rojo, se acercó al campamento enemigo y logró colocar el banderín en una altura y allí se mató al pie del mismo. Ambos bandos quedaron asombrados por su magnífica hazaña. Se cree que estas acciones del señor Akechi fueron un error.»

Musha Monogatari (1564)

El siguiente extracto describe un escenario en el que un samurái podría renunciar a su sable en público con honor, aunque el autor señala que se trata de una situación poco frecuente.

«Si observas un duelo en el que el combate es tan intenso que el samurái que se venga rompe su catana y te pide prestada la tuya, has de saber que esto no es un problema, desenvaina tu sable y pásaselo. Dile: "Me he dado cuenta de que estás luchando con seriedad y estoy impresionado. Si te agotas, yo seré tu *sukedachi*, tu asistente en el suicidio". Después de asegurarle de esta manera, debes permanecer en posición. Cuando el combate haya terminado y el samurái te devuelva la espada, di: "Por favor, guárdala y úsala, aunque sea una humilde [hoja], ya que veo que no tienes un sustituto". En este caso, no te lleves [tu espada]. Esta situación es inusual, pero se menciona aquí para que que seáis conscientes de ello.»

Heika Jōdan (c. 1670)

El documento *Heika Jōdan* continúa con sus disertaciones sobre no tener espadas y arroja una luz brillante sobre la comprensión popular de las relaciones entre samuráis y plebeyos. Advierte que un samurái que viaja solo por la noche puede ser atacado por la gente común que anda en pandillas y cuyo propósito era avergonzar y robar a los samuráis. Estos ladrones estaban al acecho y luego saltaban, inmovilizaban al samurái y le arrebataban el sable del fajín. En tal caso, el consejo era adoptar una postura sumisa, obedecer las instrucciones de los ladrones y luego hacer todo lo necesario para recuperar el arma. Si la banda devolvía el sable allí mismo, el samurái debía matarlos a todos; si no, debía seguirlos hasta su casa y anotar su ubicación. A continuación, debía volver a su propia casa y, en términos coloquiales, «equiparse» antes de volver a la guarida de los ladrones, asesinarlos a todos y recuperar su sable. Lo más importante en cualquiera de los dos casos era no dejar testigos que pudieran difundir la vergonzosa historia de que el samurái había sido sorprendido y obligado a someterse a la gente común.

El mantenimiento de la espada

Hoy en día se considera que la etiqueta de la espada no solo consiste en limpiar y pulir su hoja, sino también en evitar respirar sobre ella. Sin embargo, en épocas más antiguas puede que esto no fuera así. Recordemos que una espada era un arma funcional, por lo que era más importante mantenerla afilada que brillante. La catana práctica de un samurái activo puede no haber tenido la hoja brillante y la línea de endurecimiento expuesta (*hamon*) como se espera hoy en día. De hecho, las espadas podían tener un aspecto apagado, con pequeñas líneas de arañazos de los métodos de afilado personales, como se describe en las citas siguientes. El cuidado de las espadas podía consistir en un mantenimiento «callejero» combinado con la cuidadosa mano del propio samurái o incluso la de un paje. Había que eliminar el óxido y las manchas y, en ocasiones, una espada podía necesitar un tratamiento profesional.

Las espadas que se usaban en la corte o en las ceremonias religiosas eran, por supuesto, un asunto diferente. Según Bernardino de Ávila Girón, que escribía a finales del siglo XVI y principios del XVII, los *togi* (砥ぎ), «pulidores de espadas», eran muy apreciados y los sables de los samuráis eran «como espejos», de modo que uno se podía ver la cara en ellos. Como visitante europeo, Ávila Girón habría estado principalmente en contacto con samuráis de alto rango y guardias de palacio, por lo que es probable que su descripción se refiera a los funcionarios vestidos de corte.

Un vínculo inquebrantable

El erudito Arai Hakuseki (1657-1725) cuenta la historia de un viejo amigo, un antiguo samurái que había pasado por momentos difíciles y vivía en una cabaña en la montaña. Se había visto obligado a vender todo su equipo, pero no podía desprenderse de sus espadas. Las guardaba muy pulidas en tubos de bambú, observando el camino de los samuráis, aunque ya no servía a nadie.

Fuentes

Hayanetaba no koto: afilado rápido

«Despelleja un sapo en la hora del gallo el decimoquinto día del octavo mes y sécalo a la sombra. Llévalo contigo y cuando limpies tu espada con él, verás que puede cortar incluso el hierro o la piedra.»

Shoka no Hyōjō (1621)

Nori wo otosu kusuri no koto: para limpiar la hoja de una espada de sangre coagulada

«Despelleja un topo y seca la piel a la sombra. Espolvorea piedra *boseki* en polvo sobre la parte de la piel y utilízalo para limpiar la hoja después de haber matado a alguien. Esto eliminará muy bien la sangre. Hay más sobre esto en las tradiciones orales.»

Shoka no Hyōjō (1621)

«Hay algo llamado *hayanetaba*, "afilado rápido", que consiste en limpiar la hoja con la piel de un topo, lo que hará que la hoja corte bien y también es bueno para limpiar la sangre. Esta forma de hacer es buena porque tanto la catana como el *wakizashi* requieren aceite, y si no se utiliza este método, verás la diferencia en el corte.»

Heika Jōdan (c. 1670)

«En un duelo, tu espada puede resultar dañada al golpear la armadura o casco de tu oponente, por lo que es esencial tener una de repuesto. [...] Haz que tu ayudante lleve tu

> espada de repuesto, y la espada del ayudante debe ser llevada por el portador de la sandalia o palafranero.»
>
> *Bushidō Shoshinshū* (*c*. 1700)

Desenvainar el sable en una zona segura

La mayoría de la gente ha oído hablar de la venganza de los «47 *rōnin*» (o *shijūshichi-shi* en japonés) y sabrán que los acontecimientos de esa historia se pusieron en marcha cuando su señor, Asano Naganori, fue obligado a realizar el *seppuku* como castigo por desenfundar su espada en un lugar restringido dentro del castillo de Edo. El comerciante inglés John Saris informó de que cualquiera que sacara su espada en un área restringida sería cortado en pedazos y su familia asesinada también.

En cambio, el *Hagakure* habla de un hombre que, habiendo sido ridiculizado por otro samurái, sacó su espada y rajó a su enemigo. En la corte se decía que ahora debería suicidarse. A lo que el señor dijo: «¿Qué sería de un samurái si no defendiera su honor?», y así se le perdonó.

Sangrar un sable

Según la tradición, un samurái no debía usar un sable hasta que este hubiera «probado» la sangre. Un sable nuevo debía probarse en la batalla para asegurarse de que era digno. Sin embargo, la persona que más a menudo recibía sables nuevos era el comandante, y se suponía que no entraba directamente en combate. Su tarea era controlar de forma correcta a sus tropas, que eran la verdadera fuerza de combate, pero si esa fuerza de combate tenía éxito, era el comandante quien recibía un regalo en reconocimiento, y en muchos casos ese regalo era un sable. No podía probar su nuevo sable porque significaba entrar en combate, algo que un buen líder debía evitar, así que ¿qué debía hacer?

Este dilema se expone a continuación en los escritos de la escuela Natori-Ryū.

«Si el señor regala una gran espada *tachi*, los que están en una posición de mando deben rechazar este regalo (esta es una tradición oral).»

[La primera tradición oral registrada:]

«Una vez que se te da una *tachi* [por el señor], no debes llevarla sin bañarla en sangre [matando a un enemigo]. Sin embargo, si estás en una posición de mando sobre un número de personas, no puedes luchar por ti mismo, lo que significa que no puedes bañar la espada en sangre. Por lo tanto, debes rechazar esta *tachi* diciendo: "Si voy a tomar esto, tendré que ser excusado de la carga del mando". También puedes pedir que la espada sea confiada al escudero del señor».

[La segunda tradición oral registrada:]

«Hasta que se obtenga una victoria en esta batalla, me gustaría confiar [esta espada] al escudero del señor.

»Hay otros ejemplos de cómo podría responder el señor:

"Deberías confiar tu grupo a alguien más y concentrarte en tu propia lucha".

"[Esta espada] no tiene que ser bautizada con sangre".

"Confía la espada [a mi escudero]".

»Esto se llama *tachi no kokoroe* (puntos a tener en cuenta sobre el *tachi*».

Ippei Yōkō (c. 1670)

Este problema plantea una cuestión interesante. ¿Era más prestigioso recibir una espada de un señor o ser el capitán de los hombres? Sabemos que las espadas no eran tan especiales en el antiguo Japón; incluso los campesinos tenían un par. Sin embargo, un sable de pedigrí de un señor noble podía convertirse en una preciada reliquia que se transmitía de generación en generación, mientras que el mando de una tropa era un honor temporal. Este tipo de consideraciones podrían haber influido en la decisión de un samurái de renunciar al mando de una fuerza a cambio de un sable nuevo.

El simbolismo de la espada

Desenvainar y envainar

«Enfundar una catana después de adquirir un conocimiento completo de la situación es la forma adecuada de corregir un error.»

Heika Jōdan (c. 1670)

En la sociedad samurái, una hoja desnuda simbolizaba la violencia y la muerte, mientras que la devolución de una espada a su vaina representaba la paz y la contención. Se cuenta la historia de un *rōnin* al que le gustaba provocar peleas y entablar duelos. Un día obligó a un maestro del té a participar en un altercado; se fijó una fecha para el combate en la que el desafortunado y bastante indefenso maestro del té estaba seguro de estar condenado.

Para tratar de obtener al menos alguna ventaja, el maestro del té buscó la instrucción de un maestro de la espada. El maestro de esgrima le pidió al maestro del té que le preparara té, y al observar el ritual le dijo que no era necesario que estudiara el camino de la espada. Solo tenía que abordar la lucha con el mismo proceder y fuerza mental que en el camino del té y considerar el desenvainar su espada con la misma actitud.

Al principio del duelo, el *rōnin* sacó su sable, mientras que el maestro del té sacó el suyo con la actitud de servir el té y adoptó una postura de lucha. El *rōnin* volvió a envainar de inmediato su sable, se puso de rodillas y pidió perdón.

Aunque esta historia puede ser apócrifa, transmite la idea de que volver a colocar su espada en la vaina era un acto de disculpa o de aceptación de que el asunto disputado estaba cerrado, al menos por el momento. Era el gesto de un guerrero poderoso pero sensato, en pleno dominio de su propia habilidad y fuerza.

Fuentes

«Si dos samuráis han desenvainado sus sables y están a punto de iniciar un combate, a veces no pueden envainarlas sin más. Básicamente, si los samuráis desenvainan su catana, significa que tienen la intención de matar.»

Heika Jōdan (*c*. 1670)

«Desenvainar la espada es una debilidad, mientras que no desenvainarla demuestra fortaleza. Los que tienen una

> mente valiente no desenvainarán sin cuidado; esto es lo que hay que tener en cuenta sobre los enfrentamientos.»
> *Heika Jōdan* (c. 1670)

La espada como símbolo de paz

«En el mundo de la lucha ha habido una tendencia creciente hacia la pseudoespiritualidad.»

Jyōseishi Kendan (1810)

Con el auge de la espada como símbolo de la autoridad de los samuráis surgió una sofisticada filosofía de la espada. La espada se convirtió en una pluma poética para el camino del zen y un emblema para el camino de la iluminación. El manejo de la espada evolucionó de la brutalidad práctica a una muestra de arte en movimiento. Miyamoto Musashi se quejaba de esta tendencia ya en la década de 1640. Le inquietaba que los espadachines estuvieran más preocupados por la exhibición ostentosa que por la sustancia real en la batalla.

Un cambio importante en el manejo de la espada se produjo con el crecimiento de la Shinkage-Ryū, que era una escuela descendiente del maestro de esgrima Kamiizumi Nobutsuna. Su rollo escrito sobre la esgrima habla de la «espada de la muerte» (殺人刀) y la «espada de la vida» (活人剣). Propagaron la idea de que la espada o el sable, símbolo de los samuráis, consistía en matar a uno para salvar a muchos. Afirmaban que luchaban por el honor y la protección del pueblo de Japón. La escuela adoptó sus términos del clásico chino de la *Colección de la Roca Azul* y se centró en herir al oponente, pero no en matarlo. A un samurái, el conde Katsu, no le gustaba nada la idea de matar, se dice que nunca mató a nadie y que incluso ató su vaina y su empuñadura para no poder desenvainar el sable. A medida que las guerras disminuyeron durante el período Edo, la espada se convirtió más en un símbolo de paz que en un instrumento de guerra.

Las espadas sagradas y la filosofía zen

La espada es un poderoso símbolo en el budismo japonés. El *bodhisattva* (destinado a convertirse en un buda) Monjushiri blandía una espada flamígera para atravesar las falsas ilusiones en la vida y acabar con la dualidad y la codicia, mientras que la deidad Fudō Myō llevaba una espada para proteger el budismo. Un monje budista que había alcanzado cierto nivel era descrito figurativamente como un «hombre de la espada», y los espadachines reales aspiraban a alcanzar la dignidad de los monjes. La cúspide de los debates sobre filosofía entre el zen y la esgrima puede verse en la correspondencia entre Yagyū Munenori y Takuan Sōhō, que han sido publicadas en inglés en otros lugares.

En general, debe entenderse que, aunque el sable puede haber sido una herramienta práctica para los samuráis, siempre tuvo aspectos filosóficos y se convirtió en un símbolo de la iluminación y el refinamiento del carácter hacia el último período samurái. Su conexión con el *bushidō* se encuentra en su conexión con el zen, en el desarrollo del carácter humano y su condición de icono de Japón.

Espadas icónicas

Japón ha tenido su cuota de espadas famosas que han sido nombradas y registradas a lo largo de la historia, así como espadas mágicas de leyenda. Entre ellas se encuentran las siguientes:

- Kusanagi no tsurugi (草薙剣): la espada cortadora de hierba.
- Higekiri (髭切): la espada para cortar la barba.
- Hizamaru (膝丸): la espada para cortar las rodillas (utilizada en las ejecuciones por la familia Minamoto).
- Inoshishikiri (猪切): la espada para cortar jabalíes (utilizada por Sakai Tadatsugu).

Las espadas malignas de Muramasa

Mientras que algunas espadas famosas eran gloriosas, otras tuvieron mala fama: ninguna superó a las despreciadas espadas de Muramasa. Este gran forjador de espadas vivió a finales del siglo XVI y creó algunos de los mejores sables de Japón. Según la leyenda, Muramasa mantuvo una feroz rivalidad con otro renombrado espadero llamado Masamune. Un día probaron sus sables en el agua. La hoja de Muramasa era tan fina que pudo cortar una hoja que flotaba suavemente en la corriente, mientras que, cuando Masamune intentó hacer lo mismo con su sable, las hojas emergían a alrededor del filo, pues no era tan afilado.

Al principio, las espadas de Muramasa fueron celebradas como maravillas divinas de la esgrima. La familia Tokugawa (y sus leales samuráis de Mikawa) las adoraban y las usaron mucho. Sin embargo, la siguiente serie de desgracias familiares relacionadas con las espadas Muramasa hicieron que fueran odiadas por generaciones posteriores del clan Tokugawa.

- Matsudaira Kiyoyasu (abuelo de Tokugawa Ieyasu) fue asesinado por su propio vasallo Abe Yashichi con una espada Muramasa.
- Matsudaira Hirotada (padre de Tokugawa Ieyasu) también fue asesinado por una Muramasa.
- Tokugawa Ieyasu se cortó de niño con una hoja Muramasa.
- Una hoja Muramasa fue utilizada para decapitar a Matsudaira Nobuyasu (hijo de Tokugawa Ieyasu) en su suicidio forzado.

Tras cuatro generaciones de experiencias negativas, los Tokugawa evitaron las espadas Muramasa y comenzaron a circular historias de que estaban malditas. Sin embargo, estas historias también hicieron que se hicieran populares entre facciones anti-Tokugawa.

Sables y *bushidō*

Impulsada por la literatura y el cine modernos, la catana ha alcanzado un estatus de leyenda como símbolo de la perfección del guerrero. Pero, como hemos visto, para los samuráis el sable era en la guerra solo una herramienta de su arsenal. Tokugawa Ieyasu decía que era importante ser capaz de manejar una espada, pero no tan importante como ser capaz de manejar a la gente. La catana simplemente no era el arma icónica que hoy en día pensamos que era. El *bushidō* se centraba en el comportamiento, no en las espadas.

12. El honor en la violencia

La guerra dio a los samuráis la mayor oportunidad de construir su reputación… o de destruirla. En este capítulo, examinaremos las complejas jerarquías de las acciones honrosas y deshonrosas en el campo de batalla, las diferentes formas de combate y la manera correcta de abordar diversas situaciones en las batallas, como la retirada, la huida y la la rendición.

El objetivo de la guerra

«Pregunta: Hay algunos clanes que adoran a las personas que saben mucho sobre arquería, equitación, esgrima, manejo de lanzas, etc., y que animan a sus hombres a practicar y practicar, y luego hay algunos clanes que no lo hacen. ¿Qué se puede decir sobre esto?

»Respuesta: Practicar con el sable y la lanza no es tan útil, pero puede ser un pasatiempo apropiado para los samuráis. Por lo tanto, se llama *heihō*, el camino del soldado. Los combates con espadas de bambú pueden ser de alguna utilidad; sin embargo, no hay que pensar que se puede escapar de la muerte practicando tales habilidades. Esas artes pueden permitirte parecer dotado y formidable al luchar, pero el verdadero objetivo es herir al enemigo. Si te matan, no habrás muerto en vano si has herido al enemigo, aunque sea solo un poco. Dicho esto, como eres de un clan de samuráis, es importante conocer las formas de tiro con arco, la equitación, la espada y la lanza, etc.

»En general, en el *budo* –el camino del guerrero–, deberías esperar ser considerado honorable después de tu muerte a través de los preparativos que hayas hecho en vida. Si estás totalmente preparado para todo en todo momento, profundamente resuelto y has luchado con valentía, pero moriste en el combate debido a la mala suerte, debes saber que tu muerte será llorada.»

Gunpō Jiyōshū (*c*. 1612)

Según el documento *Heihō Hidensho* del siglo XVII, había tres razones para hacer la guerra:

1. Para pacificar a los revoltosos.
2. Para corregir a los injustos.
3. Para sofocar a los rebeldes.

El propósito original de los samuráis era en realidad mantener la paz, no luchar. Ellos surgieron para servir al emperador pacificando a los rebeldes; el término *shōgun* significa «general que combate a los bárbaros». Originalmente, el *shōgun* era un cargo militar temporal. Salía a la guerra con el ejército para sofocar las rebeliones y mantener el control del gobierno central. El problema es que, durante gran parte de la historia de los samuráis, estos trataron de derrocar a otros samuráis con el fin de obtener poder. Los samuráis perdieron de vista su responsabilidad de servir a la corona imperial, y la posición de *shōgun* perdió su significado y propósito original y el *shogunato* se convirtió en una dictadura *de facto*.

Por lo tanto, desde este punto de vista, la mayoría de las guerras de los samuráis deben considerarse deshonrosas e injustas. Sin embargo, como estamos buscando entender la caballería desde el punto de vista de los samuráis, exploraremos el concepto de honor dentro del conflicto militar y el combate individual, sin importar si la guerra en general pueda considerarse justa o no.

La victoria sobre el enemigo

Se esperaba que un samurái demostrara su destreza a través del dominio. Debía matar a su oponente, tomar su cabeza, capturar su castillo, poseer sus tierras, saquear su equipo y tiendas, y no dejar nada sin reclamar. Por eso predominantemente los samuráis hacían la guerra. Cuando Minamoto no Yoritomo ascendió a la posición de *shōgun*, construyó su palacio sobre las ruinas de su enemigo derrotado, Taira no Kiyomori. Asimismo, cuando un samurái tomaba una cabeza en la batalla, la alzaba con su mano izquierda, levantaba su espada con la derecha y lanzaba un grito de victoria sobre el muerto.

Es fácil ver los primeros tiempos de los samuráis como una edad de oro, durante la cual sirvieron fiel y honorablemente a los aristócratas de Kyōto. Pero esta supuesta edad de oro, si es que alguna vez existió, pronto dio paso a una época de decadencia. La corte de Kyōto estaba habitada por príncipes blandos, y los samuráis acabaron pronto con las tribus bárbaras, lo que les dio mucho tiempo para luchar entre entre ellos por el poder.

Recompensas y reconocimiento

Todo el sistema de combate se basaba en la recompensa por los logros alcanzados. Había dos formas principales de obtener el reconocimiento en la batalla, necesario para ascender en el escalafón: una era comandar tropas con destreza y la otra era vencer en el combate personal y regresar con una prueba de tal victoria. Los comandantes y las tropas de primera línea sabían que se apoyaban mutuamente para obtener hazañas: las tropas necesitaban que su comandante tuviera la inteligencia necesaria para diseñar la estrategia correcta y el comandante necesitaba que sus tropas tuvieran la habilidad para hacer que la estrategia funcionase.

Las recompensas podían ser considerables. Tokugawa Ieyasu dio a Okudaira Sadamasa propiedades y el derecho a audiencias con él y todos los demás miembros del clan Tokugawa: un derecho que pasó a sus hijos después de él y a las generaciones venideras. Del mismo modo, Oda Nobunaga dio a Tokugawa Ieyasu un famoso sable por sus hazañas. Otras recompensas más allá de las tierras, el dinero y armas valiosas incluían buenos matrimonios políticos y el permiso para tomar la primera sílaba del nombre de un señor de la guerra (por ejemplo, Okudaira Sadamasa obtuvo el derecho a llamarse a sí mismo Okudaira Nobumasa, como una recompensa otorgada por Oda Nobunaga tras la batalla de Nagashino, en 1575).

> **Lealtades cambiantes**
>
> Okudaira Sadamasa era originario de Mikawa, una provincia tradicionalmente leal a los Tokugawa. Sin embargo, la situación política le obligó a jurar su lealtad al clan Takeda. Cuando Okudaira Sadamasa abandonó a los Takeda tras la muerte de Takeda Shingen para volver a unirse a los Tokugawa, su esposa y su hermano fueron crucificados como castigo por su deslealtad. Este es otro ejemplo de la actitud flexible de los samuráis respecto a la lealtad.

Hechos honrosos y deshonrosos en el combate

En cada etapa de la batalla –desde la «oleada de miedo» al ver por primera vez al enemigo hasta la retirada o la persecución de la retirada enemiga–, un samurái estaba bajo la atenta observación de sus camaradas y sus acciones se evaluaban como positivas o negativas.

Para ayudar a separar el mito de la realidad, las pruebas disponibles en la actualidad muestran que los siguientes logros se valoraban especialmente:

- Ser el primero en entrar en combate.
- Hacerse con la cabeza del comandante enemigo.
- Conseguir la primera cabeza de la batalla.
- Cortar las cabezas de los enemigos de rango social más elevado.
- Cortar las cabezas de los soldados enemigos.
- Golpear profundamente las líneas enemigas.

- Romper formaciones enemigas.
- Ayudar a alguien a realizar una gran hazaña.
- Recuperar un estandarte capturado o caído.
- Cubrir una retirada.

El prestigio relativo de estas acciones dependía de la situación, pero todas ellas se consideraban acciones de habilidad y valor.

Las siguientes acciones eran generalmente reconocidas como grandes hazañas de abnegación y caballerosidad.

- Seguir luchando mientras se está herido en lugar de retirarse al campamento base.
- Ayudar a un camarada a retirarse.
- Dar un caballo a un comandante derrotado que tiene que retirarse.
- Defender a un comandante que tiene que retirarse.
- Recibir flechas en el cuerpo mientras se protege a un superior.

Sin embargo, en determinadas circunstancias estas acciones podían considerarse un insulto. Por ejemplo, un guerrero que defendía a su señor cuando no era necesario podía dar a entender que creía que su señor no era capaz de protegerse a sí mismo. Esto constituía un gran paso en falso.

Ciertos actos eran deshonrosos en cualquier circunstancia. Entre ellos, cabe señalar los siguientes:

- Matar a una mujer o a un monje y hacerlos pasar por combatientes.
- Decir que una cabeza pertenece a alguien que no es.
- Robar la cabeza capturada de otro guerrero.

- Muerte robada (es decir, matar a un guerrero que ha sido derrotado por otro).
- Llevar a un aliado a una posición desesperada para poder beneficiarse de su muerte.
- Huir en lugar de retirarse de forma organizada.
- Dar a entender que el comandante ha perdido la batalla antes de que sea evidente que así ha sido.

Anunciar nombres

Todo aficionado a los samuráis sabe que, antes de una batalla, los samuráis buscaban a su igual en habilidad y nivel social, anunciaban su nombre y linaje y luego entablaban un combate caballeroso. Desgraciadamente, en realidad no ocurría así. Es cierto que los samuráis que entraban en combate anunciaban sus nombres, pero la idea de que el campo de batalla de los samuráis se dividía en miniáreas de combate según la clase social es una fantasía. Esta idea puede provenir de la arcaica tradición china de comenzar la batalla con un concurso entre un gran campeón de cada uno de los dos ejércitos. Incluso en los años dorados de los primeros samuráis, el combate era más probable que consistiera en ataques nocturnos, incendios, guerra de asedio, engaños, emboscadas, verter líquido hirviendo desde las fortalezas y todas las demás tácticas brutales y solapadas comunes a la guerra en todo el mundo medieval.

La práctica de los samuráis de gritar sus propios nombres se realizaba para que no hubiera duda de que habían participado en la lucha, lo que era especialmente importante cuando llegaba el momento de reconocer logros prestigiosos como entrar en batalla en la fase de primera lanza (*ichibanyari*) o defender una retirada. Los samuráis también gritaban su nombre en tiempos de paz, por ejemplo, cuando corrían a rescatar a los ocupantes de una casa en llamas. En definitiva, a los samuráis les encantaba hacer temblar el suelo con el rugido de sus nombres, pero no siempre lo hacían de la forma en que las románticas epopeyas bélicas nos quieren hacer creer.

Apetito de destrucción

En la batalla de Komaki, en 1584, solo la sección de vanguardia de la fuerza participó realmente en la batalla, el resto del ejército se quedó desayunando. Esta interesante imagen de los soldados sentados en el suelo comiendo mientras los primeros samuráis regresan con las cabezas decapitadas socava aún más el mito de que cada samurái busca continuamente en el campo de batalla un oponente de igual rango social contra el que luchar.

Este no era el único ejemplo de que la comida se anteponía al combate. Cuando el guerrero Tachibana Muneshige se hizo con el control de una posición en Ōtsu, cerca de Kyōto, muchos de los habitantes de la ciudad, en lugar de entrar en pánico ante la perspectiva de la batalla, se fueron de picnic a un mirador y vieron cómo se desarrollaba el derramamiento de sangre. Del mismo modo, Tokugawa Ieyasu mandó construir una plataforma para poder supervisar la batalla de Kuisegawa mientras comía. Aunque su bando fue derrotado, Ieyasu alabó la habilidad de su comandante Nakamura Kazuuji en el manejo de los hombres, al tiempo que señalaba sus errores tácticos.

Reputación por la capaidad de aplicar violencia

La reputación era la piedra angular del *bushidō*. Cuanto más conocía la gente el nombre de un samurái y lo asociaba con el poder, la habilidad y la fiabilidad, más ascendía en la escala social. En los siguientes apartados se examinará la relación entre los logros en la guerra y el *bushidō*.

Un famoso dicho japonés resume la importancia de la reputación militar:

> «El señor Tokugawa Ieyasu tiene muchos hombres buenos: Hattori Hanzō es conocido como el Diablo Hanzō, Watanabe Hanzō es conocido como Hanzō de la Lanza, mientras que Atsumi Gengorō es conocido como Gengo el Arrebata-Cabezas».

Atributos como diablura, habilidad con la lanza y la toma de cabezas son presentados aquí como finas cualidades guerreras a las que cualquier samurái aspiraría. El término traducido como «diablo» es *oni* (鬼) en japonés, que era una especie de ogro asociado con la crueldad y la brutalidad. Otro samurái al que a menudo se le daba el epíteto de «diablo» era Sakuza, que se mencionará más adelante. Era un samurái de Mikawa que había amenazado con quemar hasta la muerte a la madre de Toyotomi Hideyoshi y a todas sus damas de compañía cuando eran rehenes políticos. Esta conducta mejoraba la reputación de un samurái.

> **Fuentes**
>
> «Hay que emplear a las personas en las funciones para las que son adecuadas. Si los curvos se convierten en ruedas y los rectos en ejes, no habrá gente inútil».
>
> Escritos de Shiba Yoshimasa (1349-1410)
>
> «[En Japón] se ve con frecuencia a nulidades convertidas en nobles poderosos y a grandes hombres reducidos a la nada con todos sus bienes confiscados.»
>
> Escritos de Alessandro Valignano (siglo XVI)

Escala de logros en el combate

Los cuatro resultados del combate son:

1. Derrotar a un enemigo.
2. Ser derrotado por un enemigo.
3. Matarse entre sí.
4. Escapar ambos con vida.

El último dejaba la contienda sin resolver, lo que en un principio se veía como una situación terrible. Sin embargo, el espadachín del período Edo Harigaya Sekiun argumentó que el manejo de la espada debe tratar más sobre el avance del bienestar espiritual que de matar a tu oponente. Esta actitud refleja el cambio de énfasis durante la era Edo hacia la resolución pacífica de las disputas y una sociedad basada en la armonía. Derrotar al enemigo seguía siendo la mejor recompensa, pero escapar sin que el asunto estuviera resuelto era ahora una idea aceptable para algunos.

El documento *Ōgiden* ofrece otro ejemplo de la escala de logros en el combate:

1. Herir la mano, pero cortar la cabeza del enemigo.
2. Sufrir una herida, pero infligir una herida mayor al enemigo.
3. Tener una mano cortada, pero cortar la pierna de un enemigo.

El manual *Heika Jōdan* de la escuela Natori-Ryū enumera los siguientes tres niveles de lucha con el sable:

1. *Jō*: nivel superior: golpear al enemigo con éxito y salir sin un rasguño.
2. *Chū*: nivel medio: golpear con éxito y hacerse el *hari-kiri*.
3. *Ge*: nivel inferior: fracasar en el *hari-kiri*, salir gravemente herido, caer y morir junto con tu enemigo, o ser asesinado directamente.

Ejecutar a otros

«Cuando un guerrero recibe la importante tarea de una ejecución por parte de su señor, debe asegurarse de decir: "Como guerrero, para mí es un honor haber sido elegido, entre todos los hombres de este clan, para realizar esta tarea, y por lo tanto estoy agradecido y la acepto de buen grado".»

Bushidō Shoshinshū (c. 1700)

Había dos formas principales de ejecución que se le podía pedir a un samurái: *teuchi* (手討), que ejecutaba a un compañero vasallo por orden del señor, y *kaishaku* (介錯), decapitar a alguien que está cometiendo *seppuku*. Estos deberes no aportan una cantidad significativa de prestigio, pero el hecho de no llevarlas a cabo correctamente ponía una mancha negra en la reputación de un samurái, ya que se suponía que un samurái no tendría problemas en cortarle la cabeza a una víctima arrodillada.

> **Fuentes**
>
> «La ejecución *teuchi* (手討) es dar muerte a la gente con la espada y no morir. Esto también puede implicar la ejecución de personas que no son compañeros de vasallaje. Después de matar a un vasallo con el sable, nunca cuentes a los demás lo que has hecho. Si lo haces, la gente pensará que estás contando cuentos. Ten cuidado: cuando la gente hable, usará tu nombre y la historia cambiará cuantas más veces se cuente. Recuerda que lo que se ha dicho no se puede deshacer. Realizar el *teuchi* es una tarea bastante inusual. Si fracasas en ella, te traerá vergüenza. La gente ha dicho durante mucho tiempo que una persona que falla en el *teuchi* a menudo será asesinada por la persona a la que apuntaba. Por lo tanto, la dignidad de tu familia está en riesgo cuando recibes una orden de este tipo. Con esto en mente, asegúrate de no perder tu buen nombre. Entrénate completamente en las artes marciales, familiarízate con personas hábiles, abandona el mal y sigue los buenos caminos.»
>
> *Shinkan no Maki* (transcrito en 1789)

> «Cuando se actúa como segundo, se recomienda decapitar a la víctima rápidamente, ya que puede intentar defenderse con el *wakizashi*. Si no logras hacer el corte, será una deshonra para ti.»
>
> *Heika Jōdan* (c. 1670)

Ser el primero en llegar

Un factor importante en la cultura del honor de los samuráis era ser el primero en llegar a cualquier situación de riesgo. A esto se le llamaba *ichibannori* (一番乗り). Cuando las fuerzas de los Minamoto se encontraban en el río Uji, Minamoto no Yoshitsune fue el primero en cruzar a sus hombres sobre las aguas rápidas, una acción que le valió resonantes elogios. El rollo escrito *Ippei Yōkō* nos cuenta que ser el primero en cruzar el muro de un castillo o incluso ser el primero en ondear el propio estandarte por encima de la muralla reportaba elogios, y, como ya se ha comentado, ser el primero en el combate –*ichibanyari*, o la «primera lanza»– era el mayor logro que un samurái podía alcanzar en la guerra.

Un episodio que revela la sorprendente naturaleza engañosa de algunos samuráis tuvo lugar en la famosa batalla de Sekigahara, en la que Ii Naomasa, con sus samuráis «demonios carmesí» o «demonios rojos» –porque todos vestían de un escarlata rojizo–, dio el primer golpe. El problema era que sus órdenes eran mantenerse firmes; el glorioso honor de la primera lanza había sido concedido a otro samurái, Fukushima Masanori, que no llevaba mucho tiempo al servicio de Tokugawa. Cuando se le pidió que se explicara, Naomasa afirmó que, de hecho, no había desobedecido las órdenes. Dijo que había explorado al enemigo, que luego le había atacado y que, por tanto, tenía derecho a defenderse. En realidad, se había lanzado de cabeza contra el enemigo, lo que, comprensiblemente, les había empujado a entrar en combate. Este es un ejemplo clásico de cómo se manipula el honor de los samuráis para ganar prestigio.

Fuentes

«La primera persona que carga y acuchilla a un bandido consigue el mérito.»

Heihō Yūkan (1645)

«Si eres el primero en enfrentarte y acuchillar al criminal, pero no consigues matarlo, debes tener en cuenta que permitir que el mérito de la muerte pase a quien se le acercó después y le mató es un acto de cobardía.»

Heihō Yūkan (1645)

«*Ichibannori* es ser el primero en avanzar hacia un castillo cuando se ataca una fortaleza. A los demás se les llama *ainori*: los que llegan juntos. Si eres el segundo en empezar a escalar la muralla pero consigues meter tu gallardete *sashimono* en el interior en primer lugar, se considera que eres el primero en avanzar. Este logro se considera igual al de *ichibanyari* (la primera lanza).»

Ippei Yōkō (*c*. 1670)

Grupos de honor

A veces, los guerreros con mejor rendimiento en una gran victoria eran celebrados colectivamente después de la batalla, siendo investidos en un grupo de honor. En cada uno de estos grupos se registraban los nombres de sus miembros. Había muchos ejemplos, de los cuales se ofrecen dos a continuación:

賤ヶ岳の七本槍
Shizugatake no Shichihon yari
Las siete lanzas de la batalla de Shizugatake

1. Wakisaka Yasuharu 脇坂安治
2. Katagiri Katsumoto 片桐且元
3. Hirano Nagayasu 平野長泰
4. Fukushima Masanori 福島正則
5. Katō Kiyomasa 加藤清正
6. Kasuya Takenori 糟谷武則
7. Katō Yoshiaki 加藤嘉明

小豆坂七本槍
Azukizaka Shichihon yari
Las siete lanzas de la batalla de Azukizaka

1. Oda Nobumitsu 織田信光
2. Oda Nobufusa 織田信房
3. Okada Shigeyoshi 岡田重能
4. Sassa Masatsugu 佐々政次
5. Sassa Magosuke 佐々孫介
6. Nakano Kazuyasu 中野一安
7. Shimokata Sadakiyo 下方貞清

Ser honrado de esta manera aportaba prestigio al individuo, un legado a su familia y un orgullo colectivo entre los miembros del grupo. Sin embargo, hay que tener en cuenta que algunas de las agrupaciones se formaron décadas o siglos después de la batalla en cuestión, ya que la gente miraba hacia atrás, a tiempos más «nobles».

El lenguaje de las heridas

«Cuando tienes que golpear a alguien que está en el suelo tumbado boca abajo, golpéalo en su cabeza.»

Heihō Ōgisho (siglo XVII)

Las heridas que un samurái llevaba en su cuerpo podían actuar como un catálogo de servicio valeroso. Sin embargo, el tipo de herida equivocado también podía ponerlo bajo sospecha de cobardía.

Tokugawa Ieyasu tenía un vasallo llamado Namikiri Magoshichirō que se rebeló contra él. Cuando luchaban en bandos opuestos, Ieyasu había atacado a Magoshichirō y le hizo una herida de sangre en la espalda. Más tarde, cuando se reconciliaron, Ieyasu se burló de él diciendo que era impropio de un samurái tener cicatrices en la espalda, ya que esto indicaba que había rehuido una pelea. Magoshichirō negó haberse retirado y afirmó que no tenía cicatrices en la espalda, pero se negó a mostrarla.

En cambio, un viejo samurái llamado Honda describió las heridas que había recibido en muchas batallas. Había perdido un ojo y algunos dedos y estaba casi cojo de una pierna. Al hablar de sus heridas, demostró su largo compromiso con su señor y las tribulaciones que habían afrontado juntos. Sus heridas eran un símbolo de su valor y lealtad.

El samurái abordaba la tarea de verificar los logros en el campo de batalla con rigor forense. En el rollo escrito *Ippei Yōkō* hay una descripción de los distintos tipos de heridas que provocan las diferentes armas. Tal conocimiento no solo permitía un mejor tratamiento, sino que también podía utilizarse para atrapar a los samuráis que falsamente reclamaban una muerte. Si afirmaban haber utilizado un arma determinada de una manera determinada y la herida de la víctima contaba una historia diferente, su desgracia era considerable.

Formas correctas e incorrectas de morir

Los samuráis eran juzgados incluso en la muerte. Que un samurái fuera herido mortalmente en la espalda era vergonzoso, ya que sugería que había estado huyendo cuando sufrió la herida. Todas las heridas debían ser de frente y los samuráis debían caer muertos de frente con la cabeza hacia el enemigo o de espaldas con la cabeza alejada del enemigo. Estas son las posiciones de un samurái que se enfrenta al enemigo y que luchó hasta la muerte.

Lisiado por lealtad

Cuando los Tokugawa recuperaron el castillo de Nagashino, encontraron a un samurái llamado Ōkouchi Masamoto que había sido encerrado en una pequeña celda como castigo por negarse a renunciar a su lealtad a los Tokugawa. Confinado de esta manera, había perdido el uso de sus piernas. Cuando finalmente fue liberado, los Tokugawa lo elogiaron por su devoción y le concedieron regalos, pero el samurái lisiado renunció al camino del guerrero y se hizo monje.

Cobardía frente a precaución

«Algunos afirman que tener cuidado es un signo de cobardía como samurái. Sin embargo, esto es completamente erróneo. Si pierdes la vida por tu propia imprudencia, entonces es una muerte de perro y una deshonra.»

Heika Jōdan (c. 1670)

La conducta de un samurái era primordial, y no había lugar para la cobardía. Cuando se enfrentaba a una elección entre una muerte segura y la retirada, no había mucha vergüenza en retirarse, pero había que hacerlo de manera honorable. Por ejemplo, retirarse apresuradamente y dejar a los aliados en peligro sería considerado como una cobardía.

Cuando la corte imperial envió a Nitta Yoshisada a destruir al *shōgun* Ashikaga Takauji, este se retiró a un monasterio, se afeitó la cabeza e intentó convertirse en sacerdote. Sin embargo, sus enemigos declararon que su condición de sacerdote no le protegería de la ira de Nitta Yoshisada y que igualmente moriría. En respuesta, Takauji abandonó el santuario sagrado y cabalgó hacia la batalla. Todos sus hombres se afeitaron la cabeza para que su líder no pareciera fuera de lugar. El hecho de que Takauji fuera capaz de reunir un ejército de miembros leales del clan indica que no había vergüenza en apartarse del camino del guerrero para evitar la batalla y volver a luchar más tarde.

El samurái caminaba por una delgada línea que separa la valentía y la imprudencia, la precaución y la cobardía. Su reputación dependía de mantenerse en el lado correcto de la línea.

Fingir estar enfermo

El *Hagakure* menciona a un hombre llamado Genbei que se sentó con retortijones de vientre y que pidió al grupo que se adelantara a él y que otro hombre tomara el mando porque estaba enfermo. Por este acto de cobardía, fue condenado a realizar el *seppuku*. Los retortijones de vientre también eran conocidos como el «dolor del cobarde».

El *Bushidō Shoshinshū* nos dice que los samuráis nunca deben fingir estar enfermos, refunfuñar por estarlo o utilizar la enfermedad como excusa para evitar el trabajo. El hecho de que se mencionen estos fallos indica que algunos samuráis eran culpables de ellos. Sin embargo, el documento también dice que si las personas están realmente enfermas, los samuráis deben ser silenciosos y respetuosos con ellas.

> **Fuentes**
>
> «Los que fingen estar enfermos justo antes de la batalla deben ser asesinados.»
>
> *Heieki Yōhō* (*c*. 1670)
>
> «Si alguien se pone enfermo en la marcha cuando todavía está en su propia provincia, déjalo en una residencia a lo largo del camino y encarga a alguien que lo cuide. Hay que animarles a que descansen y se recuperen. Cuando se

> hayan recuperado de la enfermedad, deberán reagruparse con el resto de la fuerza. Quien no se reagrupe después de haberse recuperado debe ser condenado. Si mueren a causa de la enfermedad, la persona que se encargue de su cuidado deberá ocuparse del cadáver. Aunque no hayan muerto en batalla, deben ser tratados como si así hubiera sido. El capitán y su grupo deben organizar oraciones por los muertos como si fueran miembros de su propia familia. No dar a alguien un entierro adecuado debería considerarse un pecado tan grave como abandonar a un amigo.»
>
> *Heieki Yōhō* (*c*. 1670)

Tipos de combate

«La tradición oral dice que incluso si un enemigo te ha inmovilizado puedes matarlo mordiéndole la nariz o la muñeca con tus colmillos. Debes utilizar cualquier parte de tu cuerpo cuando el enemigo te inmoviliza, ya que no puedes hacer nada con tu espada.»

Shinkan no Maki (transcrito en 1789)

Tanto si vivían en tiempos de intensa guerra como en tiempos de paz, a los samuráis no les faltaban oportunidades para ejercer su capacidad de violencia. Durante los llamados tiempos de paz –que solían ser, de hecho, duras dictaduras–, seguían produciéndose escaramuzas, peleas callejeras, venganzas, rencillas familiares y órdenes de ejecución. Las diferentes formas de combate, ya sea durante la guerra o la paz, podían reportar a un samurái el honor o la desgracia.

Combate individual

«Nosotros consideramos feas las cicatrices de la espada en la cara; los japoneses están orgullosos de sus heridas y, al no tener cuidado con su tratamiento, las hacen mucho más feas.»

Luís Froís, *Tratado* (1585)

Los samuráis eran auténticos «luchadores sucios», poco limpios y no ajenos a la violencia de las bandas. Aunque admiraban a los que libraban un combate justo, no todos ellos apostaban su vida en uno de estos. En 1562, dos samuráis llamados Ōta y Shimazu se enfrentaron en un combate de hombre a hombre. Shimazu había obtenido ventaja y estaba luchando por apartar el protector de la garganta de Ōta para decapitarlo. En ese momento, dos camaradas del probable decapitado Ōta entraron en la lucha y dominaron a Shimazu. Entonces los tres le cortaron la cabeza, convirtiendo la antes justa pelea en una tropelía.

En realidad, existía un término específico –*sukedachi* (助太刀)– para designar a quien ayudaba a un samurái a derrotar a otro samurái en combate, y parece que no conllevaba ninguna asociación negativa. Había ciertas tácticas que este ayudante podía utilizar para asegurarse de que su camarada se impusiera. Sin embargo, como el siguiente pasaje atestigua, el combatiente principal debía dar la impresión de querer derrotar al enemigo sin ayuda:

«Cuando hay una disputa *uchihatashi* y conoces a uno de los combatientes, no hace falta decir que debes ayudarle. En primer lugar, declara a tu aliado: "Yo [inserta el nombre] no tengo nada que ver en este asunto, en este combate inesperado, pero te ayudaré si el cansancio se apodera de ti". A continuación, desenvaina tu sable y dirígete a la retaguardia del enemigo. Recuerda que no se te pedirá ayuda, pero tu aliado hará una declaración en el sentido de que tu oferta es muy apreciada. La mayoría de los casos son así. Si tu camarada es derrotado, debes luchar en su lugar, de lo contrario debes dejar que tu aliado golpee al enemigo por sí mismo. Si golpeas para ayudar, entonces deja que tu aliado dé el golpe de gracia. Mientras tu compañero es todavía capaz, no golpees al enemigo, solo habla en en voz alta».

Heika Jōdan (*c*. 1670)

Sería ingenuo pensar que el samurái se alzaba orgulloso y entablaba un combate justo, batiéndose con honor. La guerra y el combate de los samuráis se basaban no solo en superar al enemigo, sino también en burlarlo y superarlo en número. No había vergüenza en ser mayor en número y más fuerte en armas, siempre y cuando se ganara. Sin embargo, si ganaba el que llevaba las de perder, o un samurái superaba a muchos, eso se consideraba una hazaña especialmente prestigiosa.

Los siguientes logros provocaban elogios y respeto:

- Matar a un oponente superior solo.
- Matar a un oponente igual solo.
- Formar parte de un grupo que mata a un solo objetivo.
- Morir habiendo luchado bien.
- Optar por permanecer y morir en lugar de huir.

Las siguientes faltas traían vergüenza y deshonor:

- Huir.
- Intentar matar a alguien y fallar.

- No lograr ejecutar a alguien que ha sido condenado a muerte.

Había algunas excepciones: por ejemplo, no era vergonzoso retirarse después de haber matado a alguien o para hacer caer al enemigo en una trampa. Pero las categorías enumeradas más arriba eran válidas en la mayoría de los casos.

> **Fuentes**
>
> «Si tu oponente es un individuo y tienes un aliado, tú y tu aliado debéis atacar por delante y por detrás. Si sois tres, atacad desde tres lados. Si sois cuatro, atacad desde cuatro lados.»
>
> *Heihō Hidensho* (siglo XVII)
>
> «Siempre que cojas la espada y la daga de alguien que está delante de ti [...], este te agarrará de las manos y entonces puedes tirar de él hacia arriba, luego agacharte y después lanzarlo por encima de tus hombros.»
>
> *Heihō Hidensho* (siglo XVII)
>
> «Si te rodean muchos enemigos, deberás correr. Aunque el enemigo te alcance en masa, no lo harán todos a la vez.»
>
> *Heihō Hidensho* (siglo XVII)
>
> «Cuando hay muchos enemigos y estás solo, no debes avergonzarte por ser derrotado.»
>
> *Shinkan no Maki* (transcrito en 1789)

> «Si hay muchos enemigos y es una noche oscura, muévete hacia una valla, un muro o cualquier lugar que te proporcione una barrera a un lado y utilízalo como escudo [a tu retaguardia]. Sin embargo, esto no conlleva ningún beneficio cuando el enemigo se posiciona detrás de ti. Además, por la noche es eficaz agacharse y golpear horizontalmente en una zona más baja.»
>
> *Heika Jōdan* (c. 1670)

Combate sin armas y cuerpo a cuerpo

Todos los samuráis debían tener cierta habilidad en el combate físico, pero no era realmente tan importante como cabría esperar. El documento *Ōgiden* afirma que la lucha (*keisei*) no era muy útil en el campo de batalla, pero era buena para mantener el cuerpo en forma. Asimismo, la cita del *Gunpō Jiyōshū* que abre este capítulo refuerza la idea de que el estudio del combate sin armas era un requisito básico, pero no la clave del éxito en un campo de batalla.

Había que ganarse el respeto mediante el dominio de un arte marcial, y todos los samuráis codiciaban una reputación de hombres duros, pero el mayor prestigio de todos estaba reservado para los líderes de los hombres que obtenían la victoria en la guerra y la política.

Combate sin armas

Los samuráis rara vez participaban en combates sin armas. Aunque habilidades como el yudo y el *jujutsu* se asocian en gran medida con los samuráis, los guerreros de los períodos temprano y medio rara vez estaban sin una espada o herramienta con la que defenderse. Como hemos visto, un samurái dormía con su sable cerca y conservaba su *wakizashi* en todo momento, a menos que un superior le dijera que se lo quitara, en cuyo caso solía recurrir a una daga oculta u otra arma secreta. Por lo tanto, no estaba en realidad en la mente de los samuráis defenderse mediante la lucha sin armas. Es posible que se utilizara como última defensa en el campo de batalla en las fases finales de la lucha; términos como *kumiuchi* («agarrar y golpear») indican que era una forma de combate cuerpo a cuerpo.

El verdadero combate sin armas parece ser un enfoque muy posterior; incluso hasta la mitad del siglo XX, la mayoría de las escuelas de artes marciales se concentraban en el entrenamiento con armas en su plan de estudios. Los sistemas de combate sin armas solo cobraron importancia en la segunda mitad del siglo XX.

Combate cuerpo a cuerpo

A menudo se considera que los dos términos, «combate sin armas» y «combate cuerpo a cuerpo», significan lo mismo, pero en este libro al hablar de combate cuerpo a cuerpo nos referimos a cualquier lucha en la que los oponentes estén lo suficientemente cerca como para que se golpeen con una variedad de armas, mientras que el combate sin armas es la lucha desarmada; una distinción importante.

¿Imponía la caballería samurái alguna restricción sobre lo que se podía y no se podía hacer en el combate cuerpo a cuerpo? Parece que no. Documento tras documento, se describen los diversos trucos que podían utilizar los samuráis. El texto *Ōgiden* muestra claramente cómo se agarra a las personas por detrás para impedir que saquen su espada. Los manuales de la escuela Mubyōshi-Ryū incluyen enseñanzas sobre los ataques por sorpresa desde detrás de los árboles o los edificios, los cortes de pescuezo desde la barrera, e incluso los saltos de espada cuando se persigue a un enemigo; la Sekiguchi-Ryū enseña el uso de polvos cegadores y elementos ocultos; la Natori-Ryū tiene escuadrones de muerte, etc. La verdad es que un samurái podía atacar a su enemigo utilizando cualquier método y herramienta que deseara. Ganar era lo único que importaba. Aunque los duelos justos formaban parte de la cultura samurái, los medios de comunicación modernos los han sobredimensionado como el estándar de todo combate samurái.

Uso del entorno

El entorno que rodeaba a un samurái también se consideraba una herramienta o arma. El maestro espadachín Miyamoto Musashi no estaba impresionado por los estilos de lucha de las escuelas más modernas del Japón de la era Tokugawa. Creía que los complejos saltos, brincos y sistemas de pisada eran inútiles en la vida real, donde los terrenos irregulares o anegados harían innecesarias todas esas elaboraciones. Era más útil evaluar las condiciones meteorológicas y posicionarse y calcular el momento adecuado para llevar a cabo las acciones. Por ejemplo, era una ventaja tener el sol o el viento y la lluvia a tu espalda para que brillaran o soplaran en la cara de tu enemigo. Del mismo modo, durante un combate nocturno en medio de una tormenta, un espadachín astuto se aseguraría de que su oponente estuviera de cara al rayo para que perdiese la ventaja de la visión nocturna; también podría programar sus movimientos para que coincidieran con los truenos, de modo que actuaran como una distracción.

Incluso en el interior, los objetos circundantes podían utilizarse en beneficio del guerrero. Los manuales mencionan que los samuráis lanzan esteras de tatami, palmatorias y otros objetos domésticos a sus oponentes, o usan el pomo de su espada para romper los ojos de un espadachín enemigo. Todo esto nos confirma que un samurái podía hacer cualquier cosa para ganar. Sin embargo, mientras que era aceptable en ciertas situaciones aprovechar las características naturales del terreno para esconderse, era impropio, según el *Bushidō Shoshinshū*, utilizar a un aliado como escudo. La implicación es que si todos los demás se estaban moviendo, cualquier samurái que se quedara a cubierto se consideraba débil.

Sin salida

Katō Kiyomasa construyó una habitación con puertas correderas de hierro reforzadas conocidas como *koshi-shōji*. Nadie que estuviera encerrado allí podía salir, pues era imposible cortar esas puertas o romperlas lanzándose contra ellas.

Fuentes

«En el campo, corta primero la pierna de tu enemigo; en la ciudad, haz que tu prioridad sea cortarle la cabeza. La razón es que en el campo no importa si tu enemigo grita

> pidiendo ayuda. Al estar lejos de las viviendas, no habrá nadie que pueda acudir en su ayuda y no podrá luchar con una pierna cortada. Esto es una ventaja para ti. En la ciudad, es más ventajoso cortar primero la cabeza del enemigo para que no pueda pedir ayuda.»
>
> *Heihō Hidensho* (siglo XVII)
>
> «En una lucha al desembarcar [de un barco], llega a la orilla antes que tu adversario y luego golpéalo cuando intente salir de la embarcación.»
>
> *Heihō Ōgisho* (siglo XVII)
>
> «Camina tranquila y suavemente y presta atención a la conexión de tus pies con el suelo. No camines sin concentración donde es peligroso. Si tienes miedo y pierdes el ánimo, los demás lo notarán en tu forma de caminar, y eso te perjudicará. Todo lo que concierne al combate debe hacerse teniendo en cuenta lo anterior.»
>
> *Heika Jōdan* (c. 1670)

La guerra de asedio

La guerra de asedio presentaba retos especialmente difíciles tanto para los asediadores como para los asediados, por lo que los tácticos tenían una gran oportunidad para demostrar su habilidad. Por ejemplo, Minamoto no Yoshitsune capturó la fortaleza del clan Taira haciendo que sus famosos guerreros descendieran de las altas montañas detrás de la fortaleza, conduciéndolos por un terreno peligroso para llegar a la fortaleza desde arriba y por detrás, donde no estaba defendida. Esta maniobra le valió a Yoshitsune su fama y se sigue hablando de ella.

Durante un asedio, el espionaje y otras operaciones clandestinas se convirtieron en medio para infiltrarse desde el exterior de una fortaleza o para diseñar una apertura desde el interior. El uso hábil de las armas de asedio, los cañones, las trampas, los trucos y medios diabólicos también se consideraban aspectos positivos de la defensa y el ataque.

Para los sitiadores, era prestigioso ser los primeros en cruzar la muralla o, al menos, los primeros en introducir su estandarte en la fortaleza tras escalar los muros. También era un gran honor ser vistos luchando con fuerza en la «boca del tigre» (虎口), que era un eufemismo para referirse a cualquier zona restringida y peligrosa en la que los defensores habían construido zonas de muerte o defensas estratégicas.

Para los asediados, era un gran logro resistir contra viento y marea. Aunque finalmente no tuvo éxito, la defensa del castillo de Fushimi por parte de Torii Mototada fue celebrada como un factor crucial en la victoria de Tokugawa Ieyasu en Sekigahara. Torii sabía que acabaría sucumbiendo ante los atacantes, pero resistió durante el tiempo suficiente para permitir a Ieyasu reagruparse. Cuando una de las torres del castillo fue incendiada, Katō Kurōzaemon apagó heroicamente las llamas, pero murió en el intento.

Al final, sin embargo, fue una división entre los guerreros defensores lo que provocó la caída de Fushimi. Los asediadores lograron apoderarse de la esposa de uno de los defensores y enviaron un mensaje secreto dentro del castillo para decir que ella sería crucificada si no traicionaban a Torii. Algunos de los hombres permanecieron leales, pero otros rindieron el castillo desde dentro. La mayoría de ellos se suicidó, dejando las huellas de sus manos ensangrentadas en el suelo, que más tarde fueron retiradas y y que ahora se exponen en el templo de Zenfukudera.

Uno de los ejemplos más célebres de los logros de los samuráis durante un asedio tuvo lugar en Nagashino. Cuando Takeda Katsuyori asedió el castillo, un vasallo de bajo rango llamado Torii Sune'emon se ofreció a escapar del asedio para hacer saber a Tokugawa Ieyasu que necesitaban su ayuda. Con gran audacia, Sune'emon logró salir del asedio por la noche. Llegó hasta Tokugawa Ieyasu y Oda Nobunaga y les informó de la grave situación de Nagashino. El ejército se preparó para moverse en apoyo de sus aliados, pero Sune'emon decidió seguir adelante y tratar de arrastrarse de nuevo al interior del castillo para tranquilizar a los de dentro con noticias de que la ayuda estaba en camino.

Desafortunadamente, todos los bandos se estaban preparando para el doble asedio y los sitiadores habían colocado más trampas, incluyendo alambres de tropiezo con campanillas y áreas de arena que no se podían cruzar sin dejar huellas. Sune'emon fue capturado y llevado ante Takeda Katsuyori, quien le pidió que cambiara de bando. Quería que Sune'emon dijera a los defensores que no iba a llegar ninguna ayuda y que debían rendirse inmediatamente.

Habiendo aceptado hacer esto, Sune'emon fue llevado a una distancia del castillo desde la que podían oírle. Desde allí gritó a sus camaradas que debían aguantar ya que la ayuda pronto estaría con ellos y el asedio se rompería. Por esta doble traición, fue crucificado, pero hasta el día de hoy se le tiene en la más alta estima por su lealtad. Las generaciones posteriores de samuráis utilizaron la imagen de Sune'emon en un crucifijo como estandarte. Además, sus acciones están registradas como una demostración perfecta de *shinobi no jutsu*, las artes del ninja.

Torre de la debilidad

El *Bansenshūkai*, un manual de *shinobi* de finales del siglo XVII, aconsejaba infiltrarse en un castillo asediado desde la dirección de la torre de vigilancia manejada por los samuráis más revoltosos. Los que bebían y se divertían eran probablemente los más negligentes en su vigilancia. Sin embargo, el manual también advertía que el desenfreno y la falta de atención fingidos podían servir de trampa. Tokugawa Ieyasu se enfadó cuando descubrió que los guardias de un barracón se habían ido a la ciudad y habían dejado solo un hombre para vigilar la puerta. Otros manuales recomiendan utilizar una combinación de viejos samuráis experimentados y jóvenes samuráis revoltosos para que los guardias más viejos puedan calmar a los jóvenes rebeldes y mantener la vigilancia.

Tácticas de inundación

No siempre era necesario entrar en combate para lograr la victoria. Los comandantes que conseguían la rendición de un castillo sin disparar un solo tiro –por ejemplo, inundando el castillo y haciendo salir a los oponentes– se ganaban una gran reputación.

Por ello, los samuráis empleaban grandes equipos de ingenieros que buscaban utilizar las características del paisaje para conseguirlo. Con miles de hombres hábiles a disposición del comandante, se podían desviar cursos de ríos enteros, haciendo que se inundaran castillos y fortalezas y que se anegaran las llanuras que albergaban campamentos de batalla enemigos. Por ejemplo, la fortaleza de Takegahana se inundó al desviar el río Kiso y los sitiados se vieron obligados a construir plataformas, pero al final se rindieron y se les permitió salir libremente. Del mismo modo, el castillo de Takamatsu fue tomado mediante tácticas de inundación.

También era importante tener en cuenta el agua a la hora de buscar un lugar adecuado para acampar. Si no había suficiente agua cerca, el ejército podía morir; pero si el terreno era demasiado pantanoso, el ejército podía ser vulnerable a las enfermedades y víctima de las inundaciones provocadas por el enemigo.

Guerra acuática

En Occidente, no solemos asociar a los samuráis con la guerra naval. Sin embargo, la verdad es que los japoneses han tenido durante mucho tiempo la reputación de ser navales, y los piratas japoneses libres fueron una vez el azote de los mares asiáticos. La guerra naval se conoce como *suisen* (水戦), *sensen* (舩戦) y *sengun* (舩軍), entre otros términos, mientras que *suiren* (水練) se refiere a las habilidades acuáticas, como el cruce de ríos y la natación militar para la guerra en tierra.

El combate en el mar era un asunto sangriento y duro, y la victoria en el agua era tan prestigiosa como la victoria en tierra.

Por lo general, la tripulación de un barco estaba formada por marineros, que manejaban la embarcación, y por samuráis, que servían de fuerza de combate. Los samuráis disparaban armas y lanzaban proyectiles desde torretas y empalizadas construidas en la cubierta, y había plataformas abatibles que se desplegaban para la lucha entre barcos.

Había muchos aspectos esotéricos a tener en cuenta en el mar, y la construcción de los buques de guerra japoneses, incluidos los *shinobi-fune* («barcos furtivos»), es un tema especializado en sí mismo.

Los samuráis necesitaban desarrollar sus habilidades *suiren*, que también incluían el conocimiento de las trampas sumergidas, los flujos del agua, la medición de los ríos, las mareas, los vientos y las lluvias, y el protocolo correcto para el combate fluvial.

No en mi nombre

Cuando el puente de Yahagi fue arrasado por una inundación, Tokugawa Ieyasu hizo preparativos para reconstruirlo, pero sus criados le aconsejaron que lo dejara destruido porque así retendría el avance de los ejércitos enemigos. Sin embargo, el puente era uno de los más famosos de todo el país, cantado en baladas heroicas, e Ieyasu no podía soportar que su nombre se asociara con su pérdida, por lo que persistió en sus planes de reconstruirlo.

Situaciones de combate

Niveles de combate

Algunas técnicas de combate se consideraban más prestigiosas que otras, y esto no era nada nuevo. Ya en el año 788, cuando los japoneses luchaban contra las tribus nativas del norte en el río Koromo, la manera de contabilizar los muertos reveló la forma en que veían la batalla:

- El número de muertos en la batalla fue de 25.
- El número de heridos por flechas fue de 245.
- El número de ahogados fue de 1.036.
- El número de los que regresaron con sus bártulos fue de 1.257.

Según ese cálculo, el número total de personas que murieron como resultado de esa batalla fue de 1.306 (25 + 245 + 1.036), pero solo a 25 de ellos se les reconoció el haber «muerto en batalla». Se supone que el ahogamiento no tenía ningún valor heroico, mientras que la muerte por flechas, al producirse a distancia, tenía cierto valor, pero no era verdaderamente heroico. Los 25 guerreros que murieron en combate directa con el enemigo fueron objeto de un elogio especial.

Esta distinción se mantuvo durante toda la época de los samuráis. Siempre se consideró más digno ponerse en peligro: estar en la primera batalla con lanzas, defender una retirada, ayudar a los heridos mientras eran invadidos por el enemigo. En cambio, acciones como disparar un arma o un arco desde un lado o por encima de una valla y perseguir a los enemigos derrotados seguían siendo valiosas, pero pertenecían a un nivel inferior.

Marchar hacia y desde la guerra

Los manuales militares del período Edo establecían protocolos estrictos sobre cómo debían marchar los samuráis: en qué lado debía estar su lanza; los tipos de columnas en las que debían marchar; cómo ahorrar espacio dentro de las líneas; etc. El comerciante inglés John Saris escribió que, cuando las tropas marchaban a casa después de su servicio, los habitantes de todas las ciudades a lo largo de la ruta no debían temer nada, ya que los soldados eran bien educados y ordenados, y pagaban por todo lo que tomaban y no abusaban de los lugareños. Eso no quiere decir que nunca hubiera problemas, pero las estrictas normas minimizaban el riesgo de mal comportamiento.

Los manuales que hablan de las órdenes de marcha tienden a coincidir en que las formaciones de tropas cercanas a menudo caían en peleas entre ellas. Era esencial, pues, mantener un orden estricto para evitar que otros soldados a lo largo de la línea confundieran un disturbio interno, como una pelea o un alboroto entre los caballos, con un ataque enemigo, lo que podría provocar el descalabro de toda la formación.

Fuentes

«Incluso durante la marcha de larga distancia, mantén siempre tu lanza y armadura cerca. Nunca debes prescindir de estos dos elementos, ya que puede surgir cualquier emergencia.»

Ippei Yōkō (*c*. 1670)

> «Cuando se marcha en dos columnas, los portadores de cascos deben ir en el centro y los portadores de lanzas irán en el exterior. Si se marcha en una sola columna, la lanza debe llevarse a la derecha, como es normal. Cuando se marcha y hay un camino estrecho o un puente por delante, avanza y forma una sola fila. En cada fila, el de la derecha debe ir primero y luego el de la izquierda debe ponerse en fila tras ellos.»
>
> *Ippei Yōkō* (*c*. 1670)
>
> «Si la marcha antes de una batalla no se lleva a cabo de manera estricta, no se obtendrá la victoria en la batalla. Por lo tanto, deben ser estrictamente observadas las leyes y las órdenes dadas».
>
> *Ippei Yōkō* (*c*. 1670)

Retirada

«Ese día, una carta atada a una flecha voló hacia el castillo. Dirigida a mi padre, la carta decía: "Tienes un pariente que fue maestro del señor Ieyasu. Si quieres escapar del castillo, el señor te perdonará la vida. Puedes huir a la provincia que quieras. Todas las tropas han sido instruidas para ayudarte; por lo tanto, no tendrás problemas en tu huida". Desde que nos dijeron que el castillo caería al día siguiente, todos habíamos perdido el ánimo y temíamos que nos mataran al día siguiente. Mi padre se acercó en secreto a la torre del castillo y nos dijo a mi madre y a nosotros que le siguiéramos. Entonces dejó caer una escalera por el lado del muro norte. Bajamos por una cuerda que colgaba de allí y cruzamos el foso en un lavadero.»

Oamu Monogatari (siglo XVII)

La retirada, ya sea táctica o no, era una parte aceptada de la guerra samurái. Existen numerosos ejemplos de ejércitos que se retiran, se reagrupan y se reúnen en un punto de encuentro. La leyenda moderna del samurái que no se retira puede atribuirse en parte a los actos heroicos de Kusunoki Masashige, quien, tras informar a sus superiores de que la batalla que habían elegido no era una que pudieran ganar, se quedó a luchar y morir mientras los que habían abogado por la batalla se retiraban y vivieron. Esto elevó a Kusunoki y a sus hombres a la categoría de mártires samuráis.

Sin embargo, lo que no siempre se aprecia es que realmente se retiró. De hecho, fue todo lo contrario: utilizó su habilidad para mover tropas rápidamente para evitar que el enemigo lo atrapara durante el mayor tiempo posible antes de retirarse a una granja donde él y su hermano cometieron un glorioso suicidio.

Hay que entender que las acciones de Kusunoki representaban un ideal para los samuráis y nunca se convirtieron en la norma. No sería hasta que una ola de nacionalismo barrió Japón durante la primera parte del siglo XX que los soldados japoneses adoptarían una política de no retirarse o rendirse bajo ninguna circunstancia, y algunos entusiastas modernos han asumido erróneamente que esta mentalidad también era aplicable a los samuráis.

Las tácticas de la retirada

Hacia el final del siglo XVI, Toyotomi Hideyoshi trató de forzar a Tokugawa Ieyasu a adoptar una posición más sumisa. En ese momento, Ieyasu estaba en una fortaleza, pero sabía que su posición era débil, por lo que dejó una fuerza de trescientos hombres para vigilar su retirada mientras su fuerza principal se iba. A esto, Hideyoshi dijo:

> «Ese es un líder que no puedes atrapar de ninguna manera. Es a la vez inteligente y robusto, no hay otro como él en todo el imperio. Sin embargo, ¡un día lo tendré vestido correctamente... en la corte de Kyōto!».

Este es un ejemplo de un samurái que se retira de una fuerza más poderosa que la suya propia, aun a riesgo de perder prestigio.

Por el contrario, cuando Oda Nobunaga necesitaba que Ieyasu volviera a casa para poder llevar a cabo sus planes sin ser observado, Ieyasu se negó. Respondió que alguien que se retirara en ese momento no tendría derecho a llamarse guerrero. La diferencia en la actitud de Ieyasu en este caso sugiere que generalmente la retirada era vista de forma negativa, pero que fue elegida como táctica por un comandante flexible cuando la situación lo requería.

En la batalla de Mikatagahara en 1572, dos samuráis llamados Takigawa y Sakuma se retiraron con miedo y dejaron a otro samurái llamado Hiraide en gran peligro. Esta fue una forma de retirada claramente inaceptable. Sin embargo, en la misma batalla dos divisiones de Takeda se retiraron para ser reemplazadas en el frente con tropas más tropas más frescas. Este tipo de retirada e intercambio de tropas era un movimiento organizado dentro de una fuerza y no tenía ninguna connotación de vergüenza. Esta fue la famosa batalla en la que Natsume Yoshinobu, leal servidor de Tokugawa Ieyasu, insistió en que su señor abandonara el campo de batalla para poder seguir dirigiendo el ejército desde un lugar seguro (véase el capítulo 6).

En general, la retirada nunca se consideró un movimiento totalmente positivo, a menos que fuera táctico o se utilizara para atraer al enemigo a una trampa, en cuyo caso no se trataba de una auténtica retirada, sino de un engaño.

Defender la retirada

«Cuando estás en guerra en una provincia enemiga y se ha extendido la confusión, es posible que tengas que retirarte. Los samuráis que se quedan con el señor son considerados inmensamente prestigiosos, especialmente si se trata de una situación en la que el caballo del señor no puede retirarse. En esta situación, haz que el señor monte tu caballo mientras tú le asistes a pie. Un acto de extrema valentía es volver y recuperar un estandarte de *sashimono* que se ha dejado caer. Esta persona es considerada como un *eiyū no bushi*, un guerrero heroico.»

Ippei Yōkō (c. 1670)

Aunque la retirada no era necesariamente vergonzosa, tampoco aportaba ningún prestigio. Sin embargo, aquellos samuráis que se mantenían firmes y retenían al enemigo mientras sus compañeros escapaban eran muy alabados. Para ofrecerse como voluntario para este deber, un samurái tenía que presentarse ante el equipo de mando y declarar su deseo de ser *shingari* de defensa en la retirada. Además de luchar contra el enemigo delante de todos los demás que se retiraban, los deberes del *shingari* incluían ayudar a traer de vuelta a los heridos y recoger los estandartes que habían quedado en el suelo. Cualquiera que sobreviviera a esta prueba se ganaría una gran reputación de valentía y de honor. El protocolo *shingari* muestra que la retirada táctica era a menudo una parte necesaria de la guerra y contradice directamente el mito moderno de que los samuráis nunca podían retirarse.

La vergüenza como incentivadora

«*Tsumi* ("delito") pertenece al cuerpo, mientras que *haji* ("vergüenza") está ligada al alma.»

Yoshida Shōin (1830-1859)

Aunque los samuráis no consideraban que la vergüenza en sí fuera algo bueno, se le atribuía un aspecto positivo: la perspectiva siempre presente de la deshonra inspiraba a la gente a actuar de acuerdo con las expectativas sociales. Los principales términos para referirse a la vergüenza son *haji* y *chijyoku*; otras ideas relacionadas son *na* («nombre»), *meiyo* («honor»), *iji* («orgullo») y *menboku* («prestigio»). Estos conceptos se combinan para crear una identidad samurái basada en la cultura de la vergüenza.

Derrota aplastante

Dividir al enemigo y obligarlo a retirarse de forma desordenada era un alto honor en la cultura samurái, ya que era la forma definitiva de demostrar su superioridad sobre la oposición.

Ocupar el espacio que el enemigo había controlado era otro logro digno de elogio.

A veces era posible dispersar al enemigo mediante el ingenio en lugar de mediante la fuerza de las armas. El ejército de Taira engañó a su enemigo para que huyera sin presentar batalla haciendo que los exploradores asustaran a los pájaros a lo largo de la orilla de un río para que volaran en bandada. Al observar esto, el enemigo lo confundió como una señal de que el ejército contrario estaba llegando y el pánico se apoderó de sus tropas porque no estaban preparadas para luchar en ese momento.

Fuentes

«Si el enemigo ha sido acorralado mientras intentaba cruzar una valla, zanja o terraplén o mientras se retiraba en grupo tras haber sido desalojados, pueden corregirse, recolocar sus lanzas y entrar en combate. Esto no debe ser clasificado como *honyari* ("la lanza verdadera"). Además, existe el *oikakeyari* ("la lanza perseguida"). Si esto ocurre cuando se monta a caballo, entonces no se considera *yariawase* ("combate con lanzas"), sino que se llama *hanyari* ("media lanza")».

Ippei Yōkō (c1670)

«Si has conseguido la cabeza de un enemigo trs perseguirlo mientras huía, [si el enemigo] era prestigioso, toma su catana, *wakizashi* o estandarte como prueba [de su muerte] y como forma de descubrir su nombre.»

Ippei Yōkō (c. 1670)

Reunir

«Si tus aliados caen en la confusión, mantén los estandartes y las banderas firmemente en sus posiciones. Al volver a encontrar dichas banderas, las personas que se habían hundido podrán reagruparse. [Hay una bandera llamada] *ryū* ("dragón"). Los dragones tienen la energía del *yō* (yang) y realizan la mayor de las hazañas. Además, las banderas se colocan a una altura donde los dioses de la guerra les gusta residir. Sin embargo, me gustaría ofrecer la idea de que se utilizan de esta manera porque algo en una altura puede puede ser visto fácilmente por todo el mundo, en lugar de porque es donde los dioses residen.»

Heieki Yōhō (*c*. 1670)

Reunir a un ejército es detener su huida y conseguir que se reagrupe, se mantenga firme y cambie su movimiento a un avance, si es posible. En tiempos de los samuráis, las tropas se reunían en torno a un estandarte grande y fácilmente identificable, a veces conocido como el «estandarte del gran dragón». El mando central (*hatamoto*) llegaba a una elevación de la zona y enarbolaba el estandarte para atraer a las tropas que huían. Según la tradición samurái, los dioses de la guerra residían en lugares elevados; por lo tanto, colocar el estandarte en lo alto era utilizar el poder de los dioses (aunque, como señala la cita anterior, ondearlo en altura también servía para el propósito práctico de hacerlo visible). Sin embargo, en lugar de depender enteramente del estandarte de reunión, el grupo de mando también informaba a los capitanes principales antes del combate sobre los mejores lugares para reagruparse si el ejército se dispersaba.

Refrescar

Muchos comandantes de éxito a lo largo de la historia del mundo han reconocido la necesidad de relevar a sus tropas de primera línea y sustituirlas por guerreros frescos, y parece haber sido así también con los samuráis. Sin embargo, cuando Tokugawa Ieyasu ordenó a un comandante de la familia Uesugi que retrocediera y permitiera que tropas más frescas ocuparan el lugar de sus hombres, no recibió la respuesta que esperaba. El comandante respondió:

> «Puede que la orden de Ōgosho-sama [Tokugawa Ieyasu] sea que nosotros retrocedamos, pero he nacido en una casa de guerreros, y nuestra tradición es no retroceder una vez iniciado el combate.»

Cambio de guardia

John Saris, que escribió a principios del siglo XVII, describió el cambio de la guarnición en el castillo de Fushimi, que tenía lugar cada tres años. Los soldados salían en filas de cinco y después de pasar diez filas había un capitán de cincuenta hombres que los mantenía a raya en la retaguardia. Los hombres que entraban seguían el mismo patrón y de esta manera la guarnición se refrescaba. Había una jerarquía en el orden de marcha, que era evidente por las diferentes clases de armas que los distintos tipos de samuráis portaban. Había soldados que llevaban catanas, arqueros e incluso tropas que solo llevaban una espada corta. Dentro de cada categoría, los samuráis de mayor rango llevaban las mejores armas (por ejemplo, sables con guarniciones de oro) e iban en la retaguardia de su grupo.

Rendición

Había tres opciones para los samuráis cuando sus fuerzas habían sido totalmente derrotadas:

1. Morir.
2. Huir.
3. Ser absorbido por el enemigo.

En algunos casos, la muerte era la única opción realista. El exilio era posible si el ejército contrario no aceptaba el cambio de bando. Algunos samuráis huyeron a otras provincias de Japón, pero los hubo que llegaron hasta otros países de Asia oriental y formaron bandas de mercenarios, se convirtieron en piratas o se instalaron en comunidades japonesas.

En cuanto al cambio de bando, hay que subrayar aquí que, en su *El arte de la guerra*, Sun Tzu abogaba por absorber a los prisioneros enemigos para reforzar las fuerzas aliadas, y se sabe que los samuráis daban mucha importancia a las enseñanzas de Sun Tzu. Hay innumerables ejemplos de samuráis que fueron absorbidos o se rindieron a fuerzas superiores. Por ejemplo, el clan Ogasawara se rindió al clan Takeda, pero a su vez los de Takeda se rindieron a los Tokugawa.

La caída de los Takeda, uno de los clanes más importantes de Japón, tuvo lugar tras la muerte de su máxima figura, el maestro estratega Takeda Shingen. El control del clan pasó a su hijo Takeda Katsuyori, al que se consideraba un tonto, aunque probablemente solo se trataba de que no estaba a la altura del alto nivel requerido por Shingen. Una combinación de infortunio, traición y la mala toma de decisiones y la joven cabeza impetuosa de Katsuyori, llevó al colapso y a la derrota de los Takeda. Un poema contemporáneo de la época dice:

> «Takeda Katsuyori el inútil ha perdido su patria
> al perder estúpidamente sus batallas.»

La caída de un castillo

El rollo de papel escrito *Heieki Yōhō* describe un protocolo sorprendentemente ritual para la rendición de un castillo. Las tropas derrotadas que salían de la fortaleza y las fuerzas victoriosas se enfrentaban en dos líneas ordenadas. Los oficiales de cada bando se inclinaban ante sus homólogos y se sellaba el intercambio del control de la fortaleza.

Los acontecimientos que condujeron a la caída del castillo de Kanie fueron menos amables cuando fue asediado por las fuerzas de Tokugawa. Hallándose al borde del colapso, los defensores enviaron un mensaje a los Tokugawa de que querían rendirse y abandonar el castillo; el bando Tokugawa accedió a ello con la condición de que entregaran la cabeza de Maeda Tanetoshi, que se encontraba en el castillo. Maeda Tanetoshi, que no quería perder su cabeza, trató de huir, pero su propio primo y –hasta ese momento– aliado lo capturó y lo decapitó, un acto que permitió a todas las demás personas poder salir libres del castillo.

Vivir para luchar otro día

Lo cierto es que los samuráis podían soportar la derrota. En muchos casos, la pérdida no era en absoluto demoledora y hay numerosos ejemplos de comandantes samuráis que fueron derrotados y se recuperaron reuniendo una fuerza mayor para volver a luchar. La imagen del general vencido que se suicida por vergüenza es una gran exageración. Si bien algunos samuráis cometieron suicidio ritual cuando todo estaba perdido, era mucho más común que se reagruparan y encontrar nuevas tropas.

Las artes sutiles de la guerra

Utilizar el lenguaje correcto

«Asegúrate de que no utilizas términos que puedan incomodar a la gente o que se consideren malvados. Las palabras que hay que utilizar son *ikusakotoba*, términos militares.»

Ippei Yōkō (*c*. 1670)

Al hablar de la guerra, los samuráis se preocupaban de utilizar la terminología correcta. Esto daba un aspecto caballeresco a su violencia. El término *ikusakotoba* (戦言葉), que significa «palabras de guerra» o «lenguaje belicoso», se utilizaba para referirse al lenguaje correcto para un guerrero. Por ejemplo, podían sugerir «retirarse» en lugar de «huir» para no dar una imagen negativa de la acción. Era importante utilizar palabras que lograran un equilibrio entre la confianza y la arrogancia. Expresar una creencia en las propias capacidades o en la superioridad de su bando sobre el enemigo era aceptable, siempre y cuando no se cayera en el descaro y la vulgaridad. También había palabras que debían evitarse porque se consideraban de mal agüero, a veces porque sonaban a términos espiritualmente negativos. El siguiente extracto, adaptado del rollo escrito *Ippei Yōkō*, muestra lo importante que era para un samurái utilizar los términos correctos.

«En la guerra [durante la "ceremonia de las cuerdas de arco resonantes"], golpea la cuerda del arco solo una vez. Se debe evitar golpear tres veces porque *miuchi*, "tres golpes", es similar a *mi wo utsu*, "ser golpeado". Se prefiere el término *hitotsu*, "una vez", porque también puede leerse como *katsu*, "victoria". El término *susumu*, "avanzar", debería utilizarse para indicar el movimiento de las banderas cuando un ejército parte a la guerra y *shiboru* para describir el movimiento de una bandera alrededor de un asta. *Hata wo maku*, "enrollar las banderas", significa rendirse [por lo que debe evitarse]. *Hipparu* se utiliza para indicar que el enemigo ha izado sus banderas, mientras que *uchitateru* debe usarse para las propias banderas. Evitar el término *kiru*, "cortar", cuando se habla de [crear] los mástiles de las banderas y utilizar *karu*, "cazar", en su lugar. El término *horu*, "cavar", también puede emplearse».

Como puede verse, había sutilezas muy delicadas en la forma en que un samurái debía expresarse, y la lista anterior de ejemplos no es en absoluto exhaustiva. El samurái no debe parecerse a los plebeyos y tampoco debe utilizar un vocabulario que provoque vergüenza. Ha de usar sus palabras con la misma precisión que sus armas.

«Cuando hay un disturbio civil, los samuráis dejan de lado las formas normales para el presente y adoptan la terminología militar para sus superiores aliados y subordinados. Se visten de gala, se ponen una armadura y toman las armas.»

Bushidō Shoshinshū (*c*. 1700)

Poemas de honor

世の中は常にもがもな渚漕ぐ海人の小舟の綱手かなしも

«¿Volverá a ser este mundo nuestro el mismo? A lo largo de la orilla del mar, los marineros reman en sus pequeñas embarcaciones mientras las maromas de amarre parecen llorar.»

Escritos de Minamoto no Sanetomo (siglo XIII)

La poesía era un aspecto importante de la vida militar japonesa. Una de las formas en que las familias de samuráis transmitían sus enseñanzas militares era componiendo poemas. Incluso las habilidades de los *ninjas* se transmitían en los «100 poemas de Yoshimori» (véase *The Secret Traditions of the Shinobi*, de Antony Cummins y Yoshie Minami).

Ser un buen comandante y un buen poeta se consideraba lo ideal. Sin embargo, los mejores comandantes no siempre fueron los mejores poetas. Al samurái Minamoto no Sanetomo, del siglo XIII, se le considera a menudo como el mejor poeta de *waka*, y el *shogún* del siglo XIV Ashikaga Takauji dejó setecientos poemas *waka* de una calidad evaluada como cruda pero sólida. En cambio, la poesía de Tokugawa Ieyasu estaba muy por debajo de su capacidad militar.

A continuación se presentan ejemplos de poemas militares extraídos de diversas fuentes:

夜軍は功のゆかねばしかけても味方討して損となるべし

«En una incursión nocturna, si no enviáis a la gente correcta, lucharéis entre vosotros y sufriréis daños.»

敗軍の敵かゝらば対の鑓対の道具はよはものとしれ
«Cuando persigas a un enemigo en retirada, ten en cuenta que sus lanzas y otras armas, que normalmente son equivalentes a las tuyas, no serán rivales.»

人は城人は石がき人は堀なさけはみかたあだはてきなり
«Nuestro pueblo es el castillo, nuestro pueblo son las murallas del castillo, nuestro pueblo es el foso. La compasión hace aliados, mientras que el rencor hace enemigos.»

軍兵は小鷹のざいにつくごとくかゝるも引もさうさうとせよ
«Los soldados deben ser rápidos tanto en el ataque como en la retirada, como un halcón atacando a su presa.»

幾度も主の命に替るべしふた心こそながき恥なれ
«Nunca debes dejar de arriesgar tu vida por la de tu señor; destierra los segundos pensamientos para siempre.»

君をあふぎ親を思ひて仮初もたかき賤礼義みだすな
«Admira a tu señor y piensa mucho en tus padres, para que, alto o humilde, mantengas siempre la moral del orden.»

世の中能人の心の偽耳死ぬる斗そ誠なりけり
«Entre todas las mentiras que brotan de la mente de la gente, la única verdad real es entrar en la muerte.»

Conocimiento esotérico

Ciertos samuráis, conocidos como *gunbaisha* (軍配者), eran maestros del conocimiento esotérico y el ritual. Los caracteres que componen el término *gunbaisha* significan literalmente «persona de posicionamiento militar». Esto se refería al posicionamiento metafísico basado en la teoría del *yin-yang*, los ciclos de creación y destrucción y los presagios maléficos o auspiciosos. Aunque los documentos *Ōgiden* y *Bansenshūkai* advierten que no hay que tener demasiada fe en los días y direcciones de la suerte o la desgracia, los samuráis tenían en cuenta complejos sistemas de adivinación y lectura de presagios, siguiendo el ejemplo de los *gunbaisha*.

Esta atención a las direcciones y posiciones auspiciosas e inauspiciosas dentro del paisaje se extendió incluso a un estatus especial para la dirección y posición de la residencia del señor. Según el *Bushidō Shoshinshū*, los samuráis nunca dormían con los pies apuntando hacia la casa de su señor, ni disparaban ninguna flecha en esa dirección. El mismo manual dice que, cuando se habla de su señor o de recibir un mensaje suyo, un samurái debe sentarse correctamente. Incluso si el mensajero tuviera un estatus inferior al del samurái, este debía mirarlo como miraría a su señor. Esta sección del documento describe la vergüenza que sentía un samurái que estaba tumbado cuando recibía un mensaje de su señor.

Observar el *chi*

Una de las principales tareas de los *gunbaisha* era observar el *chi*, la energía sutil que fluye por todas las cosas. Tendían a centrarse en el *chi* del entorno –por ejemplo, en el ejército o campamento enemigo o aliado–, más que en el *chi* de las personas individuales. Se podían extraer conclusiones de las diferentes formaciones y colores del *chi* que se producían en distintos momentos del día. Un *gunbaisha* afirmaba ser capaz de percibir o predecir acontecimientos como una muerte, una infiltración, un desastre, una reconciliación, etc., simplemente observando los patrones de *chi* que otros no podían ver (se pueden encontrar traducciones e ilustraciones de patrones de *chi* específicos en *The Dark Side of Japan*).

La suerte de las banderas

Como hemos visto, las banderas y señales eran una característica importante del ejército samurái. Por un lado, identificaban a los samuráis individualmente y actuaban como punto de reunión de la formación del ejército. Sin embargo, también se asociaban a un nivel de comunicación más sutil. Los *gunbaisha* podían leer presagios según cuál era la dirección en que ondeaba una bandera, si una bandera subía o no al asta, si era alcanzada por una flecha, y otros ejemplos similares. Algunas banderas llevaban consignas religiosas, mientras que otras eran tesoros. Las adornaban emblemas y símbolos y había un significado ritual tanto en su colocación como en la forma de trasladarlas e incluso de guardarlas. Un samurái tenía que entender de banderas, y para mantener su reputación tenía que enarbolar la bandera correcta y entender tanto sus connotaciones esotéricas como militares, ya que se creía que una sola transgresión de la etiqueta de las banderas podía traer la desgracia a todo el ejército.

Días, direcciones y horas de la suerte

Los japoneses utilizaban el antiguo sistema chino de tiempo y fechas, y esto incluía el concepto de que las horas del día, los propios días y las direcciones interactuaban para hacer que ciertos días fueran afortunados o desafortunados para ciertas actividades. Cuando un samurái marchaba a la guerra, tenía que hacerlo a la hora correcta del día correcto y en la dirección correcta. Equivocarse en esto era cubrir la campaña con un mal presagio antes de que hubiera comenzado. Aunque algunos documentos afirmaban que todo esto era una tontería, la mayoría de los samuráis seguían actuando según estos principios. Aunque solo se relaciona casualmente con la caballería, la idea de días especiales para la salida y la batalla añade otra capa a nuestra comprensión de cómo se comportaban los samuráis.

Rituales de guerra

Para los samuráis, la batalla era principalmente un asunto práctico, en el que el objetivo era encontrar la estrategia y la táctica adecuadas para derrotar al enemigo. Sin embargo, también había que hacer ciertos preparativos ceremoniales. En primer lugar, debían rezar a los dioses de la guerra, Hachiman y Bishamonten, y hacerles ofrendas en los momentos y lugares adecuados. Además, cada samurái tenía sus propias ceremonias previas a la batalla. Estas incluían la colocación de flores y la ejecución de la danza de batalla *henbai* o los siete pasos mágicos. También había una comida previa a la batalla con alimentos simbólicos, cantos y gestos destinados a provocar la derrota del enemigo y proteger al samurái. Para su comida, el comandante era atendido por tres compañeros y bebía sake dando nueve sorbos (cada sorbo representaba un atributo del samurái: valor, lealtad, sabiduría, etc.). Los samuráis también tenían que sentarse en la posición correcta para poder levantarse con la pierna izquierda, que era la pierna de la victoria y la masculinidad. Adoptado de Asia continental, el ritual diario del *kuji* era otro elemento básico de protección. Un samurái debía salir de la puerta correctamente, mantenerse en su posición correctamente, estar armado con talismanes y preparado para usar métodos mágicos y métodos esotéricos para obtener la victoria sobre el enemigo.

13. Engaño, oscuras maniobras y los muertos

Para el samurái, casi cualquier cosa oscura, desleal o tortuosa podía ser disculpada siempre que hubiera una intención honorable detrás. Incluso en los llamados tiempos de paz, este era un mundo peligroso en el que te arriesgabas a ser decapitado en la mesa del banquete, ser traicionado por tus aliados o ser tomado como rehén y crucificado por la traición de otro. En la batalla, los guerreros no solo luchaban contra el enemigo, sino que competían con sus camaradas para tomar las cabezas de los objetivos de alto estatus. Aunque existían protocolos detallados para tratar a los muertos de los samuráis, solo unos pocos recibían este tratamiento respetuoso. En este capítulo, vamos a examinar el *bushidō* en este turbio contexto.

Engaño

«La esencia de la guerra es el engaño.»

Sun Tzu (*c*. 500 a.C.)

La idea del *bushidō* que obtenemos de rollos escritos como el

Hagakure se basa en la acción directa y honesta. Los samuráis, se nos dice, deben dejar todo en manos del destino y matar al enemigo antes de que el este pueda matarlos a ellos. El engaño es deshonroso. Sin embargo, el engaño ha sido un elemento básico de la guerra japonesa desde los tiempos más antiguos. Originalmente, la estrategia militar japonesa se basaba en el sistema del ejército permanente chino que reposaba en las enseñanzas de los antiguos clásicos militares. Obras como *El arte de la guerra* de Sun Tzu se apoyaban mucho en el engaño como táctica valiosa. Sin embargo, cuando los grandes ejércitos permanentes se volvieron demasiado caros de mantener y los ejércitos personales más pequeños se convirtieron en la norma, las enseñanzas de la guerra comenzaron a divergir y, en algunos casos, el engaño parece haber sido visto como algo a evitar. Por ejemplo, el general del siglo XIV Shiba Yoshimasa declaró: «El comportamiento engañoso es muy malo en la guerra».

Incluso en la época dorada de los samuráis, vista con tanta nostalgia en el *Hagakure*, el engaño no solo se seguía utilizando, sino que se celebraba por su ingenio. Kusunoki Masashige está considerado como uno de los guerreros más honorables de toda la historia de Japón, pero también es famoso por la guerra de guerrillas y por sus ejemplares hazañas de engaño. En una ocasión, Masashige interceptó los suministros que se dirigían a un castillo que tenía como objetivo. Entonces él y sus hombres entraron en la fortaleza con el pretexto de hacer la entrega y, en su lugar, lanzaron un ataque por sorpresa contra el enemigo.

En un conflicto en el mar, el clan Taira engañó al clan Minamoto haciéndole creer que el emperador estaba a bordo de un impresionante barco de estilo chino, cuando en realidad se encontraba en un buque muy pequeño y poco llamativo.

La conclusión obvia es que el engaño era una parte importante de la vida de los samuráis, tanto en la guerra como en casa. Se atraía a la gente a los banquetes para asesinarla, las emboscadas eran un hecho y las tácticas engañosas en general eran muy admiradas. Parece que solo un puñado de textos menciona la necesidad de evitar el uso del engaño. Las siguientes hazañas de algunas de las figuras más célebres de la historia japonesa ilustran el papel fundamental del engaño en el pensamiento samurái.

El golpe sin respuesta

Cuando Minamoto no Yoshitsune huía de su hermano mayor, el *shōgun* Yoritomo, debía encontrar una forma de evitar ser descubierto, así que él y sus hombres se disfrazaron de monjes errantes y fingieron estar recogiendo donaciones para su templo de vuelta a casa.

En un punto de control, la tropa emitió el sonido del canto del gallo antes del amanecer para engañar a los guardias y hacerles creer que era el momento adecuado para abrir la puerta. Benkei, el criado de Yoshitsune, un destacado monje guerrero y forzudo, leyó en voz alta un registro de donaciones falso para convencer a los guardias de su autenticidad. Tras recibir el permiso para proceder, comenzaron a atravesar la puerta. Sin embargo, un astuto guardia reconoció a Yoshitsune, que iba disfrazado de sirviente, e impidió que el grupo siguiera avanzando. Estaban a punto de ser identificados cuando a Benkei se le ocurrió abofetear a Yoshitsune en la cara y gritar al «sirviente» por retrasarlos. El guardia, convencido de que un señor samurái de alto rango como Minamoto no Yoshitsune nunca permitiría que nadie le golpeara, creyó que había cometido un error y les permitió pasar.

Esta historia fue considerada como un gran cuento entre los samuráis, pero Yoshitsune y su grupo ciertamente no se comportaron de la manera que recomienda el *Hagakure*. Todo su plan se basaba en el engaño. Dijeron mentiras, se disfrazaron, imitaron a los animales, y Yoshitsune incluso permitió que su honor fuera afrentado con un golpe en la cara. Sin embargo, el engaño rápido de Benkei y Yoshitsune fueron considerados como ejemplos sobresalientes de fortaleza e ingenio de los samuráis, incluso en la época en que se escribió el *Hagakure* y habían sido admirados durante muchos siglos antes.

Ser golpeado en la cara por alguien de menor rango era visto como un acto intolerable. Incluso hay relatos de samuráis de rango inferior que se vengaban de un superior que les había golpeado matando a su agresor (aunque luego tenían que matarse a sí mismos inmediatamente después). Por lo tanto, el hecho de que Yoshitsune permitiera que el golpe de Benkei quedara impune y el modo en que su engaño fue celebrado por generaciones de samuráis vuelve del revés lo que creemos saber sobre *bushidō*.

La historia en la balanza

En la batalla de Mikatagahara en 1573, Tokugawa Ieyasu sufrió una dura derrota. Fue superado por las fuerzas de Takeda Shingen, incluyendo la caballería de élite de Takeda, conocida como los «jinetes del demonio de Kai». Al no tener otra opción que retirarse, Ieyasu tuvo que luchar «con uñas y dientes» solo para volver a la seguridad de su campamento. Sin embargo, todavía fue capaz de mantener su ingenio e hizo varios movimientos importantes que significaron que esta derrota no aniquilara la causa Tokugawa por completo.

Takeda Shingen llevaba una capucha blanca de monje en la cabeza en lugar de un casco, así que, cuando uno de los hombres de Ieyasu tomó la cabeza de un monje guerrero, Ieyasu vio una oportunidad de revertir la situación a su favor. Proclamó que esta era en realidad la cabeza de Shingen y ordenó que las puertas del campo de batalla se abrieran de par en par para que el victorioso ejército Tokugawa marchara al ritmo de los tambores de guerra. Luego hizo que sus guerreros caídos fueran recolocados en el suelo para que estuvieran de espaldas a la fortaleza y de cara al enemigo. Esto hizo que pareciera que no habían muerto huyendo.

Cuando las fuerzas de los Takeda llegaron para completar la huida, vieron las puertas abiertas, escucharon el sonido de los tambores de guerra y vieron a todos los samuráis que parecían haber muerto valientemente defendiendo su campamento. Temiendo una trampa, se detuvieron y decidieron retirarse. Si hubieran atravesado las puertas, habrían acabado con los Tokugawa allí mismo, cambiando toda la historia de Japón. Así fue, Ieyasu fue capaz de reagruparse y volver más fuerte.

Los engaños de Ieyasu fueron celebrados tanto como los de Yoshisune y Benkei. En definitiva, esto nos da una imagen del samurái muy diferente de la que vemos en la cultura popular.

La utilización de dobles

«Dado que las artes de la guerra utilizan deliberadamente el cambio y la transformación, el secreto es primordial.»

Heihō Ōgisho (siglo XVII)

La táctica conocida como *kagemono* (影者), que significa «persona en la sombra», se menciona en la epopeya del *Kōyōgunkan* y en las enseñanzas de Natori-Ryū, y seguro que también puede encontrarse en muchos otros manuales militares japoneses. Consistía en hacer pasar un doble, más prescindible, como el líder haciendo que el impostor se vistiera como el líder y tomase la posición normal del líder tanto en las procesiones como en el campo de batalla. El verdadero comandante adoptaría un traje y una posición menos llamativa, lo que le convertía en un objetivo menos obvio.

Este tipo de engaño también se utilizaba para proteger a las mujeres importantes. Cuando Omandokoro, la madre de Toyotomi Hideyoshi, se desplazó en un intercambio político, uno de los criados de Tokugawa Ieyasu pensó que Hideyoshi la habría cambiado por otra mujer mayor. El hecho de que hiciera esta suposición demuestra lo común que debía ser el *kagemono*. Sin embargo, parece que Hideyoshi fue honesto en esta ocasión y envió a su verdadera madre.

Shinobi

«Como guerrero *bushi*, debes hacer grandes esfuerzos para evitar caer en la maldad. Esto se aplica especialmente a aquellos que han dominado los caminos del *shinobi*. Todas estas tácticas son justificables, siempre que se utilicen con fines leales. Si actúas por lealtad, la suerte te acompañará y ganarás honores. Por el contrario, si conspiras con intención maligna y tienes en mente tus propios deseos, entonces te arruinarás y te convertirás en un enemigo notorio. Por lo tanto, estudia el camino correcto de *bu*, el camino del samurái.

En general, es más que justo que un samurái aprenda cualquier tipo de arte. Dominar el arte del *shinobi* no es en absoluto algo malo. El conocimiento de las formas de los *shinobi* puede ser utilizado como defensa contra los *shinobi* o, a veces, como táctica para cumplir con la lealtad. Las habilidades militares no deben convertirse en *majutsu*, habilidades de magia maligna. Aquellos que son conocidos por dominar las artes *shinobi* serán castigados severamente si las usan para sus propios fines. Si una persona común utiliza las habilidades de los *shinobi* con malas intenciones, sus pecados serán diez veces mayores que los de aquellos que realicen exclusivamente las habilidades *shinobi* como profesión.»

Shoka no Hyōjō (1621)

Como especialistas en misiones de «capa y espada», incluyendo el sabotaje, la infiltración y el espionaje, los *shinobi* eran los verdaderos maestros del engaño dentro de una fuerza samurái. El papel del *shinobi* traspasaba todas las fronteras sociales y el término se utilizaba para referirse a una amplia variedad de funciones, que iban desde un ladrón contratado para acosar al enemigo, o un agricultor local que informaba de los movimientos de las tropas enemigas, hasta un agente profesional de infiltración samurái o un maestro espía en el centro del servicio de inteligencia de una fuerza. Por tanto, sería un error caer en la trampa de pensar, como hacen algunos que los *shinobi* son totalmente distintos de los samuráis. Aunque no todos los *shinobi* provenían de la clase samurái, una proporción significativa sí lo hacía.

Los samuráis no veían nada malo en urdir complots que implicaban el allanamiento de morada, el asesinato, el incendio provocado, el sabotaje, etc., entrar, matar, asesinar, incendiar, infiltrarse, sabotear, etc. Mientras tuvieran éxito y aportaran beneficios al clan, tales planes se consideraban loables y no vergonzosos. Sin embargo, ciertos aspectos del *shinobi no jutsu*, como la mentira, el engaño, la extorsión, el juego, el soborno y la magia oscura, eran vistos con desagrado. Lo que les resultaba especialmente difícil de digerir era fingir ser un sirviente de otro guerrero, disfrazarse de humilde soldado común, recorrer la tierra como mercader o animador, viviendo como un miembro ordinario de la población. Esto era un paso demasiado lejos para muchos. Cualquier samurái que cruzara la línea en este mundo poco caballeroso tendría que sofocar su vergüenza interior asegurándose de que sus motivos eran puros, aunque sus actos no lo fueran. Un samurái podía justificar casi cualquier acción siempre que pudiera demostrar que actuaba por lealtad.

Shinobi, ninja y kanja

La mayoría de la gente está más familiarizada con el término *ninja* que con el de *shinobi*. Sin embargo, parece que *ninja* solo se utilizó a mediados del siglo xx. Originalmente, los caracteres utilizados para *ninja* (忍者) se habrían pronunciado como *shinobi no mono*. Es muy probable que el término *ninjutsu* (忍術), también moderno, se haya leído originalmente como *shinobi no jutsu*. Tanto *shinobi* como *ninja* están estrechamente relacionados, si bien no son intercambiables, con el término *kanja* (間者), el clásico espía.

Espionaje

Todos los gobiernos dependen de sofisticadas redes de recopilación de información y los *shōgunatos* japoneses no fueron diferentes. Además de los *shinobi* y los *kanja*, había otros oficiales dedicados al espionaje, como los *metsuke* («supervisores») y *yokome* («informadores ocultos»). El *shōgun* del siglo XVIII Tokugawa Yoshimune estableció un servicio secreto conocido como el Oniwaban, que fue reclutado entre las familias de Wakayama. Del mismo modo, el espadachín ladrón Tobisawa Jinai fue capturado, pero luego indultado con la condición de que se infiltrara en el submundo criminal y se convirtiera en informante del gobierno.

Fuentes

«El papel del *shinobi* implica realizar muchas tareas humillantes. Aunque un guerrero *bushi* debe priorizar la lealtad por encima de su propia dignidad, suele ocurrir que las personas que no son contratadas exclusivamente para este trabajo realmente no les gusta aceptar tales tareas [...], pero si no albergan malas intenciones, entonces la táctica del señor se desarrollará de forma positiva y se logrará una victoria completa. Si carecen del poder de observación y sus mentes no son rectas, entonces estas tácticas fracasarán y la ruina se producirá de forma inmediata».

Shoka no Hyōjō (1621)

«Básicamente, el *bushi* debe involucrarse en el arte del *shinobi*, ya que no es afín al *yatō* (夜盗), el robo. La gente de la antigüedad, en cambio, se refería al arte como *yatō* (夜頭), liderazgo en la noche. Los buenos *shinobi* eran respetados, ya que actuaban como luces de guía y eran designados como comandantes, liderando un escuadrón de hombres. En los momentos críticos, el líder *shinobi* se hacía cargo de la situación por sí mismo.»

Shōninki (1681)

«Los *shinobi no mono* no solo usan *myō*, magia maravillosa. Antes de recurrir a *myō*, primero utilizan los cinco factores constantes, así como la sabiduría, la benevolencia y la valentía para llevar a cabo sus tácticas. Si intentan obtener resultados con [solo] habilidades maravillosas, entonces quedarán atrapados en su propia falsedad y perderán *honshin* (la mente original). Por lo tanto, en el *shinobi no jutsu* es correcto obtener resultados a través de la justicia.»

Fukushima-Ryū Shin'i Kufū no Maki
(siglo XVII, transcrito en 1797)

Asesinato y homicidio

La línea entre el asesinato y el homicidio es delgada y gira en torno a la intención. En este caso, consideraremos como asesinato el hecho de matar a alguien por ira u odio o por macabra compulsión, mientras que el asesinato de alguien por motivos políticos o económicos se considerará homicidio.

Sea como fuere, está claro que en el antiguo Japón era necesaria una vigilancia constante contra los ataques. La escuela de esgrima Yagyū enseñaba a sus alumnos que, cuando estuvieran sentados en un lugar cerrado, debían mirar hacia arriba y a cada lado para comprobar que no hubiera obstáculos en la zona; cuando estuvieran sentados junto a una puerta o un biombo, debían fijarse en si podían caerse (o ser empujados); y debían intentar anticiparse a cualquier otro peligro. Si se encontraban cerca de los nobles de la corte, debían ser conscientes de que podía ocurrir algo inesperado, e incluso cuando atravesaban una puerta, debían estar siempre alerta.

Enseñanzas similares sobre la precaución en lo que normalmente se consideraría un entorno seguro se encuentran también en otras escuelas, dando la idea clara de que la gente puede saltar en cualquier momento y que el peligro acecha en los rincones oscuros. El asesinato y el homicidio eran hechos aceptados en la vida de los samuráis. No había vergüenza en matar a alguien de esta manera; lo que era vergonzoso era no vengar tal acto.

Asesinato

«[Los japoneses] son muy crueles y matan fácilmente a sus súbditos por cosas ligeras, y cortarle la cabeza a un hombre o cortarlo por la mitad como si fuera un perro les parece poca cosa. Si se encuentran con un pobre hombre, pueden cortarlo por la mitad solo para ver cómo corta su catana si ven que haciéndolo ellos no corren ningún peligro.»

Escritos de Alessandro Valignano (siglo XVI)

El samurái suele ser visto de dos maneras opuestas que no encajan bien entre sí: primera, como un noble caballero por excelencia; segunda, como la brutal máquina de matar representada en la obra de Valignano antes mencionada. Para aumentar la confusión, Valignano revisó más tarde esta afirmación diciendo:

«Salvo en tiempo de guerra o para cumplir las órdenes de su señor, viven muy pacíficamente, con pocas matanzas y duelos. Por tanto, no son crueles por naturaleza. Es verdad que hay casos en los que alguien mata a un pobre para probar una espada, pero son muy raros, porque en Japón el castigo por asesinato o incluso por luchar es grande. Principalmente, prueban sus espadas con los condenados por la justicia».

El hecho es que los guerreros de todos los tiempos y todas las culturas muestran una tendencia a empaparse de sangre, a ritualizar y glorificar el asesinato, y los samuráis no eran diferentes. Bajo sus pulidos modales, se escondía una crueldad difícil de ocultar, como ilustran los siguientes ejemplos.

- En 1219, el impopular *shōgun* Minamoto no Sanetomo, a menudo conocido como el «*shōgun* poeta» por su lograda poesía *waka*, fue decapitado por su propio sobrino, que podría haber estado mentalmente enfermo y haber sido engañado para cometer el asesinato por una pariente femenina.
- Cuando Tokugawa Ieyasu fue rehén de niño, uno de sus captores, Haramiishi Mondo, fue muy grosero con él. Años más tarde, cuando Ieyasu tomó el castillo de Nagashino, encontró a este hombre destinado allí y lo mandó matar a causa de su experiencia en la infancia.
- El rollo escrito *Hagakure* relata la historia de un samurái que viajaba en barco. Entre los otros pasajeros había un idiota repugnante que estaba causando problemas. El samurái esperó a que orinara por la borda para poder cortarle la cabeza por detrás sin previo aviso. Luego hizo que el barquero los llevara a un lugar remoto para poder deshacerse del cuerpo. Justo antes de partir, el samurái ordenó al barquero que hiciera cortes con su espada en el cadáver sin cabeza para que ambos fueran partícipes del asesinato.
- En la década de 1860, los ataques a visitantes extranjeros en Japón eran frecuentes.
- Cuando el joven teniente francés Camus fue asesinado en 1863, sus asesinos fotografiaron el cuerpo gravemente mutilado. Esto sirvió como una advertencia gráfica para todos los occidentales que se encontraban en Japón en aquella época, para que estuvieran en guardia contra las agresiones racistas. La inmunidad diplomática no era una protección contra el asesinato.

Homicidio

«Los dos samuráis se alegraron y celebraron una bulliciosa fiesta llena de bebida y juerga. En medio de la fiesta, Yahachirō, el nuevo samurái viajero que acababa de llegar, sacó su espada, mató al señor Sōbeinojō e intentó matar también al señor Tatewaki. Sin embargo, Tatewaki sacó su espada y tras una dura lucha acabó matando al samurái traidor. Cuando los hombres de Sōbeinojō llegaron y vieron la escena, se equivocaron y pensaron que Tatewaki había matado tanto a su señor como a Yahachirō. Entre veinte y treinta personas le atacaron ahora con espadas y Tatewaki se defendió luchando contra ellos hasta que pudo volver con sus hombres y explicarles lo que había pasado. En ese momento, un paje que había visto lo sucedido contó su versión de los hechos, y así se reveló que el señor Tatewaki efectivamente decía la verdad. Después un registro de la bolsa del traidor Yahachirō reveló una escritura firmada por Ishida. En ella prometía que si mataba tanto a Mizuno Sōbei como a Horio Tatewaki, se le darían sus dominios en Mikawa y Enshū».

Musha Monogatari (1654)

El asesinato era un riesgo aceptado que acompañaba a la condición de samurái. Escribiendo a finales del siglo XVI, João Rodrigues observó que los samuráis reservaban su traición para la diplomacia y la guerra. A un objetivo para el asesinato se le proporcionaba un generoso entretenimiento, y luego, en medio del festín, cuando bajaba la guardia, se le decapitaba. Sin embargo, Rodrigues señala que a menudo el asesinato se llevaba a cabo para reducir la tensión política y evitar la guerra, lo que podía acabar salvando vidas. Antes de cometer su asesinato, los asesinos samuráis escribían una carta conocida como *zankanjō* (斬奸状), en la que explicaban por qué el asesinato era noble y necesario.

Los complots para matar a los rivales políticos no siempre tenían éxito. En 1335, durante el período Kenmu, cuando las dos cortes del norte y del sur luchaban por la supremacía, Saionji Kinmune y Hōjō Tokioki planearon asesinar al emperador. Kinmune se disfrazó de sacerdote para llevar a cabo el magnicidio, pero el intento fracasó y fue asesinado. Hōjō Tokioki logró escapar a una fortaleza en el este.

Cuando se trata de intrigas políticas, pocos períodos de la historia japonesa pueden competir con el siglo XVI, y el poderoso Tokugawa Ieyasu y su familia estuvieron en el centro de la acción. El abuelo de Ieyasu, Matsudaira Kiyoyasu, fue asesinado por uno de sus propios criados en 1535. El hijo de Kiyoyasu (y padre de Ieyasu), Matsudaira Hirotada, sobrevivió a un atentado contra su vida cuando Iwamatsu Hachiya, conocido como «el tuerto», se coló en la habitación donde estaba durmiendo y le atacó con una lanza. Después de rozar a su objetivo, el aspirante a asesino huyó de la escena, pero fue interceptado en el puente del castillo por un vasallo que pasaba por allí. No obstante, en la lucha ambos cayeron al foso. Poco después, Hirotada fue asesinado de todos modos, por algunos de sus vasallos, que habían sido sobornados por el clan Oda.

A diferencia de su padre y su abuelo, el propio Ieyasu vivió hasta los setenta años y murió por causas naturales, pero fue blanco de intentos de asesinato en numerosas ocasiones durante su carrera. Se dice que Takeda Shingen envió a un joven a matarlo. El chico-asesino se coló en el dormitorio de Ieyasu una mañana temprano, pero la habitación estaba vacía ya que, por suerte para él, Ieyasu estaba rezando en otro lugar. El joven fue capturado, pero Ieyasu decidió enviarlo de vuelta a Takeda Shingen ileso porque respetaba la valentía del muchacho al emprender tal misión y no quería desperdiciar la vida de un dedicado vasallo.

El documento *Mikawa Go Fudoki* (三河後風土記) registra otra de las ocasiones en que Ieyasu escapó por los pelos. Describe una batalla en la que Ieyasu, cubierto de sangre, luchaba junto a sus hombres. Debido a que la batalla estaba dispersa en varios frentes, un enemigo pudo mezclarse con las tropas de Ieyasu para intentar acabar con él. Sin embargo, dos de los vasallos de Ieyasu, Amano Saburobei y Katō Masatsugu, acabaron con el asesino antes de que pudiera hacer su trabajo.

El rollo escrito *Hagakure*, que data de un período posterior, relata otro intento fallido de asesinato. Un par de samuráis asesinos se acercaron sigilosamente a su objetivo, también un samurái, mientras le lavaban los pies. Antes de que pudieran cortarle la cabeza, el objetivo, sintiendo una presencia detrás de él, se giró y decapitó a sus dos agresores. Se dice que sus cabezas cayeron en la palangana de lavado a sus pies, aunque esto suena demasiado bien para ser verdad.

La muerte de Oda Nobunaga: ¿muerte o asesinato?

Uno de los actos de traición más famosos de la historia de Japón es el de Akechi Mitsuhide, que mató a su señor, Oda Nobunaga, en el momento en que era el hombre más poderoso de Japón. Nobunaga se estaba preparando para dar un importante banquete, al que había invitado al influyente excriado de Takeda,

Anayama Baisetsu, y a Tokugawa Ieyasu. Había delegado los preparativos en Mitsuhide, pero no estaba nada contento con los esfuerzos del samurái. Se cuenta que Nobunaga dijo que la comida era de mala calidad, pateó todas las mesas con rabia, despojó a Mitsuhide de sus funciones y lo sustituyó por otra persona. Según algunos relatos, también golpeó a Mitsuhide en la refriega.

Muchos años después de este supuesto incidente, Mitsuhide y sus hombres lanzaron un ataque sorpresa contra Nobunaga en el templo Honnōji. La lucha empujó a Nobunaga al interior del templo y los atacantes incendiaron el complejo. Los atrapados en el edificio, incluido Nobunaga, cometieron *seppuku* y su cuerpo quedó reducido a cenizas.

Todavía no se sabe del todo si la motivación de Mitsuhide fue emocional o política: si asesinó a Nobunaga como un acto de venganza por su desprecio o en un intento de obtener poder. Incluso puede haber sido una combinación de ambas.

En cualquier caso, la consecuencia fue que la alianza de Oda se rompió. Con su líder muerto, las otras figuras principales de la alianza se retiraron a la seguridad de sus dominios. Los leales a la memoria de Nobunaga se reunieron, persiguieron a Mitsuhide y se vengaron sangrientamente, mientras que Toyotomi Hideyoshi tomó el mando de todo Japón.

Matar al mensajero

Kawajiri Hidetaka había tomado recientemente el control de la provincia de Kai, que el clan Takeda había perdido. Su gobierno era duro y había malestar entre sus súbditos. Tokugawa Ieyasu decidió ofrecerse a reunirse con Hidetaka para discutir cómo el nuevo gobernante podría calmar la ira de su pueblo, enviando a su vasallo Honda Nobutoshi a Hidetaka con esta invitación.

Sin embargo, Hidetaka vio esto como una maniobra de los Tokugawa para arrebatarle sus tierras, por lo que procedió a emborrachar mucho al mensajero y a asesinarlo. A continuación, partió con un grupo de hombres para sofocar la revuelta, pero solo consiguió que le mataran. Es interesante señalar que, en este punto, Ieyasu se puso en camino y tomó las tierras de Hidetaka. Por lo tanto, la rencorosa decisión de Hidetaka de asesinar al inocente mensajero y su cobarde método para hacerlo –debilitándolo con la bebida antes de descuartizarlo en lugar de retarlo a un duelo honorable– fueron doblemente castigados.

Sed de sangre

Si un enemigo era un objetivo político u objeto de venganza o incluso el blanco de ira justificada, entonces se consideraba apropiado hacer que lo mataran o matarlo personalmente (aunque hacerlo conllevaba el riesgo de represalias). Sin embargo, matar a alguien por sed de sangre y brutalidad incontrolada no era una conducta apropiada para un samurái. No es que la ira en sí misma se considerara mala, sino que reaccionar violentamente en un ataque de ira era vergonzoso. Lo honorable era reconocer tu ira y y abstenerse de cometer actos graves hasta que se hubiera calmado.

El visitante del siglo XVI en Japón Alessandro Valignano escribió que incluso enemigos implacables se mostraban muy educados entre sí, se agasajaban y seguían todos los protocolos de la sociedad. Sin embargo, en cuanto uno veía que el otro estaba desprevenido, sacaba la espada e intentaba acabar con su vida. Después devolvía su espada a la vaina y continuaba de forma educada. En la sociedad japonesa, matar a sangre fría se consideraba más aceptable que ser grosero y estar abiertamente enfadado.

> **Un trabajo rápido**
>
> Según Alessandro Valignano, las espadas y los espadachines samuráis eran tan eficientes que normalmente el oponente más débil moría tras el primer o segundo sablazo.

Aliados que se matan entre sí

«Los que son asesinados por sus propios aliados porque no prestaron atención a los emblemas de los clanes han muerto por nada.»

Bushidō Shoshinshū (c. 1700)

La perspectiva de ser asesinado por un aliado era una amenaza real para los samuráis. En la batalla de Okehazama, el comandante samurái Imagawa Yoshimoto no ignoraba que sus fuerzas estaban siendo atacadas por la retaguardia por Oda Nobunaga. Había percibido algo de alboroto y confusión, pero pensó que era una rivalidad dentro de sus propias filas que había estallado en un combate físico.

Esta idea de que un comandante tenga que juzgar si un disturbio dentro de líneas aliadas era causado por un ataque enemigo o por combatientes del mismo bando tratando de matarse unos a otros es un tema recurrente en la literatura samurái. Muchos ejércitos samuráis eran coaliciones incómodas formadas por samuráis de varios clanes. No es de extrañar que estas fuerzas estuvieran mucho menos cohesionadas que las formadas por guerreros de un solo clan. Esto los hacía más fáciles de infiltrar por agentes enemigos y mucho más volátiles. El simple hecho es que, cuando jóvenes armados –productos de una cultura de niños-soldados– se veían obligados a servir en duras condiciones militares con gente que no conocían, la violencia era inevitable.

El comportamiento sospechoso de Date Masamune

En el transcurso de una batalla, el famoso samurái Date Masamune disparó a uno de sus propios aliados, Jinbō Sukeshige. Cuando le preguntaron por qué lo había hecho, dijo que siempre disparaba contra cualquiera que actuara de forma sospechosa, con lo que se refería a descansar en el momento equivocado o a estar en la posición equivocada. Sin embargo, para sus contemporáneos lo sospechoso era el comportamiento de Masamune, no el de Sukeshige.

Errores de iniciación

El *Bushidō Shoshinshū* describe los piques de baja intensidad entre samuráis aliados en tiempos de paz. Por ejemplo, los miembros de un clan disfrutaban viendo a los recién llegados cometer errores y, en lugar de ayudarlos a hacer las cosas bien, los entorpecían y ridiculizaban aún más.

Fuentes

«He oído que aquellos que tienen sables o *wakizashi* con herrajes de oro o plata a veces son decapitados por sus aliados mientras duermen para arrebatárselos.»
Zōhyō Monogatari (1657-1684)

«Dentro de nuestro clan, cualquier pelea o discusión entre aliados está estrictamente prohibida, no solo mientras estamos en un campo de batalla, sino también siempre que estemos fuera en cualquier forma de maniobra. Esta ley está en vigor porque algunas personas que no han matado [en la batalla] quieren liberar su energía y te das cuenta de que en realidad los problemas comienzan en el campamento.»
Zōhyō Monogatari (1657-1684)

«Es un problema si no has matado a un solo enemigo, pero has matado a alguien de tu bando, aunque no esté dentro de tu clan. Y recuerda: esto es un insulto al *shōgun*.»
Zōhyō Monogatari (1657-1684)

«Cuando el arroz se hace difícil de conseguir, incluso los aliados pueden empezar a robarse entre sí. No bajes la guardia o te robarán.»
Zōhyō Monogatari (1657-1684)

«Algunos, para encubrir el hecho de que han matado a sus propios aliados a propósito, recogen todas las cabezas posibles, les cortan las narices y se las enroscan en el cuello

> como si fueran cuentas de oración, ya que tienen demasiadas para ponerlas bajo su coraza.»
> *Zōhyō Monogatari* (1657-1684)
>
> «*Tomokuzure* (友崩) es un término utilizado para cuando las tropas rompen la formación al confundir a los aliados que se acercan con una fuerza enemiga.»
> *Ippei Yōkō* (*c*. 1670)
>
> «Según el Kōshū-Ryū, los guerreros [temporales] deben colocarse en la vanguardia. Esto se hace en caso de que traicionen o ataquen a sus aliados. Haz lo mismo con aquellas personas que se han entregado a tu ejército desde otro ejército.»
> *Ippei Yōkō* (*c*. 1670)

Cambiar de bando

Según el historiador Thomas Conlan, no existe un equivalente en japonés del término peyorativo «traidor» porque los samuráis no sentían vergüenza por cambiar de bando. La lealtad de por vida era una cualidad digna de elogio, pero también lo era la capacidad de elegir el bando correcto en el momento adecuado.

Al comienzo de la gran guerra entre los Minamoto y los Taira, el clan Minamoto estaba en inferioridad numérica. Sin embargo, a medida que la guerra avanzaba, los samuráis aliados de los Taira cambiaron de bando en masa. Algunos capitanes

Taira incluso cambiaron de bando en medio de las batallas navales. Durante una batalla naval, los Minamoto capturaron al hijo de un poderoso vasallo de los Taira y lo obligaron a decirles en qué barco estaba el verdadero emperador, lo que llevó a un número de soldados Taira a decidir cambiarse de bando.

La oportunidad de cambiar de bando no finalizó cuando los Minamoto derrotaron a los Taira, ya que pronto se desarrolló una nueva guerra entre los hermanos Minamoto Yorimoto y Yoshitsune. Incluso el emperador cambió su apoyo entre los dos hermanos, calificando a cada uno de ellos de «enemigo público» en diferentes momentos, dependiendo de cuál de ellos estuviera en el poder.

Han existido innumerables ejemplos de vasallos que han pasado de un señor a otro. El documento *Musha Monogatari* recomendaba activamente servir a diferentes señores como *rōnin*, porque permitía a los samuráis salir a ver mundo y ganar experiencia en el circuito de batalla. Ashikaga Takauji aceptó de buen grado la deserción de Yūki Chikatomo y le recompensó por su deslealtad. Cuando Hōjō Ujiyasu murió, su hijo Hōjō Ujimasa abandonó el clan Uesugi para unirse a los Takeda. Namikiri Magoshichirō fue un ejemplo de criado que se rebeló contra su señor, en este caso Tokugawa Ieyasu, pero que más tarde se volvió a unir a él. Es famoso el hecho de que, en la batalla de Sekigahara, Kobayakawa Hideaki no decidió de qué lado iba a luchar hasta el último segundo.

Un vasallo de alto rango de Sanada pasó de Takeda a Oda, de Oda a Uesugi, de Uesugi o Hōjō y de Hōjō a Tokugawa. Se decía de él que era el «tipo de bicho raro» que se necesitaba para estos tiempos de guerra en los que la lealtad durante un corto período de tiempo se aceptaba como norma y lo único que importaba era acabar en el bando victorioso.

Las alianzas entre clanes eran igual de frágiles. Tokugawa Ieyasu retiró su apoyo a las fuerzas de los Takeda al mismo tiempo que los Takeda tenían en su punto de mira las tierras de los Tokugawa. Las promesas que los dos clanes se habían hecho se olvidaron con facilidad.

La idea moderna de un samurái escrupulosamente leal que nunca soñaría con abandonar a su señor no era en absoluto universal. Aunque tal lealtad existía, hay demasiados relatos de deslealtad para permitir que el mito continúe. Los siguientes ejemplos ampliados ayudarán a reforzar este punto.

El samurái matemático

Puede que cambiar de bando no fuera vergonzoso, pero ser descubierto podía ser desastroso. Tokugawa Ieyasu tenía un vasallo llamado Ōga Yashirō, que ascendió desde el nivel de sirviente (*chūgen*) gracias a su particular talento para las matemáticas. Subió tan alto en la escala social que se decía que «el sol no podía salir sin su ayuda». Sin embargo, envió un mensaje secreto a Takeda Katsuyori ofreciéndole pasarse al bando de los Takeda. Katsuyori, entusiasmado ante tal perspectiva, envió trece mil hombres para tomar el castillo en el que se encontraba Ōga y llevarlo a su causa. Por desgracia para ambos, el complot fue descubierto. Ōga fue capturado y su esposa e hijos fueron crucificados. A continuación, fue paseado de espaldas por las calles en un caballo acompañado de estandartes y músicos que anunciaban su traición. Luego le cortaron los dedos, le rebanaron las corvas y le pusieron una gran tabla alrededor del cuello.

A continuación, se le dejó siete días para que fuera ejecutado mediante el *nokogiri-biki* (鋸挽き), que consistía en que todos los transeúntes le hicieran un único corte en el cuerpo hasta que muriera.

La traición de un amigo de la infancia

Ishikawa Kazumasa fue otro de los vasallos de Tokugawa Ieyasu. Procedía de una familia que había servido al clan de Ieyasu durante generaciones, lo que debería haber garantizado su lealtad, y además era amigo de la infancia y compañero de batalla de Ieyasu. Su cometido era vigilar el castillo de Okazaki, pero llevó a su familia y a sus hombres a unir fuerzas con Toyotomi Hideyoshi en Osaka e invitó a otros a hacer lo mismo. Esta idea de que incluso los clanes que tenían el estatus de vasallos generacionales abandonarían a un señor de la guerra echa por tierra aún más la mitología del samurái infaliblemente leal.

La caída del gran clan Takeda

Kiso Yoshimasa pertenecía a un clan que había servido lealmente a la familia Takeda durante quince generaciones; incluso se había casado con una de las hijas de Takeda Shingen. Tras la muerte de Shingen, el liderazgo del clan Takeda pasó a su hijo Takeda Katsuyori, por lo que Yoshimasa decidió unirse a Oda Nobunaga, tomando el castillo estratégicamente importante de Kiso-Fukushima con él. Katsuyori intentó recuperar la fortaleza con un ejército, pero no pudo hacerlo. Incluso el primo de Katsuyori, Anayama Baisetsu, lo traicionó y se unió a Tokugawa Ieyasu.

Cuando las fuerzas combinadas de Tokugawa, Oda y las facciones rebeldes de los Takeda marcharon contra las fuerzas restantes de los Takeda, hubo aún más vasallos «leales» que eligieron cambiar de bando, incluyendo a dos tíos que huyeron a otras provincias. Esto propició la caída del otrora poderoso clan Takeda, que en su apogeo había estado a punto de gobernar Japón.

Algunos generales y clanes permanecieron leales. Por ejemplo, Nishina Nobumori mantuvo su fortaleza, y sus hombres lucharon con tanta fuerza que incluso Oda Nobunaga tuvo que bajar de su puesto de mando con la espada en la mano para unirse a la batalla. Familias secundarias, como el clan Natori, permanecieron con los Takeda hasta el final. Finalmente, Tokugawa Ieyasu perdonó a los restos del ejército Takeda y les ofreció servir en su creciente base de poder. Los exrepresentantes de los Takeda que se unieron a Ieyasu firmaron sus nombres con sangre en 1582.

El peso de los samuráis invisibles

Al leer estos relatos, no se podría evitar pensar que la mayoría de los samuráis eran, de hecho, traidores. Pero no es así. Para matizar estos ejemplos de deslealtad, hay que recordar la fuerza invisible de cientos de miles, si no millones, de samuráis a lo largo de toda la historia japonesa que permanecieron leales a su clan. La historia tiende a destacar los acontecimientos excepcionales y no la realidad mundana. Cuando un clan decidió cambiar de bando, esa circunstancia entró en la historia como una traición, pero no debemos olvidar que los samuráis sin rostro que componían ese clan seguían lealmente la decisión de su líder.

Parece que la mayoría de los samuráis antes del período Edo eran miembros leales del clan o eran *rōnin* a sueldo. Estos son la mayoría silenciosa, no la minoría registrada. Podemos concluir que, en general, la lealtad era un factor común entre los samuráis subordinados, pero que no era raro que los líderes redirigieran la lealtad del clan en su conjunto.

Tratamiento de los no combatientes

Escudos humanos

Cuando los mongoles invadieron Japón, utilizaron prisioneros japoneses como escudos humanos, al parecer atando a las mujeres a la parte delantera de sus barcos mientras avanzaban sobre los samuráis. Mientras que los samuráis consideraban bárbaro este maltrato a los civiles, ellos mismos no eran reacios a utilizar soldados de bajo rango como «carne de cañón». Entendiendo que la mayoría de las bajas en un campo de batalla japonés se producían con armas de proyectil, los comandantes samuráis utilizaban soldados de a pie *ashigaru* como peones en un tablero de ajedrez hasta que los dos ejércitos pudieran acercarse lo suficiente para la gloria del combate cuerpo a cuerpo. El clan Imagawa utilizó a los vasallos de sus rehenes de alto rango como tropas de avanzada contra el clan Oda; esto no solo salvó a sus propios hombres, sino que debilitó las provincias de las que habían tomado los rehenes. Sin embargo, como ilustra la siguiente cita, la estrategia de utilizar a los camaradas como escudos humanos podía considerarse una acción cobarde.

«En una situación difícil, alguien puede pedir a un camarada guerrero que dispare su arco o su mosquete sabiendo que el acto hará que su aliado muera. Dejan el cuerpo del camarada en un terraplén de tierra como cobertura. Esto se considera de mal gusto y es un ejemplo de una estratagema utilizada por una persona taimada. No caigas en ello.»

Ippei Yōkō (*c*. 1670)

Rehenes

Los rehenes eran una parte importante de la vida de los samuráis, lo que demuestra lo poco que estos confiaban realmente en los juramentos y promesas de los demás. Se nos ha hecho creer que la palabra de un samurái «valía más que el oro», pero si ese fuera realmente el caso, no habría habido necesidad de intercambiar rehenes como garantía de buena fe.

En 1635, Tokugawa Iemitsu desarrolló el sistema de rehenes *sankin kōtai* para asegurarse de que la lealtad no decayera. Esto obligaba a todos los señores de la guerra y a sus familias a pasar una temporada concreta de tiempo en la capital de Edo manteniendo costosas residencias. Imagawa Ujizane recibía a rehenes de todos los clanes sobre los que tenía poder, pero a medida que los samuráis Mikawa bajo Tokugawa Ieyasu fueron aumentando su influencia, algunos de esos clanes decidieron unirse a este nuevo poder creciente, incluso a costa de las vidas de sus seres queridos.

Imagawa Ujizane también tenía rehenes para asegurarse la lealtad de Tokugawa Ieyasu, pero Ieyasu lanzó una incursión nocturna para secuestrar a los hijos de Ujizane e intercambiarlos por los miembros de su propia familia. En este complejo sistema de dar y recibir, Ujizane aún hizo que el suegro de Ieyasu se suicidara y ordenó empalar a doce niños que eran rehenes de la provincia de Mikawa como un acto de venganza por la deslealtad de Ieyasu.

La madre de Toyotomi Hideyoshi fue enviada a Tokugawa Ieyasu como rehén político. Se dice que las habitaciones que se le asignaron estaban rodeadas de fardos de madera de cepillo. Cuando preguntó para qué eran, le dijeron que los había puesto allí Honda «el Diablo» Shigetsugu para que, si su amo fracasaba en sus negociaciones con Hideyoshi, le prendiera fuego a la madera y la quemara a ella y a todas sus damas de compañía hasta la muerte. Hasta aquí la palabra de un samurái.

Saqueo

«En Japón, casi siempre se llevan las cosechas de grano [cuando saquean].»

Luís Froís, *Tratado* (1585)

Conocido como *randori* (乱取り), el saqueo en Japón parece haber estado lejos de la práctica desordenada que imaginamos en Occidente. Funcionaba un sistema en el que se asignaba a los grupos un período de tiempo determinado para tomar lo que necesitaban, especificando qué artículos eran los más importantes, y la prohibición de ciertas acciones, como la violación y el saqueo al azar. El equipo militar era el premio más codiciado, ya que a menudo era necesario reemplazar el equipo dañado que se reparaba con mucho esfuerzo. Por esta razón, los clanes evitaban poner su escudo en equipos que pudieran ser fácilmente tomados por el enemigo. Los escudos heráldicos se reservaban para las armaduras y los estandartes, porque eran cosas que los samuráis solo cederían (literalmente) si estaban muertos. Los objetos más prescindibles llevaban el logo o emblema de cada samurái. Las últimas cosas que se llevaban eran el oro y el dinero, porque en el fragor de una campaña los objetos más importantes eran aquellos que podían ser utilizados inmediatamente, ya sea para comer o para luchar.

Campesinos

Hay aspectos positivos y negativos en la forma en que los ejércitos samuráis trataban a los campesinos en tiempos de guerra. Por un lado, hay relatos de casas de campesinos que fueron derruidas para construir puentes o para evitar que el enemigo las utilizara como cobertura. Por otro lado, había reglas que prohibían a los soldados violar y robar a los lugareños. Los campesinos podían incluso beneficiarse del paso de un ejército por su pueblo, ya que los soldados debían pagar por la comida y el alojamiento en determinadas condiciones, y, por supuesto, las transacciones habituales de los adultos llegaban detrás de cualquier ejército. Por lo tanto, es difícil saber si en una aldea estarían felices por la llegada de un ejército que se acercaba o si huían despavoridos.

La mayoría de los ejércitos debieron de centrarse en destruir al enemigo y en mantener las aldeas intactas para que pudieran seguir produciendo para sus nuevos amos, si la fuerza invasora pretendía quedarse. Sin embargo, incluso el ejército más disciplinado y de mejor comportamiento debió de perturbar mucho la tranquilidad de la vida normal en las aldeas.

El trato con los muertos

Desde la antigüedad, los muertos representaban la putrefacción, siendo el cuerpo un objeto impuro del que había que deshacerse, aunque fuera con reverencia. A menudo consideramos que la sociedad japonesa está dividida en el famoso sistema de cuatro clases: guerrero, agricultor, artesano y comerciante, pero eso no tiene en cuenta la realeza y los parias, que existían por encima y por debajo de este espectro. Conocidos como *eta* e *hinin*, entre otros términos a menudo despectivos, los parias eran quienes se ocupaban de los cadáveres de animales y humanos.

Mientras que los parias realizaban la mayor parte del trabajo de preparación funeraria, los propios samuráis solían manipular los cadáveres en la batalla, sobre todo cuando cogían sus cabezas o saqueaban su equipo. A veces también recolocaban los cuerpos de los aliados caídos en el suelo para disimular que habían sido asesinados mientras huían. Tokugawa Ieyasu hizo esto después de la batalla de Mikatagahara para engañar al enemigo, pero también podría hacerse para asegurarse de que los soldados recibieran el debido respeto después de la muerte. Había un aspecto *yin-yang* en la colocación correcta de los cadáveres, asociándose lo masculino y lo femenino con ciertas direcciones (el cielo es el padre y la tierra la madre). Minamoto no Yoshitsune se ganó una gran aprobación entre sus hombres por el respeto que mostraba a sus compañeros caídos de todos los niveles sociales. Pagó a un monje con su caballo y su montura de oro para asegurarse de que se realizaban los ritos adecuados para los muertos.

Lejos del campo de batalla, los samuráis casi nunca tocaban los cadáveres. Esto se extendía incluso a la carne, que siempre debía comerse con palillos y no con las manos, si es que se comía. Hasta ahora, no parece haber ninguna explicación para esta aparente contradicción.

> **No caer en manos del enemigo**
>
> Lo último que querían los samuráis era que su cadáver cayera en manos del enemigo. Cuando se daban cuenta de que la muerte era inevitable, a veces se retiraban a un edificio, le prendían fuego y luego realizaban el *seppuku* o, en otras ocasiones, se arrojaban a las aguas profundas. Si el fuego o el agua no podían mantener sus restos fuera de las manos del enemigo, esperaban que sus camaradas llevaran su cuerpo, o al menos su cabeza, de vuelta a casa. Sin embargo, si había demasiadas bajas para que los guerreros supervivientes se hicieran cargo de los muertos, al menos colocaban los cuerpos de forma que quedaran de cara al enemigo para demostrar que habían muerto con valentía.

El culto a la cabeza de los samuráis

Como vimos anteriormente, el culto a la muerte ocupaba un lugar importante para los samuráis (véase capítulo 2), especialmente el culto a las cabezas. Aunque los samuráis no veneraban las cabezas humanas como un objeto divino, sino que consideraban que tenían cualidades espirituales y valoraban por encima de todo la captura de una cabeza enemiga. Las cabezas eran una moneda de cambio que se podía convertir en tierras, a menudo tomadas del ejército que acababa de ser derrotado. Cuando nos imaginamos el mundo de los samuráis, debemos ver cabezas en lanzas, cabezas en picas, cabezas en horcas, cabezas en palos, cabezas en árboles, cabezas atadas a las cuerdas de las espadas, cabezas atadas a las sillas de montar, cabezas en bolsas, cabezas en cajas, cabezas envueltas en tela, cabezas expuestas, cabezas apiladas y trincheras llenas de cabezas enterradas. ¿Qué otra cosa puede ser eso sino un culto a las cabezas?

Esta obsesión por las cabezas se manifestó a lo largo de la historia de los samuráis. Minamoto no Yoshitsune ofreció cabezas a Hachiman, pero también prendió fuego a su propia casa para evitar que su enemigo se llevara su cabeza; sin embargo, esto fracasó y su cabeza fue expuesta. Taira no Kiyomori afirmó que su único deseo al morir era que la cabeza de Minamoto no Yoritomo colgara sobre su tumba. Cuando fueron capturados, Taira no Munemori y su hijo no fueron asesinados inmediatamente. En su lugar, se les hizo caminar hasta el lugar donde se iban a exponer sus cabezas, para que estuvieran más frescas para la inspección.

Mantener la cabeza a salvo

El cordón *sageo* atado a la vaina de una espada podía utilizarse para asegurar la espada y también una cabeza decapitada. El cordón se pasaba por la boca y salía por debajo de la barbilla antes de anudarlo y llevarlo como la correa de un bolso, para que nadie pudiera llevarse este preciado botín.

Inspección de cabezas

Después de la batalla, el ejército victorioso realizaba un ritual conocido como *jikken* (實撿), durante el cual se presentaban para su inspección las cabezas enemigas más prestigiosas que habían sido capturadas. También se exhibían otras cabezas de menor rango; tras las grandes batallas, como la de Sekigahara, se exponían enormes pilas de cabezas. Las inspecciones de cabezas también recibían otros nombres, como *kenbutsu* (見物), *taimen* (對面) y *mishiru* (見知る).

Según el texto *Ippei Yōkō* de la escuela Natori-Ryū, las doce razones para una inspección de la cabeza eran:

1. Celebrar una victoria en la batalla.
2. Reunir a los soldados dispersos.
3. No perderse en el triunfo y recalcar la necesidad de ser precavidos.
4. Reunir a la gente para que se calme y siga las leyes prescritas.
5. Elogiar un logro.
6. Para que el señor comandante reconozca a sus soldados.
7. Aumentar la dignidad del señor comandante a los ojos de los soldados.
8. Estimular la disciplina de los soldados mediante la exhibición de sangre fresca.
9. Investigar y obtener detalles de los logros militares.
10. Escuchar la charla de los soldados.
11. Animar a los soldados que están ociosos.
12. Atacar al enemigo si regresa y abrumarlo con la propia fuerza.

También se creía que el ritual protegería a los vencedores de cualquier espíritu vengativo enemigo. Para ello, los hombres santos rezaban para apaciguar a los muertos y lanzaban hechizos para salvaguardar a los vivos. Como en la mayoría de los aspectos de la vida de los samuráis, había un gran protocolo para hacer una inspección de cabezas, que iba desde cómo se colocaba a los participantes hasta qué madera se utilizaba para el patíbulo donde se exponían.

La inspección en sí la realizaba el caudillo. Se sentaba con guardaespaldas protectores a cada lado o bien pasaba lentamente por delante de las cabezas expuestas. Las cabezas mutiladas se «reparaban» para poder inspeccionarlas y, si esto no era posible, eran desechadas con un ritual de destierro. A continuación, se presenta un resumen básico de la ceremonia de inspección de las cabezas:

- La cabeza debe estar limpia.
- No debe tener un aspecto maligno.
- Debe ser de un guerrero.
- Debe venir con su casco o una sección del mismo.
- Si dos samuráis han participado en la matanza, el primero que le dio el golpe es premiado con la cabeza, incluso si el otro dio el golpe final.
- Un guerrero educado nunca debe robar la cabeza capturada de otro guerrero.
- Los samuráis deben tomar las cabezas de sus aliados que hayan caído en el campo de batalla, pero deben tener cuidado de no ser acusados de matar a su camarada.
- Las cabezas deben llevar etiquetas en la oreja izquierda.

- Las etiquetas deben estar escritas según el estatus.
- Las cabezas de los enemigos importantes deben ser devueltas a su familia.
- Los samuráis pueden recibir una recompensa económica por las capturas de cabezas confirmadas.
- Cuando se da el permiso, se puede tomar la nariz o la piel de la cara en lugar de la cabeza entera. Sin embargo, debe mostrar las cejas o el labio para que pueda ser identificada como masculina.

Respeto por el enemigo muerto

Cuando Takeda Katsuyori perdió su cabeza, Oda Nobunaga fue el primero en inspeccionarla. Fue extremadamente irrespetuoso, pues le gritó insultos, declaró lo feliz que se sentía al verla en ese estado y dijo que se alegraba de su caída y de la caída del poderoso clan Takeda en su conjunto. La cabeza fue a continuación regalada a Tokugawa Ieyasu, que la colocó en un soporte, se inclinó ante ella y comentó con tristeza que Katsuyori hubiera acabado así porque su juventud e inexperiencia le habían llevado a ignorar a sus consejeros. Luego integró a los samuráis Takeda restantes en su propio ejército.

Esta historia destaca la responsabilidad del samurái de tratar correctamente no solo a sus propios muertos, sino también los del enemigo. Esto parece haber sido parte de una actitud caballeresca, pero podemos ver en la conducta de Nobunaga que incluso los mejores samuráis a veces se encontraban en falta.

Prepararse para pasar la inspección antes y después de morir

Antes de entrar en batalla, los samuráis se aseguraban de estar bien vestidos para la muerte. Era importante que se les viera dignos en la derrota, en caso de que ocurriera lo peor. Se dice que Tokugawa Ieyasu pensaba que un samurái debía llevar una armadura básica y robusta, pero tener un casco resplandeciente, porque la cabeza y el casco eran lo que el enemigo inspeccionaría. Se decía que dejar una cabeza limpia y perfumada aumentaba la reputación de la víctima; hasta hoy, los samuráis Kimura Nagato no kami Shigenari y Naitō Kenmotsu son conocidos por haber dejado cabezas particularmente espléndidas.

El samurái victorioso se encargaba de preparar las cabezas del enemigo para su inspección. Una cabeza decapitada no solo era un gran premio, sino que también representaba a la persona de la que procedía, alguien con una determinada posición en la sociedad, por lo que debía presentarse de forma que reflejara el estatus del propietario original. El lóbulo de la oreja izquierda se perforaba con un *kōgai*, un pincho alargado que se coloca junto a la vaina de la espada, para poder fijar en la cabeza una etiqueta de papel blanco. En esta etiqueta se escribía el nombre de la víctima y del asesino (la redacción concreta dependía del estatus relativo de ambos). Además, se engrasaba el pelo y se teñían de negro los dientes de las víctimas de alto rango. Si el guerrero había muerto con una capa de flechas de *horo* –signo de alto estatus–, la capa se doblaba y cortaba de una manera específica y se utilizaba para envolver la cabeza. Por último, si la cabeza iba a ser devuelta a la familia de la víctima, se colocaba en un recipiente cilíndrico o cuadrado inscrito con oraciones y sellos de poder.

Cómo se arregla la cara

El *Bushidō Shoshinshū* dice que cuando un samurái sabe que ha sido derrotado y está a punto de ser asesinado, debe sonreír al enemigo y ser amable cuando le van a quitar la cabeza. También afirma que un verdadero guerrero debe hacer una «declaración definitiva» antes de morir.

Fuentes

«Las cabezas cortadas de nuestros aliados se reunieron en la torre para que pudiéramos ennegrecer los dientes y ponerles etiquetas con sus nombres; lo hicimos para recordar quiénes eran. "¿Por qué?", preguntaron los niños. Porque aquellas cabezas con los dientes ennegrecidos eran consideradas como guerreros decentes y por eso nos dijeron que aplicáramos el color a las cabezas con dientes blancos. Recordad, nada debemos temer de las cabezas; en aquella época, incluso dormíamos entre las cabezas ensangrentadas.»

Oamu Monogatari (siglo XVII)

«A nuestro ejército se le dice ahora que estamos derrotados y todos en el castillo están seriamente deprimidos.

Muestra esta cabeza a todos ellos y diles que has decapitado al señor Shingen. Diles a todos que nuestro ejército ha ganado.»

Musha Monogatari (1654)

«Kinshichirō estuvo del lado de Nagatsuka Taizō en la batalla de Sekigahara y capturó y arrastró a diez enemigos con un rastrillo e hizo que sus aliados les cortaran la cabeza, y luego él mismo murió en la batalla.»

Musha Monogatari (1654)

«Justo cuando iba a tomar la cabeza, recibimos una orden de nuestro señor de retirarnos. Estaba a punto de llevar a cabo la decapitación, pero se nos dijo que volviéramos enseguida, así que tuvo que rendirse y dejar la cabeza. [...] Debió de ser una gran decepción para él. Sin embargo, el comandante de la tropa dijo que garantizaría su hazaña, así que fue casi como si hubiera tomado la cabeza.»

Zōhyō Monogatari (1657-1684)

«Tomé esa cabeza para mí, como si arrancara una fruta madura de un árbol. Mi señor dijo: "Recuerda que tomar solo una nariz en la batalla no está permitido, porque la gente no puede identificar al hombre y pueden pensar que has matado a un aliado. Sin embargo, como muchos aliados te acaban de ver matar a este hombre, [en este caso] puedes simplemente quitarle la nariz".»

Zōhyō Monogatari (1657-1684)

> «Hacer que las cabezas cortadas aparezcan como si fueran de un rango mucho más alto de lo que realmente son es verdaderamente el trabajo de un cobarde.»
>
> *Heihō Yūkan* (1645)

El valor del cuerpo

Para un samurái, el honor radicaba en presentar un cuerpo y una cabeza limpios para la inspección futura que hiciera el enemigo o, mejor aún, para evitar que el enemigo capturara su cuerpo en primer lugar. Sin embargo, de las decenas de miles que murieron en una batalla importante como la de Sekigahara, solo un puñado de guerreros de alto rango habrían sido tratados con respeto. Al resto le habrían robado su equipo, sus cuerpos se habrían arrojado ignominiosamente a un lado para ser utilizados para practicar golpes y tajos con la catana, les habrían quitado la nariz y habrían tirado sus cabezas mutiladas en una pila o las habrían colgado de un árbol.

14. Suicidio ritual

Todo el mundo en Occidente está familiarizado con el concepto japonés de suicidio ritual. La mayoría de la gente lo conoce como harakiri, pero un número cada vez mayor es consciente de su nombre más apropiado, *seppuku*. En este capítulo exploraremos los orígenes de esta espeluznante práctica y trataremos de entender lo que inspiró –u obligó– a tantos samuráis a quitarse la vida.

El cuchillo y el vientre

«El gobierno de Japón bien puede ser considerado como la mayor y más poderosa tiranía que se haya conocido en el mundo, pues todos son esclavos del emperador[*] o, como ellos lo llaman, el gran comandante, quien, a la menor sospecha o enojo por parte de cualquier hombre, hará que reciba un corte en el vientre, que, si se niega a ello, no solo él, sino todo el resto de su raza, sentirá la picadura.»
Diario de Richard Cocks (1615-1622)

---

[*] El «emperador» al que se refiere Cocks es probablemente el *shōgun*, ya que muchos viajeros occidentales no entendían del todo la distinción entre estas dos figuras clave.

El suicidio ritual tiene una larga tradición en Japón y en la antigua China, donde el sacrificio humano por las almas de los señores, reyes y emperadores muertos también era habitual. Lo que diferenciaba el *seppuku* japonés de otros tipos de suicidio ritual era la forma agónica en que normalmente se realizaba: abriéndose el propio vientre para morir desangrado. Es posible que esto tenga un aspecto budista. Se creía que había que soportar un gran dolor con el fin de alcanzar la budeidad, por lo que la agonía del *seppuku* puede haber tenido una función de purificación espiritual.

El *seppuku* comenzó como un acto voluntario, particularmente como una forma de evitar la ignominia de la captura en la batalla. Algunos ejemplos tempranos hablan del corte del vientre, pero también del uso de otras técnicas, como la caída sobre una espada, saltando de cara desde el caballo con la espada en la boca, y correr hacia un edificio en llamas (esta última opción a menudo en combinación con el autodestripamiento).

El primer acto de *seppuku* suele atribuirse al gran arquero Minamoto no Tametomo, que se suicidó en 1170 tras ser desterrado a la isla de Ōshima. El documento *Hōgen Monogatari* describe a Tametomo autoinflingiéndose múltiples puñaladas en el estómago, tras lo cual un guardia decapitó a los tres hijos de Tametomo para que no cayeran en manos del enemigo. Para completar la sangrienta escena, el guardia, entre lágrimas, también cometió *seppuku*.

Muchos de estos primeros ejemplos han entrado en la literatura y en la imaginación popular como muestras de abnegación heroica. Sin embargo, con el paso del tiempo surgió un segundo tipo de *seppuku*. Ya no era solo un acto voluntario, sino que también podía constituir una sentencia de muerte impuesta por un superior, una forma de autoejecución que los samuráis estaban obligados a realizar por honor.

Sacrificio humano

«Si el señor hace que se construya un muro, ya sea para el rey [*sic*] o para él mismo, sus sirvientes suelen suplicar que se les conceda el honor de tumbarse bajo él, lo hacen en la creencia de que lo que se está fundamentado en la carne de un hombre vivo no está sujeto a ninguna desgracia.»

Escritos de François Caron (siglo XVII)

Los sacrificios humanos existieron en Japón desde la prehistoria y continuaron hasta tiempos premodernos. Cuando la cultura china llegó a Japón, la idea del sacrificio humano a la muerte de un señor o amo llegó con ella. Un efecto posterior de esto se ve en los samuráis que se suicidaban voluntariamente para servir a sus amos en la próxima vida (véase más adelante).

Los sacrificios humanos estereotipados, en los que participaba una víctima involuntaria, eran también un parte de la cultura japonesa. A menudo se asociaba con la construcción de una nueva estructura. Por ejemplo, cuando se construía un puente, se colocaba un sacrificio humano debajo de un pilar para que el espíritu de la persona se fusionara con los cimientos del puente. Esto también se extendía a la construcción de castillos. Un vasallo podía sacrificarse bajo una piedra de los cimientos al inicio de la construcción de un castillo, aplastándolo al instante, pero fusionando su alma con la defensa del castillo. Sin embargo, no hay que olvidar que el *shintō* no permite que los cadáveres se conserven en zonas habitadas o lugares de culto. En los primeros tiempos de Japón, cuando alguien moría dentro de una casa, la familia se mudaba y construía una nueva casa, dejando que el hogar original se convirtiera en un santuario para la persona fallecida. Esta es una de las posibles razones por las que los santuarios *shintō* tienen forma de casa.

Seguir a un señor hasta la muerte

Seguir a un señor hasta la muerte era otra forma antigua anterior a los samuráis. A veces los vasallos que seguían a una persona notable en la otra vida eran simbólicos, no reales. Cuando la emperatriz Hibasu-hime murió en el año 3, un centenar de alfareros hicieron muñecos de arcilla de hombres (*haniwa*) y caballos para acompañar su alma. A veces, como recoge el historiador estadounidense Michael Cooper, los seguidores eran enterrados vivos junto a su señor, posiblemente una herencia de los sacrificios funerarios chinos. Más tarde, el rito se alineó con la tradición samurái predominante de *seppuku*. Se conoció con los términos *chūgi-bara* (忠義腹), «estómago leal», y, más comúnmente, *junshi* (殉死), «muerte por seguimiento».

Durante el período Sengoku el *junshi* se hizo menos común, pero el rito volvió a ser popular durante el período de paz que comenzó en el siglo XVII. En esta época, François Caron relató que, cuando un señor moría, los samuráis que se habían beneficiado más de su generosidad se suicidaban voluntariamente para poder seguir al señor hasta la muerte. Celebraban un gran festín con sus parientes cercanos, tras lo cual se abrían el vientre para suicidarse. Caron observó que cortarse el vientre lo más alto posible era particularmente admirado. En su diario de la misma época, Richard Cocks escribió que conocía a dos hombres que realizaron la ceremonia fatal a la muerte de Tokugawa Ieyasu en 1616. Cuando el *shōgun* Tokugawa Iemitsu murió en 1655, cinco señores de la guerra *daimyō* cometieron *junshi*, lo que sin duda tuvo un efecto en cadena para sus propios vasallos.

El *junshi* estaba tan arraigado en las ceremonias fuerarias de los samuráis que en 1663 fue prohibido por el sucesor de Iemitsu, Tokugawa Ietsuna, y se establecieron severas penas para la familia de cualquier samurái que cometiera ese acto. Por ejemplo, cuando Sugiura Uemon realizó *junshi* en 1668 tras la muerte de su señor, se ordenó a dos de sus hijos que se suicidaran y sus hijas fueron desterradas de su hogar ancestral. Puede parecer extraño el uso del suicidio ritual forzado como castigo por el suicidio ritual voluntario, pero ciertamente sirvió como un fuerte elemento disuasorio. En el mejor de los casos, suponía una dramática pérdida de ingresos para la familia; en el peor, podría provocar la extinción de la línea familiar principal y probablemente la pérdida del estatus de samurái en el futuro. Sin embargo, el *junshi* seguía considerándose un honor para las familias cuyos antepasados habían realizado este acto en el pasado.

Poco después de la Restauración Meiji de 1868, que puso fin al período Tokugawa, se celebró un debate en el parlamento en el que el secretario de la cámara, Ōno Seigoro, propuso un proyecto de ley para abolir todas las formas de *seppuku*. De las 206 personas con derecho a voto, 197 votaron en contra, seis se abstuvieron y solo tres votaron a favor. Se citaron las siguientes razones para el apoyo continuo al *seppuku*:

- Consagraba el espíritu nacional.
- Era un adorno para el imperio.
- Formaba parte de la política nacional.
- Fomentaba la búsqueda del honor y las costumbres de los samuráis.
- Fomentaba las aspiraciones morales.

Ōno fue asesinado poco después de este debate. Aunque, por entonces, los actos de *seppuku* eran raros, el tema claramente tenía todavía el poder de despertar intensas pasiones. Los casos ocasionales continuaron en el siglo XX, incluyendo el suicidio de un ciudadano japonés frente a la embajada americana en Tōkyō en 1924 como protesta contra las duras leyes de inmigración impuestas por Estados Unidos. Incluso hubo un ejemplo oficial del largamente proscrito *junshi*: en 1912 el conde Nogi y su esposa se suicidaron a la muerte del emperador Meiji.

No faltaban voluntarios

El hecho de que Tokugawa Ietsuna considerara necesario prohibir el ritual *junshi* indica cuántos samuráis estaban dispuestos a seguir a su señor hasta la muerte. Esto es una prueba más de la existencia de un culto a la muerte de los samuráis.

Otros tipos de *seppuku*

A continuación se describen diferentes tipos de suicidio que pueden clasificarse como *seppuku*. El término «vientre» en algunas de las traducciones se refiere al método tradicional de suicidio mediante corte del vientre adoptado por los samuráis.

追腹
Oibara
Término alternativo utilizado para describir a alguien que sigue a su señor hasta la muerte.

諫死
Kanshi
Suicidio en protesta por la decisión o las acciones de un superior.

粗忽死
Sokotsushi
Muerte por estupidez o error. Literalmente, una «muerte por descuido». Se trata de una versión del *seppuku* que se hizo popular en el período Tokugawa y continuó en el Japón moderno. Un ejemplo extremo fue el de una persona que se suicidó para disculparse por haber provocado un retraso al tren del emperador.

詰腹
Sumebara
Literalmente, «vientre forzado». Significaba asumir la responsabilidad de una acción incorrecta mientras se estaba de servicio o se llevaban a cabo asuntos propios de samurái.

無念腹
Munenbara
Literalmente, «el vientre arrepentido». Cuando un samurái era tratado injustamente y no podía obtener reparación, podía suicidarse por la indignación que le producía el maltrato.

指腹
Sashibara
Literalmente, «señalar el vientre de otra persona». Suicidio por presión social.

Seppuku como castigo

El *seppuku* había cambiado radicalmente al final de la era samurái. Lo que comenzó como un acto espontáneo en una situación desesperada se convirtió más tarde en un sistema de ejecución altamente ritualizado. El corte en el vientre se convirtió en una acción simbólica; la causa real de la muerte sería la decapitación *kaishaku* (介錯) que tenía lugar inmediatamente después. Al realizar este tipo de *seppuku* de castigo, un samurái podía preservar su honor y evitar que su clan sufriera más represalias por cualquier fechoría que hubiera cometido.

Una ejecución adecuada

El *seppuku* forzoso era una forma mucho más respetable de morir que las penas capitales que sufrían los plebeyos y, en algunos casos, era menos doloroso. El famoso ladrón Ishikawa Goemon era hijo de un samurái, lo que significaba que cuando fue capturado debería haber recibido el castigo samurái del *seppuku*. En su lugar, fue hervido vivo, una degradante y atroz ejecución plebeya.

El *seppuku* en la sociedad

Los niños samuráis de apenas siete años podían ser llamados a realizar el *seppuku*. Era la edad a la que se sometían a la ceremonia del *genpuku* (元服). Como parte del ritual, recibían un arma scundaria, el *wakizashi*, el arma con la que realizarían el *seppuku* si se les exigía. El acto completo de *seppuku* se enseñaba durante una ceremonia posterior de mayoría de edad, alrededor de los quince años. A las mujeres también se les daba una daga llamada *kaiken* (懐剣) con la que suicidarse, que podría ser necesario para proteger su dignidad si habían sido deshonradas sexualmente. En lugar de destriparse, como en el *seppuku* de los samuráis, las mujeres se cortaban el cuello. Sin embargo, primero se ataban las piernas para que cayeran en una postura de muerte digna.

A los niños samuráis se les contaba la historia de Taira no Munemori, que fue apresado por Minamoto no Yoritomo. Su captor le puso delante un pez carpa y una daga como una insinuación no demasiado sutil de que debía realizar el *seppuku* en lugar de ser ejecutado como un criminal. Sin embargo, el samurái Taira no quiso hacerlo; trató vergonzosamente de evitar la muerte hasta que al final fue ejecutado de todos modos. Este cuento inculcó a los niños la idea de que debían cometer *seppuku* en lugar de ser asesinados por un enemigo para no ser recordados como unos cobardes deshonrosos como Taira no Munemori.

Los plebeyos se burlaban de la obsesión de los samuráis por el *seppuku* en poemas satíricos llamados *senryū* (川柳). En ellos se afirmaba que lo único que querían los samuráis era enseñar a sus hijos a tener una muerte adecuada en lugar de prolongar su vida.

El corte transversal es lo mejor

Alessandro Valignano, escribiendo a finales del siglo XVI, informó de que la manera más estimada de suicidio ritual era poder cortarse con una forma de cruz completa en el estómago. También añadió que los niños realizaban a veces el acto completo de *seppuku*.

Fuentes

«En Japón, algunos se cortan el estómago, pero muchos se cortan la punta de los dedos y los arrojan a las piras funerarias en llamas.»

Luís Froís, *Tratado* (1585)

«Los japoneses en la guerra, cuando no pueden hacer más, se abren el vientre y exponen las tripas.»

Luís Froís, *Tratado* (1585)

«Si la persona es reacia a cometer *seppuku* pero está obligada a hacerlo, debes acercarte a su lado derecho y [agacharte] con tu rodilla derecha levantada y tu sable corto *wakizashi* apoyado en tu mano izquierda. Si se vuelve contra ti e intenta atacarte, deberás apuñalarla y matarla inmediatamente. También puedes decapitarla de la forma habitual.»

Kaishaku Narabini Seppuku Dōtsuki no Shidai
(siglo XVII)

> «La forma correcta de realizar *kaishaku* es que la cabeza no sea cortada completamente, sino que permanezca unida [al cuerpo] por la piel del cuello. Sin embargo, cortar la cabeza completamente de un solo golpe será suficiente [si no se puede conservar el colgajo de piel]».
> *Kaishaku Narabini Seppuku Dōtsuki no Shidai*
> (siglo XVII)
>
> «Cuando se trata del ritual de *seppuku* de un joven, el segundo ayudante debe hacerles sostener un abanico doblado y simular un corte del vientre, pero sin decirles que van a someterse al *seppuku* real.»
> *Kaishaku Narabini Seppuku Dōtsuki no Shidai*
> (siglo XVII)

Historias de *seppuku* de los samuráis

Suicidio por ahogamiento

En la batalla naval de Dan-no-ura en 1185, el joven emperador Antoku fue empujado al mar para ahogarse por su propia familia, que también le siguió al agua. Algunos se lanzaron con la armadura puesta para hundirse más rápido, otros fueron empujados porque no querían morir. El comandante Taira no Noritsune sujetó a un guerrero enemigo bajo cada brazo antes de lanzarse por la borda.

La maldición del samurái en la torre

Nishino Nobumori estaba llevando a cabo una dura defensa contra las fuerzas de Oda Nobunaga, pero su castillo estaba cayendo, no se daba cuartel y había tenido que llamar a las mujeres para que se unieran a la lucha. Al darse cuenta de que el castillo estaba condenado, Nishino Nobumori subió a una de las torres, gritó a Nobunaga que era falso y que procedía de una familia que practicaba el parricidio y que él mismo era asesino de monjes y civiles. Luego maldijo a Nobunaga y dijo que moriría pronto, antes de abrirse el vientre desde lo alto de la torre y perecer.

Efecto dominó

Takeda Katsuyori, el jefe de la otrora poderosa fuerza Takeda, estaba resistiendo al enemigo en una zona boscosa. Antes de que pudiera ser capturado, su joven esposa se suicidó. Katsuyori, actuando como asistente, le cortó la cabeza y luego se suicidó, ayudado por su hijo, que a su vez fue ayudado por otros para suicidarse en una cadena de autoasesinatos. Este fue el fin del poderoso clan Takeda.

Una táctica arriesgada

Cuando Tokugawa Ieyasu enfermó de un quiste, se negó a seguir el consejo de su consejero Honda Masanobu de buscar tratamiento médico, por lo que Masanobu amenazó con suicidarse. Argumentó que si su señor moría a causa de esta enfermedad sería una muerte de perro y, como su consejero, no podría soportar la vergüenza de ello. Afortunadamente, Ieyasu accedió a recibir tratamiento para que su viejo camarada no tuviera que suicidarse.

El mensajero malhablado

João Rodrigues relató un interesante incidente provocado por un mensajero que hablaba cuando no le tocaba o realizaba una acción incorrecta delante del señor al que entregaba un mensaje. En respuesta a este paso en falso, uno de los vasallos del señor redujo instantáneamente al mensajero y lo mató.

Sin embargo, el vasallo se dio cuenta de que su acción crearía tensiones entre su señor y el del mensajero. Una opción habría sido matar al resto del grupo del mensajero para que no pudieran informar a su señor, pero la desaparición de todo el grupo habría resultado sospechosa. Por lo tanto, para acabar con cualquier posibilidad de tensión futura, el samurái que había acabado con el mensajero se suicidó ritualmente delante del resto del grupo del mensajero. Con esto, el asunto quedó zanjado.

Rodrigues quedó asombrado ante este espectáculo, tan diferente de todo lo que había presenciado en Europa. Aquí tenemos un doble ejemplo de *bushidō*: en primer lugar, el hecho de que un samurái matara a otro por un comportamiento incorrecto delante de su señor; y en segundo lugar, que el mismo samurái se ofreciera a zanjar el asunto con su propia muerte, todo en nombre de la preservación del honor.

Un enfoque cristiano del *seppuku*

El señor de la guerra Arima Harunobu se puso del lado de Tokugawa Ieyasu durante la campaña de Sekigahara, pero más tarde se vio envuelto en un escándalo por el que se le ordenó suicidarse. Como era cristiano, no podía matarse, ya que el suicidio era un pecado, por lo que ordenó a un vasallo que lo decapitara; el samurái Konishi Yukinaga también se enfrentó al mismo problema.

Seppuku contra los deseos del *shōgun*

El señor Inoue ordenó a Ishikawa Katsuzaemon que cometiera *seppuku* en su mansión en Edo. Al oír esto, el *shōgun* se opuso, porque no quería que este acto tuviera lugar dentro de la capital. Aun así, el rito no se canceló y al final se llevó a cabo, aunque el *shōgun* insistió en que se celebrara fuera de Edo.

Suicidio por amor

Fujita Geki había heredado una finca de 5.000 *koku*, pero no podía ser verdaderamente feliz porque la sociedad le impedía casarse con la mujer que amaba, una *geisha*. Así que cometieron *shinjū* (心中), «suicidio por amor», un acto que les permitió abandonar el sistema que los mantenía separados.

Algo no cuadra

El texto *Hagakure* habla de un samurái cuyo libro mayor no cuadraba al final de todo un día de cálculos. El samurái en falta pidió al oficial a cargo que le prestara el dinero que faltaba, porque sería terrible que tuviera que morir por algo tan alejado del camino del guerrero. El oficial aceptó y le dio el dinero.

El *seppuku* tras los samuráis

Aunque la era samurái llegó oficialmente a su fin poco después de la Restauración Meiji de 1868, las costumbres samuráis, incluido el *seppuku*, continuaron hasta que la sombra generacional hubo pasado.

La esposa consciente de sus deberes

En 1895 – más de dos décadas después de la época de los samuráis– un teniente llamado Asada murió durante la primera guerra chino-japonesa. Tras recibir el consentimiento de su padre, la esposa de Asada se preparó para seguirle a la tumba. Primero limpió sus habitaciones y luego se suicidó cortándose el cuello con la daga que había recibido como regalo de bodas.

Métodos alternativos

Tomado como prisionero y posteriormente liberado por los chinos en 1932, el comandante Kuga Noboru se sentía tan avergonzado por su captura que decidió realizar el *seppuku*. Como su espada estaba dañada, tuvo que usar una pistola, pero escribió una nota explicando que su acto debía ser considerado como *seppuku*. Del mismo modo, Suga Genzaburō, después de perder su barco por una mina, cometió *seppuku* con una hoja de afeitar.

El *seppuku* como forma de protesta

Anteriormente, hemos tocado la idea del *kanshi*, una forma de *seppuku* que los samuráis utilizaban para expresar su oposición a las acciones de un superior. Hay dos notables ejemplos de ello en la era postsamurái. En 1891, Ōhara Takeyoshi realizó *seppuku* sobre la tumba de sus antepasados por su preocupación ante la perspectiva de la invasión rusa de territorio japonés. Para llamar la atención del público sobre este asunto, envió una carta de muerte a la Agencia de Noticias de Tokio instando al gobierno a tomar medidas. Del mismo modo, se dice que, cuando Japón fue obligado por Rusia, Francia y Alemania a renunciar al territorio chino conquistado de Liaotung, cuarenta militares se suicidaron en señal de protesta.

Seppuku y espiritualidad

El *seppuku* se asocia a veces con la tradición budista de lograr la purificación a través del sufrimiento, pero la violencia no suele considerarse compatible con los valores sagrados. La pregunta que se plantea es si el *seppuku* ensucia una zona con sangre o la eleva con honor. La respuesta es ambas cosas. En Japón, la muerte siempre se considera un contaminante, pero el lugar de la muerte también adquiere un significado espiritual como el sitio donde, según el pensamiento taoísta, el alma se divide en dos, con una parte que permanece en la tierra y la otra que se eleva al cielo. Los lugares en los que se produce el *seppuku* se hacen famosos, y reliquias como las tablas del suelo manchadas de sangre del castillo de Fushimi pueden ser celebradas como símbolos de honor (véase el capítulo 12).

El paso a la otra vida

El ritual samurái del *seppuku* forma parte de la tradición más amplia existente en China y Japón de seguir a un superior o a un ser querido en la otra vida. Algunos samuráis podían creer que en la otra vida sus espíritus continuarían como samuráis. Al seguir a su señor hasta la muerte, seguirían teniendo el honor de servirle. Esta creencia puede tener su origen en la antigua práctica china de sacrificar esclavos cuando un gobernante moría, para que siguiera siendo atendido en la otra vida.

Esta idea de prestar servicio a un señor después de la muerte puede encontrarse a lo largo de la historia de los samuráis. Cuando Hōjō Takatoki cayó en el asedio de Kamakura en 1333, un vasallo de bajo rango llamado Shiaku Shinsakon Nyūdō resolvió seguirlo a la otra vida. Antes de suicidarse, le dijo a su hijo mayor que permaneciera vivo, se hiciera monje y sirviera al Buda. Su hijo proclamó que no podía hacer lo que su padre deseaba, porque debía pagar la generosidad del señor que le había dado cobijo durante toda su vida. Tras lo cual, se abrió inmediatamente el vientre. El padre se dirigió a su hijo menor, que también estaba a punto de suicidarse, y le pidió que cogiera una pluma, tinta y papel. Entonces escribió el siguiente poema de muerte:

> «Con la espada en la mano me parto en
> dos, en medio de un gran incendio.
> Siento la refrescante brisa».

Finalmente, se abrió el vientre y su hijo menor lo decapitó y luego usó la misma espada para abrir su propio vientre. Esto envió a toda la línea masculina de la familia a la otra vida para continuar al servicio de su señor.

Del mismo modo, cuando el hijo de Tokugawa Ieyasu fue tomado como rehén, un vasallo de la familia Tokugawa llamado Ishikawa Kazumasa se ofreció a servir al niño en cautiverio y morir si el niño moría porque no sería apropiado que un samurái pasara a la otra vida sin compañía.

Otras expresiones menos drásticas de esta idea son las mujeres que se cortan el pelo al morir su marido o su señor y los vasallos que se cortan un dedo meñique para arrojarlo a la pira funeraria de su señor.

La concepción samurái de la vida después de la muerte no parece coincidir con la que se encuentra en las principales religiones de Japón. El budismo les decía a los samuráis que se reencarnarían en un nuevo cuerpo. El daoísmo decía que su espíritu se dividiría en dos partes, el *yin* y el *yang*, con el *yin* permaneciendo en la tierra y el *yang* ascendiendo. El sintoísmo les decía que se convertirían en espíritus ancestrales que velarían por las generaciones futuras. Sin embargo, a los samuráis se les hizo creer que si se suicidaban vivirían en su forma actual y servirían a su señor en la muerte como lo habían hecho en la vida. Todo el sistema es paradójico, pero esto no parece haber molestado a los samuráis.

A la manera de los monjes

En 1621, el viajero Richard Cocks observó que los monjes seguían a un señor hasta la muerte y se colgaban después del funeral. No utilizaban el método normal de *seppuku* porque a los monjes no se les permitía derramar sangre.

La sangre de la lealtad

El abnegado samurái que renuncia voluntariamente a su propia vida para servir a su señor por toda la eternidad en el más allá es una expresión perfecta de honor y lealtad. Sin embargo, la pureza de esta imagen contrasta fuertemente con la de los samuráis que se veían obligados a realizar el *seppuku* para evitar que toda su línea familiar se acabara. La lealtad que tiene que ser impuesta con tal brutalidad no es lealtad en absoluto.

El *bushidō* en contexto

En esta parte del libro, exploraremos la naturaleza del *bushidō* histórico, ejemplificado por notables samuráis de la edad de oro y del período Sengoku. A continuación, veremos cómo el declive de los samuráis durante el período Edo y su eventual desaparición a finales del siglo XIX condujo al crecimiento de una forma mítica e idealizada de *bushidō*. Para obtener una apreciación adecuada de los samuráis, es necesario volver a la realidad no blanqueada del *bushidō* histórico.

15. Grandes samuráis de la historia

«Oda Nobunaga mataba un pájaro para obligarlo a cantar, Toyotomi Hideyoshi lo engatusaba mediante la manipulación, mientras que Tokugawa Ieyasu esperaba el momento adecuado para escuchar su canto».

Antiguo dicho japonés

El *bushidō* es un ideal de comportamiento samurái que cambia según el momento en cuestión. En este capítulo, nos fijaremos en algunos clanes importantes y personajes históricos de diferentes épocas y examinaremos hasta qué punto su conducta se ajustaba a los diversos aspectos de lo que se consideraba comportamiento correcto en aquella época. Algunos de estos personajes nos resultarán familiares por los episodios relatados anteriormente en este libro, pero aquí nos centraremos en ellos a través de la lente del *bushidō*.

Los Fujiwara y los primeros tiempos de los samuráis

Es importante recordar que los samuráis no surgieron de la nada. Su crecimiento fue gradual. El significado del término «samurái» es el de sirviente; los samuráis fueron tratados originalmente como una categoría separada de los *bushi*, que eran «caballeros guerreros». Sin embargo, a medida que el ejército imperial de estilo chino disminuía en tamaño durante la segunda mitad del primer milenio, los guerreros rurales tomaban las armas y se consideraban siervos (samurái) de los señores más poderosos, que a su vez se consideraban siervos (samurái) de la élite aristocrática. A finales del siglo XII, la distinción entre samurái y *bushi* se había disuelto.

Antes de que los samuráis aparecieran, ya existían familias antiguas y poderosas. Una de las más influyentes fue la de los Fujiwara. Mientras se formaba la idea clásica de los samuráis, el clan Fujiwara estaba muy involucrado en la vida política y en la organización de los eventos de la corte. Hicieron valer su poder sobre la línea imperial japonesa y obligaron a los hijos de los emperadores a casarse con su clan para que los futuros emperadores tuvieran fuertes conexiones con los Fujiwara.

Los Fujiwara estaban tan integrados en el sistema que podían forzar un cambio de gobernante simplemente negándose a realizar tareas administrativas. De hecho, en el apogeo de su poder, ejercieron de regentes oficiales, por lo que podría decirse que fueron los verdaderos gobernantes de Japón. El hecho es simple: incluso antes de que los samuráis estuvieran completamente formados, los protosamuráis, como los Fujiwara, mostraban las mismas características que los samuráis propiamente dichos. Se esforzaban por alcanzar el poder sin mostrar ninguna consideración caballeresca genuina por la población en general. Bajo su desarrollado sentido de la estructura de la corte y su complejo protocolo, eran tan egoístas como las innumerables generaciones de políticos que les sucedieron.

Minamoto no Yoshitsune (1159-1189) y Benkei (1155-1189)

Minamoto no Yoshitsune y su vasallo, el monje guerrero Benkei, se convirtieron en héroes populares de leyenda, parecidos a Robin Hood y el Pequeño Juan. Fueron personajes básicos en el romancero samurái y sus hazañas ayudaron a definir lo que significaba ser un guerrero.

Los relatos de su encuentro difieren, pero la versión más común dice que se encontraron en un puente donde Benkei retaba a duelo a los guerreros que pasaban por allí. Cuando Yoshitsune llegó, Benkei había capturado noventa y nueve espadas en noventa y nueve duelos. Había prometido capturar cien espadas, así que Yoshitsune era todo lo que se interponía entre Benkei y su objetivo. Sin embargo, el poderoso monje-guerrero no pudo superar al joven pero impresionante Yoshitsune. Al final, el cansancio los venció a ambos y se llegó a un empate. Unidos por el respeto mutuo, decidieron formar una banda de «hombres felices».

En algunas versiones de la historia, los papeles se invierten, pero en cualquier caso sienta las bases para las actitudes de los guerreros en las obras e historias venideras. El tema principal aquí es el clásico desafío del puente; parece que los duelistas derrotados no tuvieron que pagar con sus vidas, solo con sus espadas, ya que no se mencionan cabezas cortadas. Yoshitsune y Benkei fueron personajes históricos reales, con un historial de excelente destreza militar. Sin embargo, como el rey Arturo y Robin Hood, sus aventuras han pasado al terreno de la leyenda.

Hōjō Tokimune (1251-1284)

Octavo regente de Japón durante el shogunato de Kamakura, Hōjō Tokimune es más recordado por derrotar a las hordas mongolas, lo que consiguió con la ayuda de las tormentas conocidas como *kamikaze* o «viento divino». En su funeral, se proporcionó la siguiente lista como resumen de su grandeza:

1. Cumplió con sus votos budistas.
2. Fue un hijo obediente.
3. Fue leal al emperador.
4. Se preocupaba por el bienestar del pueblo.
5. Estudió profundamente el zen y comprendió su verdad.
6. Ejercía un poder real.
7. No dio señales externas de ira.
8. No dio ninguna muestra de alegría tras derrotar a los mongoles.
9. Estableció casas monásticas.
10. Rezó por los muertos japoneses y mongoles.
11. Honró a los que seguían el budismo.
12. Se vestía correctamente para la muerte.
13. Escribió un poema sobre la muerte.

Que estas afirmaciones reflejen con exactitud la vida de Tokimune es menos importante que la visión que nos ofrecen de los valores que se tenían en alta estima entre los samuráis de su época. Tokimune puede haber rezado por los muertos mongoles, pero también se dice que cometió el acto aparentemente poco caballeroso de hacer decapitar a cinco emisarios mongoles. Esto nos lleva a preguntarnos si los samuráis de antaño respetaban el principio de «no disparar al mensajero» o si consideraban aceptable matar a todos los enemigos, sin importar quién fuera.

Kusunoki Masashige (1294-1333)

Pocos samuráis han tenido tanta influencia en la idea del *bushidō* como Kusunoki Masashige. Murió siguiendo unas órdenes con las que no estaba de acuerdo, mientras los que las habían emitido se retiraban a un lugar seguro; con el tiempo se convirtió en el samurái ideal, un sirviente sin deshonor. Sin embargo, su estatus como el más leal de todos los samuráis y un faro de la caballería no se estableció hasta mucho después de su muerte. De hecho, durante muchos años el nombre de Kusunoki fue vilipendiado y cualquiera que lo llevara era susceptible de ser ejecutado como enemigo del Estado. Según el documento *Hekizan Nichiroku* de 1460:

> «Los registros muestran que la familia Kusunoki tuvo en su día un gran poder militar y que masacraron a decenas de miles de personas, la mayoría de ellas inocentes. Desde la caída de la Corte del Sur, los descendientes de los Kusunoki han sido apre-

sados por las autoridades y todos han sido condenados a muerte por sus maldades acumuladas».

Hacia 1560, Kusunoki Masatora apeló con éxito a la corte para rehabilitar el nombre de su familia, por lo que el mero hecho de ser miembro del clan Kusunoki dejó de ser un crimen castigado con la muerte. El nombre volvió a ser respetado y surgieron múltiples escuelas de Kusunoki-Ryū. Durante la década de 1660, la escuela Natori-Ryū fue rebautizada por Tokugawa Yorinobu como Shin-Kusunoki-Ryū, el «Nuevo Sistema Kusunoki». Este fue el momento en que el nombre Kusunoki pasó a ser considerado como emblema de la lealtad y la caballerosidad de los samuráis. En 1876 el orientalista estadounidense William Griffis escribió que Kusunoki Masashige estaba por encima de todos los demás a los ojos de la nación japonesa como ejemplo de lealtad. Tan grande era el amor al ideal de Kusunoki que el término *nankō sūhai* (楠公崇拝) fue establecido, significando «adorador del señor Kusunoki». El valor del nombre de un samurái nunca debe ser subestimado.

Takeda Shingen (1521-1573)

Uno de los samuráis más famosos que ha ostentado realmente el poder, Takeda Shingen, pertenecía a la generación inmediatamente anterior a los tres «grandes unificadores» de Japón –Oda Nobunaga, Toyotomi Hideyoshi y Tokugawa Ieyasu– y fue el personaje central del clásico militar *Kōyō Gunkan*.

Shingen tomó el control del clan Takeda tras derrocar a su padre, Takeda Nobutora, en un acto de deslealtad familiar que parece contravenir el espíritu del *bushidō*. Sin embargo, cumplió con el crucial criterio samurái de llevar a su clan a un gran éxito. Llegó a luchar contra todos los principales líderes de la época en un momento u otro, incluido Uesugi Kenshin, al que se enfrentó repetidamente en las batallas de Kawanakajima, que tuvieron lugar durante más de una década (de 1553 a 1564). Poco antes de esta serie de batallas, Shingen se había afeitado la cabeza y había tomado los votos budistas; su capuchón de monje se convirtió en uno de sus rasgos característicos.

Al igual que había usurpado a su padre, el hijo de Shingen, Yoshinobu, intentó usurparle a él. Sin embargo, Yoshinobu fracasó en su intento y, según informes contradictorios, se suicidó o fue envenenado, presumiblemente por orden de su padre. El asunto sigue siendo objeto de debate.

Uesugi Kenshin (1530-1578)

Uesugi Kenshin, posiblemente el principal oponente de Takeda Shingen, destaca por la siguiente definición concisa del camino del samurái:

1. El destino está en el cielo.
2. La armadura está sobre tu cuerpo.
3. La realización se encuentra en las piernas.
4. Acércate al campo de batalla seguro de la victoria.
5. Entra en combate y prepárate para morir.
6. Abandona tu casa sabiendo que tal vez no la vuelvas a ver.
7. El destino tiene un motivo determinado; cree en él.

Oda Nobunaga (1534-1582)

«El líder de Owari [Oda Nobunaga], de unos treinta y siete años, es alto, delgado, con poca barba, extremadamente guerrero y muy dado a los ejercicios militares. Es proclive a las obras de justicia y misericordia, sensible a su honor, reticente sobre sus planes, experto en estrategia militar, poco dado a recibir consejos de otros, muy estimado y venerado por todos, no bebe vino y rara vez lo ofrece a los demás. De modales bruscos, desprecia a todos los demás señores japoneses y les habla por encima del hombro en voz alta como si fueran siervos de baja estofa. Se le obedece como a un señor absoluto. Tiene buen entendimiento y buen juicio. Odia a los dioses y a los budas y todas las demás supersticiones paganas, pero pertenece nominalmente a la secta Hokke. Además, él niega abiertamente la existencia de un creador y la inmortalidad del alma y la existencia de la vida después de la muerte.»

Luís Froís, *Tratado* (1585)

Uno de los samuráis más poderosos de todos los tiempos, Oda Nobunaga tenía una temible reputación. Mató a su propio hermano, masacró a más de veinticinco mil personas en su ataque a los monasterios del monte Hiei, destruyendo setecientos años de cultura budista de una tacada, y, según el misionero portugués Lourenço Mexia, se dice que incluso mató a una criada por no limpiar correctamente una habitación. Ya hemos visto el trato grosero que dio a la cabeza decapitada de Takeda Katsuyori (véase el capítulo 13).

Sin embargo, Nobunaga fue sin duda un gran estratega militar. En Okehazama –una de las batallas más decisivas de la historia de Japón–, derrotó al muy superior pero complaciente Imagawa Yoshimoto. Nobunaga embaucó al enemigo colocando tropas y banderas ficticias y moviéndose hacia la retaguardia al amparo de los bosques y de una tormenta eléctrica para lanzar un ataque por sorpresa. En la victoria subsiguiente, Imagawa Yoshimoto fue asesinado. Los supervivientes del enemigo se unieron a las fuerzas de Nobunaga, y este se embarcó en una campaña que le impulsó al liderazgo de toda la nación. Al final, como hemos visto, no fue la derrota por parte de un enemigo lo que provocó la muerte de Nobunaga, sino la traición de uno de sus propios vasallos, Akechi Mitsuhide (véase el capítulo 6).

A pesar de ser famoso por su irreligiosidad, Nobunaga se dedicó un templo a sí mismo en el castillo de Azuchiyama, decretando que la gente sería bendecida si le rendía culto tras su muerte. Para atraer a los peregrinos al templo, trajo estatuas famosas de otros lugares sagrados. Puede que Nobunaga no creyera en el más allá, pero entendía el poder de la creencia en otras personas.

En general, Oda Nobunaga es un personaje difícil de evaluar en términos de *bushidō*. Su naturaleza tiránica y su comportamiento gratuitamente brutal distaban mucho de ser caballerescos, pero podría argumentarse que su constante acumulación de poder y sus esfuerzos llanos y decididos por estabilizar la nación fueron las acciones de un samurái por excelencia.

Toyotomi Hideyoshi (1537-1598)

Nacido en las capas más bajas de la sociedad japonesa –empezando como campesino o como guerrero de bajo nivel–,

Toyotomi Hideyoshi ascendió a través de las filas del régimen de Oda Nobunaga, sucediéndole finalmente como gobernante de todo Japón. Uno podría haber esperado que uno de los hijos de Nobunaga tomara el relevo tras la muerte de su padre, pero en cambio Hideyoshi logró la notable hazaña de tomar el control, acompañándose del clan Oda. Un aspecto central de este logro fue su victoria sobre Akechi Mitsuhide en la batalla de Yamazaki, con la que vengó la muerte de Nobunaga.

Hideyoshi es generalmente considerado como un táctico extremadamente astuto, pero en sus invasiones de Corea entre 1592 y 1598 su excesiva ambición superó su buen juicio. Envió a cientos de miles de samuráis veteranos de guerra al estrecho de Corea con órdenes de matar a cada hombre, mujer y niño que pudieran encontrar y traer sus narices como prueba del genocidio del pueblo coreano. Su objetivo final era tomar el trono chino y convertirse en gobernante del mundo conocido.

Los historiadores han especulado que Hideyoshi se volvió loco de poder hacia el final de su vida. El misionero español Pedro Bautista Blásquez (canonizado tras su crucifixión en Nagasaki en 1597) escribió que Hideyoshi le había contado que cuando era niño un rayo de sol se había posado en su pecho, lo que tomó como una señal de que su propósito era unificar Japón. También dijo que estaba destinado a gobernar todo lo que había al este y al oeste. Según Blásquez, la crueldad de Hideyoshi era conocida y por eso la gente solo le decía lo que él quería oír por miedo a ser castigados. Solo dos días antes de la audiencia que le concedió al misionero, Hideyoshi había hecho cortar a alguien por la mitad con una sierra de bambú. En otra ocasión, hizo ejecutar a dos niños por pintarrajear muros.

Tras la muerte de Hideyoshi, el famoso artesano Hon'ami Kōetsu –a menudo denominado como el William Morris de Japón– declaró que las personas de baja cuna no deberían adquirir tanto poder en una sola generación. Consideraba que los campesinos a los que se les daba demasiada autoridad no tenían la capacidad de ejercerla bien. Es poco probable que Kōetsu hubiera aventurado esta opinión mientras Hideyoshi estuviera vivo.

Toyotomi Hideyoshi es otra figura difícil de evaluar en términos de *bushidō*. Fue leal a su señor, pero tomó el poder del clan al que servía; vengó la muerte de su señor, pero ordenó el exterminio de todo un pueblo. La pregunta sigue siendo: ¿era todo esto permisible dentro del *bushidō*?

Respeto mediante el ejemplo

Se dice que, en una reunión secreta, Toyotomi Hideyoshi pidió la ayuda de Tokugawa Ieyasu para ganarse el respeto de sus vasallos. Habiendo sido uno de sus compañeros hasta bien recientemente, a Hideyoshi le resultó inicialmente difícil imponer su autoridad sobre ellos como su señor. Por ello, pidió a Ieyasu que le saludara con reverencia para animar a todos los demás a seguir su ejemplo. Si esto fuese cierto, indicaría que los samuráis no estaban demasiado interesados en una persona que hubiese tenido que ir ascendiendo de escalafón hasta tomar el mando y que tal persona tendría que contar con el apoyo de otros líderes para ganarse su respeto.

Tokugawa Ieyasu (1543-1616)

El último de los tres «grandes unificadores», Tokugawa Ieyasu, estableció la dictadura que gobernó Japón durante más de un cuarto de milenio. Podría decirse que es el samurái más respetado, pero el examen de su historial revela algunos aspectos poco ejemplares de su carácter.

La carrera de Ieyasu ofrece muchos buenos ejemplos de cómo el *bushidō* puede dar cabida a actos de engaño, artería y traición. Cuando era joven, Ieyasu sofocó una rebelión de granjeros y monjes en sus dominios, y tras firmar un tratado en el que se acordaba que cualquier templo y otras propiedades dañadas durante el conflicto deberían restaurarse a su condición original, Ieyasu arrasó los edificios afectados argumentando que ese era su estado original.

Otro ejemplo de la falta de fiabilidad de Ieyasu puede verse en su trato con los guerreros de Iga que le ayudaron a huir por sus tierras tras el asesinato de Oda Nobunaga. Ieyasu contrató una banda de samuráis de Iga para luchar con él y muchos de ellos murieron en sus campañas, pero su única recompensa por tan leal servicio fue degradar su estatus de samurái y convertirlos en sencillos guardias del castillo. Esto es consistente con la tendencia de Ieyasu a permitir que los hombres de otros clanes llevaran el peso de cualquier acción para que sus propios hombres estuvieran frescos para la victoria posterior.

Dos hermanos, Sakon y Naiki, trataron de asesinar a Ieyasu, pero su plan fue descubierto. No obstante, Ieyasu quedó tan impresionado por su audacia que les permitió cometer *seppuku* en lugar de ejecutarlos. Sin embargo, menos caballerosa fue su decisión de detener a su hermano menor, Hachimaro, que solo tenía ocho años y que no había tenido nada que ver con el complot. Él también fue obligado a suicidarse; el crío observó a sus dos hermanos realizar el acto para poder hacerlo correctamente y ser llamado con orgullo hijo de su padre.

Una de las cuestiones más importantes para la comprensión del *bushidō* es el maltrato de la familia Toyotomi. Después de que Ieyasu le asegurara que serviría como consejero del clan Toyotomi, Toyotomi Hideyoshi murió creyendo que su línea continuaría. No fue así. Ieyasu rompió rápidamente su promesa al moribundo Hideyoshi al quitarle el mando de la nación a los Toyotomi. Él cimentó su posición al ganar la batalla fundamental de Sekigahara en 1600 y tres años después se le concedió el título de *shōgun*.

Los Toyotomi constituyeron la principal fuente de resistencia durante los primeros años del gobierno de Ieyasu, hasta que el *shōgun* sitió su fortaleza, el castillo de Osaka, en 1614. Incapaz de derribar las defensas del castillo, Ieyasu hizo otra falsa promesa: ofreció poner fin al asedio si los Toyotomi rellenaban sus fosos y derribaban el muro exterior del castillo. Aceptaron y se levantó el asedio. Sin embargo, al año siguiente Ieyasu regresó para capturar la debilitada fortaleza. Mató a toda la línea Toyotomi, incluido el nieto de ocho años de Hideyoshi, Kunimatsu, que fue cazado y decapitado. Incluso mató a miles de *rōnin* que trabajaban para los Toyotomi. El clan fue destruido completamente. Por supuesto, algunas de las acciones de Ieyasu fueron en respuesta a los movimientos hostiles realizados por el clan Toyotomi, pero, sin embargo, hay que recordar que ellos eran los herederos legítimos de todo Japón y que Ieyasu se lo arrebató.

La mayoría de las acciones descritas pueden ser defendidas como movimientos a sangre fría diseñados para aumentar la fortuna del clan Tokugawa. Sin embargo, Ieyasu, al igual que Oda Nobunaga, el tipo de brutalidad asociada a un temperamento caliente. Se dice que mató a un sirviente porque este había dañado un costoso halcón y que asesinó a un vendedor de aceite por su descortesía.

En otro supuesto incidente, Ieyasu había reservado una zona de caza para él, ordenando que a nadie más se le permitiera cazar allí antes para que la caza fuera abundante. Sin embargo, cuando llegó para su día de caza se encontró con que las trampas para pájaros ya habían sido colocadas. Preguntando más, descubrió que dos magistrados locales habían dado permiso a otras personas para cazar y capturar allí. Por ello estuvo a punto de hacer ejecutar a los magistrados, pero estos se salvaron gracias a las acertadas palabras de uno de sus consejeros.

En otra ocasión, un samurái llamado Nonomura acercó demasiado su caballo al de Ieyasu y se empujaron mutuamente, y se dice que Ieyasu sacó al instante su espada y golpeó al samurái de pura ira.

En cambio, también hay relatos sobre la bondad, la sabiduría y la generosidad de Ieyasu. Durante una inspección de cabezas, quedó tan impresionado por un corte en una cabeza decapitada que había atravesado los dientes que pidió ver la espada, y como el samurái que había asestado el golpe se había visto obligado a vender el sable, Ieyasu lo recompró y se lo devolvió. También concedió a un ermitaño pobre que encontró 16 *koku*, un pequeño pero buen salario (aunque hay que decir que no era una suma muy significativa para un hombre que controlaba los millones de *koku* de la nación).

Se dice que Ieyasu presidió un concurso de teología entre dos sacerdotes de diferentes sectas. Antes del debate, preguntó en privado a cada uno de ellos qué debía ocurrirle al perdedor del concurso. El primero dijo que debía ser decapitado, mientras que el segundo dijo que debía ser expulsado. Ieyasu premió al segundo participante, afirmando que su visión más humana era más apropiada para un sacerdote.

Para completar la imagen de Tokugawa Ieyasu, se dice que era extremadamente ahorrativo en los asuntos domésticos, aunque gastara fortunas en la guerra. Creía que los samuráis no debían dejarse tentar por extravagancias como los caros melocotones que le regalara Oda Nobunaga (véase el capítulo 4).

Junto con Kusunoki Masashige, Tokugawa Ieyasu es probablemente el samurái más venerado de todos los tiempos, pero mientras que Masashige es recordado por su lealtad inquebrantable, Ieyasu es celebrado por su capacidad de elevarse por encima de todos los demás. Si estuviera en activo hoy en día, sin duda sería llamado un dictador, pero para las miradas parciales de sus admiradores, es un honorable samurái.

Trabajo no adecuado para un samurái

Durante su juventud, Tokugawa Ieyasu fue enviado como rehén al clan Imagawa. A los prisioneros samuráis se les permitía ser atendidos por un criado y se les entregaba un salario que provenía de una asignación de tierras para que pudieran mantener sus costumbres de samurái. Sin embargo, los Imagawa abusaron de este sistema y tomaron la mayor parte del dinero para ellos. Le quitaron casi todos sus ingresos a un rehén llamado Kondō, y se dice que este puso su espada junto a una zanja y trabajó con los agricultores para plantar arroz y así poder permitirse el lujo de sobrevivir. Un día el joven Ieyasu paseaba cerca de los campos y Kondō se embarró rápidamente la cara para evitar ser reconocido, pero Ieyasu lo vio. El criado se presentó con trapos sucios y con la espada en la mano, a lo que Ieyasu dijo que, aunque era un momento difícil, seguía siendo vergonzoso ver a un samurái obligado a trabajar en el campo.

Cantar su propia canción

Se dice que cuando Tokugawa Ieyasu recibió un pájaro que podía imitar otros sonidos, ordenó que se lo devolvieran a la persona que se lo había dado. Él creía que las personas y las criaturas debían ser amadas por su propia naturaleza, no por copiar a otras.

Morderse las uñas

Aunque era poderoso, parece que Tokugawa Ieyasu también era dado a la ansiedad. Se dice que se mordía las uñas en momentos de estrés.

Ishida Mitsunari (1559-1600)

El ascenso al poder de Ishida Mitsunari bajo el mando de Toyotomi Hideyoshi se detuvo estrepitosamente cuando condujo a los leales a Toyotomi a la derrota contra Tokugawa Ieyasu en la batalla de Sekigahara. Si hubiera salido victorioso, el nombre de Mitsunari sería hoy más famoso entre los aficionados a los samuráis. En cambio, tras la batalla fue capturado y condenado a muerte. En un relato posiblemente ficticio de su discurso previo a la ejecución, se dice que declaró que habría ganado la batalla si no hubiera sido por los traidores de su campamento, pero sus captores respondieron que debería haber sido lo suficientemente inteligente como para descubrir a esos traidores.También se recuerda a Mitsunari por haber rechazado cierta comida de camino a su ejecución porque temía que fuera mala para su digestión. Cuando se le indicó que no debía preocuparse por su digestión en ese momento, respondió que todo samurái que aún respiraba tenía el deber de cuidar su salud.

En términos de *bushidō*, Mitsunari puede ser elogiado por permanecer leal al clan Toyotomi, aunque nunca sabremos si les habría arrebatado el control si hubiera ganado en Sekigahara. Aunque luchaba en una rebelión contra los que habían destronado a los líderes «legítimos» del país, hay que recordar que los Toyotomi habían destronado a su vez al clan Oda, que a su vez había tomado ese derecho del clan que les había precedido, y así sucesivamente a lo largo de la historia samurái.

Miyamoto Musashi (1584-1645)

Hemos conocido a Miyamoto Musashi como consumado espadachín (véase el capítulo 11), pero fue mucho más que eso. Sus escritos sobre filosofía y estrategia se citan constantemente en los estudios sobre los samuráis. Aunque no alcanzó el poder político de figuras como Oda Nobunaga y Tokugawa Ieyasu, su influencia no es menor.

Según Musashi, el camino del guerrero era como el del carpintero; al igual que un gran carpintero da forma y pule la madera para crear algo magnífico, un samurái debe crear algo más grande que él mismo a partir de sus elementos naturales. Musashi se centró en las artes marciales y en la fuerza del cuerpo y la mente para aprender a vencer a los demás. Aconsejó a los samuráis que se comportaran bien, que controlaran a los demás con facilidad, que utilizaran a los hombres en el combate, que mantuvieran la sociedad unida y que ganaran reputación. En su manual *Gorin no Sho* (五輪書; *El libro de los cinco anillos*), criticaba a menudo a los samuráis de su época por su falta de verdadera virtud y espíritu samurái. A sus ojos, estos samuráis no eran más que vendedores; sus exhibiciones marciales producían flores, pero no daban frutos; es decir, eran bonitos de ver, pero no ayudaban a mantener a una persona con vida.

Musashi expuso sus principios para una correcta vida de guerrero en su documento titulado *Dokkōdō*, cuya traducción se ofrece a continuación.

El texto de Musashi para la vida

獨行道
Dokkōdō
Recorrer el camino en solitario
por
宮本武藏
Miyamoto Musashi
traducido por
Mieko Koizumi y Antony Cummins

世々の道をそむく事なし
No te apartes del camino de la justicia.

身にたのしみをたくます
No te abandones a los placeres de la carne.

よろつに依怙の心なし
Nunca tengas una mente gobernada por los prejuicios.

身をあさく思世をふかく思ふ
Considérate a ti mismo con ligereza [y con modestia] pero considera al mundo [y a las demás personas] con profundidad [y consideración].

一生の間よくしん思わす
Nunca te permitas pensar con deseo.

我事におゐて後悔をせす
Nunca te arrepientas de lo que has hecho.

善惡に他をねたむ心なし
Nunca veas la fortuna o la desgracia de los demás con una mente celosa.

いつれの道にもわかれをかなします
Nunca sientas pena al separarte de cualquier situación.

自他共にうらみかこつ心なし
Nunca albergues quejas sobre otras personas o sobre ti mismo.

れんほの道思ひよること丶ろなし
Nunca insistas en el tema del amor.

物毎にすきこのむ事なし
Nunca tengas gustos y disgustos por nada.

私宅におゐてのそむ心なし
Nunca desees una casa [resplandeciente], [mejor mantén la simplicidad].

身ひとつに美食をこのます
Nunca te des por satisfecho con la comida sofisticada, mejor mantén la simplicidad.

末々代物なる古き道具を所持せす
Nunca poseas antigüedades heredadas de tus antepasados.

わか身にいたり物いみする事なし
Nunca temas las supersticiones ni el mal.

兵具は各別よの道具たしなます
Nunca te fijes en los bienes mundanos, salvo en el caso de las armas militares.

道におゐては死をいとわす思ふ
Nunca temas a la muerte cuando sigas el Camino.

老身に財寶所領もちゆる心なし
No acumules tesoros valiosos para tu vejez.

佛神は貴し佛神をたのます
Los dioses y los budas son sagrados, pero no confíes en ellos.

身を捨ても名利は捨てす
Nunca abandones tu honor y tu orgullo, aunque tengas que sacrificarte.

常に兵法の道をはなれす
Nunca te apartes del camino de las vías militares.

正保弐年
1645

五月十二日
12º día del 5º mes

新免武藏
Shinmen Musashi

寺尾孫之丞殿
Entregado a Terao Magonojō

Fin del *Dokkōdō*

Como puede verse, Musashi abogaba por la experiencia práctica, el desapego a los objetos y al amor, una mente simple y purificada, y la fe en la Vía. Para cimentar estas ideas, veamos ahora otro de sus manuales más famosos, el *Gorin no Sho* (五輪書; *El libro de los cinco anillos*).

El texto de los principios de Musashi

El siguiente conjunto de principios para el entrenamiento en artes marciales está tomado del «texto de la tierra» o *chi no maki* del *Gorin no Sho* de Miyamoto Musashi.

よこしまになき事をおもふ所
No albergues malos pensamientos.

道の鍛錬する所
Fórjate profundamente en el Camino.

諸藝にさハる所
Toca las distintas artes.

諸職の道を知事
Entiende el camino de las distintas habilidades y profesiones.

物事の損徳をわきまゆる事
Comprende las ventajas e inconvenientes de las situaciones.

諸事目利を仕覺る事
Prepárate para el éxito en todos los asuntos.

目に見えぬ所をさとつてしる事
Comprende las cosas que aún no se ven.

わづかな事にも氣を付る事
Observa incluso las cosas más pequeñas.

役にたたぬ事をせざる事
Nunca hagas lo que es inútil.

El siguiente conjunto de principios para el entrenamiento en las artes marciales está tomado del «rollo de aire» o *kū no maki*. El término aquí es *kū* (空), que se refiere al vacío como un concepto en la filosofía japonesa.

空有善
Solo hay virtud en la vacuidad.

無悪
No hay maldad [en la vacuidad].

智ハ有也
Hay sabiduría [en la vacuidad].

利ハ有也
Hay beneficio [en la vacuidad].

Una cuestión sobre la transcripción

En esta última afirmación se utiliza el término *ri* (利), que significa «beneficio» o «provecho». Sin embargo, podría tratarse de un error de transcripción de *ri* (理), que significa «razón», lo que cambiaría la traducción a: «Hay razón [en el vacío]».

道ハ有也
La Vía se encuentra [en la vacuidad].

心は空也
La mente se convierte en vacío.

Estas secciones del texto *kū* son las que más se prestan a interpretaciones erróneas, al ser cortas y poco específicas. La interpretación personal puede dar lugar a malentendidos.

La paradoja de Musashi

Miyamoto Musashi fue uno de los samuráis más famosos de todos los tiempos y sus escritos son venerados por casi todos los entusiastas de los samuráis. Sin embargo, esta devoción crea un conflicto en los corazones de los admiradores actuales de Musashi.

Como hemos visto, Musashi no solo enseñó su propio estilo de esgrima; sino que también denigró a las otras escuelas de samuráis de su época, afirmando que habían perdido de vista la antigua forma de combate real y que ahora valoraban más el estilo que la sustancia. Si Musashi estaba en lo cierto, significaría que solo él había preservado el antiguo estilo de lucha. Esto implicaría que el manejo del sable de todos los demás samuráis en el siglo XVII era incorrecto; sin embargo, la esgrima enseñada y practicada por los samuráis debe considerarse, por definición, como esgrima samurái.

Es posible que Musashi tuviera razón. No es difícil creer que los samuráis de su época, que se encontraban en un período de paz, necesitaran hacer más atractiva la esgrima para poder vender sus habilidades a los estudiantes y así complementar unos ingresos, que estaban disminuyendo rápidamente. También es posible detectar un elemento de bravuconería en las declaraciones de Musashi. Participó en muchos duelos en sus extensos viajes, y es posible que menospreciara a sus oponentes conquistados afirmando que habían olvidado las habilidades de antaño. Simplemente, no es posible creer de todo corazón en las palabras de Miyamoto Musashi y al mismo tiempo respetar las escuelas de esgrima tradicionales de Japón.

16. La caída de los samuráis y el auge de la visión romántica

La unificación de Japón bajo el shogunato Tokugawa dio paso a un prolongado período de paz. Esto trajo prosperidad y estabilidad a la nación en su conjunto, pero amenazó el sustento –y, de hecho, toda la razón de ser– de los samuráis. En este capítulo, trazaremos el declive de los samuráis bajo los Tokugawa, desde ser una vigorosa cultura guerrera en el corazón de la vida política hasta convertirse en un vestigio desvanecido de un pasado glorificado. A continuación, analizaremos el crecimiento del interés por el *bushidō*, que se aceleró después de que la era samurái llegara a su fin a finales del siglo XIX.

Adaptación a los tiempos de paz

Una idea compartida por la mayoría de los entusiastas de los samuráis es que durante el período de paz hacia el final de la época de los samuráis, estos pasaron de ser militares sedientos de sangre y tierras a «asalariados» burocráticos que llevaban espadas y hablaban de combate, pero que ya no podían llamarse legítimamente guerreros. Ya en el siglo XVII y principios del XVIII, escritores como Miyamoto Musashi, Natori Sanjūrō Masazumi, Chikamatsu Shigenori y Fujibayashi Yasutake se afanaban en registrar las costumbres del guerrero antes de que se perdieran para siempre.

Tradicionalmente, los padres de los samuráis cedían el negocio familiar a sus hijos mayores, lo que incluía enseñarles las habilidades del oficio. Al entrar en el período Tokugawa, el negocio familiar era, la mayoría de las veces, la lucha. Sin embargo, cuando se hizo evidente que el período de paz iba a ser prolongado, el enfoque de la mayoría de las familias se alejó de la guerra y una casta samurái pacífica evolucionó.

No podemos concluir de ello que todos los samuráis se apartaran del combate. El primer hijo de la familia debía seguir el oficio de su padre, pero los hijos menores podían continuar dedicándose a la guerra. También estaban los *rōnin*, que recorrían el país para ganarse la vida, siempre con olfato para los problemas. Sin embargo, a medida que pasaban las décadas, y el puño de hierro del gobierno Tokugawa exprimía la lucha de los samuráis, surgió otra fuente de ingresos. Este período vio el crecimiento de la cultura del *dōjō* samurái; surgieron innumerables escuelas de combate en ciudades de todo Japón, y no faltaron estudiantes que quisieran poder mostrar sus habilidades samuráis sin tener que ponerlas a prueba en la batalla.

La paz siempre trae consigo la glorificación de los días pasados. Fue la época en la que surgió el *bushidō* idealizado, que trajo consigo la idea perfeccionada del samurái como noble protector.

Pertenencia restringida

Los samuráis nunca fueron iguales; algunos tenían sangre azul, otros eran soldados de a pie ascendidos. Sin embargo, en el rígido sistema de castas japonés había una línea que dividía claramente a los samuráis de todos los demás miembros de la sociedad. En tiempos de guerra, las diferencias de riqueza y prestigio entre los samuráis eran menos evidentes. Lo que importaba era que todos estaban bajo la bandera samurái.

Una vez terminada la guerra, los samuráis comenzaron a vivir más tiempo y las tierras no cambiaban de manos con tanta frecuencia como antes. Esto significaba que había más samuráis compitiendo por la misma cantidad de riqueza, y ya no se les permitía hacerlo tomando las armas. Mientras tanto, la clase mercantil florecía.

Una forma de hacer frente a esta situación fue restringir la pertenencia al club de los samuráis. En el período de guerra, las categorías de menor rango, como los *dōshin* (同心) («samurái inferior»), *jizamurai* (地侍) («samurái rural»), etc., habían formado parte del sistema samurái, pero comenzaron a ser degradados a medida que avanzaba el período Edo. Los *dōshin* eran claramente inferiores al estatus de samurái ya que se les permitía llevar una sola espada, no los dos sables de los samuráis.

También surgieron nuevas clases de samuráis honorarios, como los *koshi* (古士) de Iga (la traducción libre de este término sería «viejo guerrero», pero la verdadera traducción es «guerrero de una antigua familia samurái»). Estas personas conservaban los atavíos de la condición de samurái –las espadas, los ropajes y los apellidos ilustres–, pero ya no recibían un estipendio del gobierno y tenían que mantenerse a sí mismos.

Aparición del mito del *bushidō*

Algunos samuráis lograron obtener puestos en el gobierno local para aumentar sus ingresos y su prestigio, pero no había suficientes puestos para todos. Otros muchos samuráis se encontraron con mucho menos dinero y mucho más tiempo libre. Estos factores, unidos a la añoranza de los días de gloria, crearon las condiciones perfectas para que el *bushidō* evolucionara de pautas prácticas para guerreros a ideales fantasiosos para románticos nostálgicos. Cuanto más tiempo pasaba desde los días de la guerra real, más difícil era distinguir la diferencia entre la caballería histórica y la gloria idealizada. En el siglo XX, el ideal mítico del samurái se había instalado firmemente en la imaginación popular.

Los samuráis ahora «parecen mujeres»

El erudito del siglo XVIII Sugita Genpaku afirmaba que, al vivir bajo un régimen pacífico, los samuráis actuaban más bien como comerciantes y se vestían como mujeres, que no tenían vergüenza y que estaban muy lejos del ideal de caballería. Yamaoka Shummei escribió: «En estos días de paz nadie busca prepararse para la guerra y, aunque lo hiciera, no habría nadie que les enseñara». Ya hemos visto que en el *Hagakure* se hacía un comentario similar sobre que los hombres se estaban pareciendo cada vez más a las mujeres. Otros escritores del

> período de paz lamentaban los días pasados de guerra, en los que se mataba a los samuráis más débiles y se preparaban las tropas más duras para la batalla.

El fin de los samuráis

A mediados del siglo XIX estaba claro que el *shōgunato* Tokugawa no podría mantenerse en el poder y continuar con el aislacionismo japonés durante mucho más tiempo. Las potencias extranjeras, especialmente Estados Unidos, presionaban cada vez más al país para que se abriera al comercio y la influencia de ultramar. Ante esta presión, en lugar de seguir los principios de lealtad del *bushidō* y agruparse detrás del *shōgun*, los samuráis se dividieron en dos facciones: los pro*shōgun* y los partidarios de pasar a una era más moderna.

En 1868, más de dos siglos de resentimiento latente hacia los Tokugawa estallaron en una guerra civil. El *shōgun* no tardó en ser derrotado; se negó a entregar su vida, pero sí entregó el castillo de Edo, su armada y todas las armas del gobierno. Alejado de la capital, se retiró a un templo.

A menudo se piensa, erróneamente, que la era de los samuráis terminó con la caída de los Tokugawa y la restauración del gobierno imperial en 1868. Pero ese año marcó solo el comienzo del fin del dominio samurái, no el final de la posición de los samuráis. La batalla por el alma de Japón continuó incluso después de esto, pero principalmente en el extremo norte del país, lejos del centro político. Los guerreros samuráis asaltaron los puestos de avanzada del ejército moderno hasta entrado 1876, y un año después organizaron un levantamiento masivo en Satsuma. Sin embargo, esa iba a ser la última gran muestra de resistencia de los samuráis. Si su lealtad al *shōgun* no se hubiera derrumbado a la primera prueba, quizás habrían aguantado más tiempo. Así las cosas, quedó demostrada de una vez por todas que la lealtad samurái no era más que un mito.

Cambio de estatus

Los samuráis no pudieron extinguirse de la noche a la mañana; fueron eliminados gradualmente. El sistema feudal llegó a su fin en gran medida hacia 1870, y en 1876 los samuráis perdieron el importante derecho simbólico de llevar espadas en público. Sin embargo, los miembros de los clanes samuráis y los nobles recibieron los títulos de *shizoku* (士族), «familias guerreras», y *kazoku* (華族), «familias aristocráticas». Así pues, seguía existiendo una distinción nominal entre los plebeyos y los ex-samuráis, aunque los antiguos samuráis ya no recibían un salario directo del Estado ni se les otorgaban poderes adicionales. Tendían a integrarse sin problemas en la población general, y una nueva fuerza militar de estilo occidental reclutaba hombres de todos los rangos sociales. En 1882, se estableció un nuevo esquema de ética militar en el Edicto Imperial a los Militares:

- Su primer deber es ser leal.
- Debe ser recto en su comportamiento.
- Debe valorar la salud y la fuerza.
- Debe estimar la fidelidad.
- La frugalidad debe ser su principio básico.

Bushidō en la era postsamurái

Después de 1868, la historia de la caballería tomó una nueva dirección. La historia japonesa posterior al período Edo no es pertinente aquí para comprender los valores de los verdaderos samuráis en su propia época, pero es extremadamente importante en la historia del mito del *bushidō* que creció durante el siglo XX. El samurái fue utilizado como símbolo de orgullo nacional para apoyar las ambiciones coloniales de Japón en el período previo a la Segunda Guerra Mundial. Desde entonces, el énfasis se ha desplazado a la idea del samurái como representante de una búsqueda espiritual. Para profundizar en el mito postsamurái del *bushidō*, véase *Inventing the Way of the Samurai*, de Oleg Benesch.

Liberalización

Al principio, el Japón postsamurái avanzó hacia una actitud mucho más liberal. Habiendo pasado tanto tiempo aislado del resto del mundo, el país abrazó con entusiasmo las costumbres occidentales. Por primera vez, el samurái se convirtió abiertamente en una figura de burla. El reformista Fukuzawa Yukichi creó un personaje cómico llamado Kusunoki Gonsuke, un samurái que se suicida por una ofensa insignificante. La elección del nombre de Kusunoki y la inutilidad de la muerte pretendían satirizar las costumbres de los samuráis.

Al igual que Japón en su conjunto se abrió al mundo, también lo hizo el sistema educativo del país. Una ley de educación radical aprobada en 1872 trajo importantes cambios, incluyendo el reconocimiento de que los niños necesitaban ser enseñados sobre los sucesos del mundo. Ese año se publicó por primera vez en Japón una historia del mundo. Durante un breve momento, parecía que un nuevo Japón con casi ninguna conexión con el militarismo samurái estaba a punto de surgir.

Regreso al nacionalismo

El amanecer liberal iba a ser una apertura en falso. En la década de 1880, las facciones conservadoras ya realizaban movimientos para restablecer los valores japoneses más tradicionales. En la consiguiente lucha por la supremacía ideológica entre las alas izquierda y derecha de la política japonesa, hubo un claro ganador. Los libros de texto, que ahora debían ser aprobados por el Ministerio de Educación, empezaron a centrarse en la victoria y el honor en el combate, haciendo hincapié en las grandes epopeyas de la literatura militar. Los crueles y sanguinarios emperadores del pasado fueron rehabilitados como figuras de perfección celestial, y el concepto de Nippon Shugisha, la creencia de que Japón tenía el derecho divino de gobernar sobre otras naciones, se impuso. Incluso el gran liberal Fukuzawa Yukichi se inclinó hacia la derecha. Alejándose de la política de *bunmei kaika* (文明開化), «civilización e ilustración», adoptó en su lugar el lema *fukoku kyōhei* (富国強兵), «fuerza de una nación a través de las armas».

Durante la década de 1890, los conservadores reforzaron aún más su dominio. Los profesores liberales que cuestionaban las ideas nacionalistas como el Nippon Shugisha se veían obligados a dimitir. Los éxitos de la derecha en la educación se reflejaron en el campo de batalla cuando Japón conquistó a los chinos en la primera guerra chino-japonesa de 1894. Lo que había comenzado como una búsqueda liberal para una mayor comprensión del mundo se convirtió en un control totalitario del Estado cuando Japón entró en el siglo xx. Mientras tanto, la figura idealizada del noble samurái se cernía sobre todo.

El ascenso de las facciones militantes

El continuo dominio de las facciones de derechas en el siglo xx quedó ejemplificado en la triste historia del primer partido socialista japonés, que en 1901 se vio obligado a disolverse el mismo día de su fundación. Por aquel entonces, el término *kokutai* (国体), «esencia nacional», que reforzaba las nociones tradicionales de la autoridad divina imperial, se puso de moda. La victoria sobre Rusia en la guerra ruso-japonesa de 1905 no hizo mella en el orgullo nacional.

El control conservador sobre la enseñanza de la historia se endureció aún más. Un ejemplo extremo fue el intento de reescribir la realidad histórica del período de las Cortes del Norte y del Sur en el siglo xiv, una época que fue testigo de una lucha por el poder entre dos emperadores rivales. En 1911, el periódico *Yomiuri* arremetió contra las escuelas que seguían enseñando a los niños esta parte de la historia de Japón, argumentando que fomentaría la deslealtad y la duda sobre la legitimidad del emperador actual.

Como hemos visto, el famoso libro de Nitobe Inazō sobre el *bushidō* provocó un gran interés por el tema cuando se publicó en japonés en 1908 (véase el capítulo 2). Siguiendo la estela de Nitobe, un erudito llamado Takagi Takeshi escribió en 1914 un estudio en el que comparaba la caballería occidental y el *bushidō* japonés. Llegó a la conclusión de que en la caballería la valentía era la máxima virtud, mientras que en el *bushidō* la lealtad era lo que contaba por encima de todo. Los samuráis históricos se dividían en dos bandos: figuras de héroes perfectos, como Kusunoki Masashige, y traidores desleales, como Akechi Mitsuhide. En 1934, el ministro del gobierno Nakajima Kumakichi fue obligado a dimitir porque escribió un artículo que no encajaba con la agenda del gobierno de limpiar la historia de los samuráis en una historia de buenos contra malos.

En la década de 1930, se había enseñado a los niños durante cuarenta años que Japón era divino, que el emperador era un dios personificado y que la lealtad incuestionable al emperador era la mayor virtud. Cuando estalló la Segunda Guerra Mundial, se dijo al pueblo japonés que todos y cada uno de ellos debían prestarle lealtad tal y como habían hecho los samuráis. Los soldados del ejército japonés, desesperados por emular a los nobles guerreros del pasado, se lanzaron a la batalla.

Sin embargo, este celo no fue suficiente para conseguir la victoria. Después de la guerra, el general Douglas MacArthur, comandante supremo de las potencias aliadas que ocupaban Japón, consiguió hábilmente desinflar el fervor nacionalista sin provocar una revuelta. Su gestión del tema del emperador Hirohito fue fundamental para este logro. MacArthur protegió a Hirohito de los que querían verle acusado de crímenes de guerra, a sabiendas de que esto habría provocado una conmoción entre el pueblo japonés. Sin embargo, también trató de desmitificar la figura del emperador al insistir en que se publicara una foto de MacArthur destacando su envergadura sobre la de Hirohito y, sobre todo, obligando a Hirohito a negar su propia divinidad. Esto sacudió la identidad japonesa hasta la médula.

Ideas como que los samuráis son como las flores de cerezo –de corta duración, pero gloriosos al servicio de un dios– pasaron a ser obsoletas, y Japón se vio obligado a afrontar la realidad de su derrota.

El *bushidō* se torna autónomo

El *bushidō*, por su propia esencia, requiere un amo al que seguir; sin señores feudales a los que servir, el *bushidō* carece de foco. Sin embargo, Nitobe Inazō le dio la vuelta a esta idea. Sostenía que el propio *bushidō* podía convertirse en el señor, que en lugar de utilizar el *bushidō* como un marco por el cual servir a un señor, podemos seguir el *bushidō* puramente para mejorar nuestra propia vida. Este es un factor clave para entender la moderna versión del *bushidō*, en la que el honor por el honor se convierte en el objetivo. Con sin señor, sin clan, sin guerra, el ideal del samurái se vuelve hacia el interior, hacia lo espiritual.

El camino del guerrero pacífico

Desde la década de 1960 hasta aproximadamente el año 2000, los *dōjōs* japoneses surgieron en todo el mundo, y los carteles, eslóganes y temas de estilo samurái abundaron en los pabellones deportivos mientras niños y adultos se vestían con ropas japonesas y practicaban artes marciales, la mayoría de ellos ajenos a la brutal realidad de la caballería samurái. Era la época del guerrero pacífico, el caballero samurái como perfección personificada.

Los occidentales conocieron una desconcertante variedad de disciplinas de artes marciales, como yudo, Kung-fu, *wushu*, taekwondo, aikido, *kenpō*, *karate-dō*, *jeet kun do*, *iaidō*, *taijutsu* y kendo. Lo que a menudo no se entiende es que algunos de estos términos son chinos y otros son coreanos. De los que son japoneses, el kárate es un término construido creado en el siglo XX y no tiene ninguna relación con los samuráis, mientras que el *iaidō* es una derivación de una disciplina samurái influenciada por el zen y el aikido, siendo una interpretación del siglo XX del combate samurái.

La edad de oro del *bushidō* espiritual alcanzó su punto álgido en torno a la publicación en 1980 de una de sus mejores expresiones, el superventas internacional de Dan Millman *The Way of the Peaceful Warrior* (*El guerrero pacífico*; Barcelona; Ed. Sirio, 2017). Fue una época en la que innumerables libros, documentales y juegos presentaban al samurái como el guerrero perfecto y ofrecían al público una versión «Disney» de la caballería japonesa medieval.

El mito del maestro samurái

La imagen clásica del maestro samurái como figura infalible, de pelo canoso y semblante estoico, que con un solo sablazo o flechazo podía acabar con un malhechor, es engañosa. El samurái medio se consideraba preparado para la batalla a la edad de quince años o más. Muchos ganaron fama y honor en su juventud, y relativamente pocos de ellos llegaron a una edad en la que tuvieran que preocuparse por las canas. La realidad es que la mayoría de los samuráis fueron educados a un nivel inferior al de los monjes, tenían algún tipo de entrenamiento de combate, fuera de alto nivel o no, y se esperaba que fueran a la guerra por orden de un señor. La mayoría de los samuráis en la batalla eran víctimas de la mala suerte en forma de una flecha perdida, una piedra lanzada o un disparo; un número mucho menor llegó a luchar en un combate heroico. No hay duda de que los combatientes más antiguos y endurecidos en la batalla existieron, y con toda probabilidad habrían sido muy competentes en el ámbito militar, pero el guerrero zen militar sigue siendo solo un mito.

Lucha en jaula

Alrededor del año 2000, las artes marciales orientales tradicionales empezaron a perder popularidad. Los regímenes de entrenamiento, antes rigurosos, se habían suavizado para el consumo del público en general: los cinturones y los grados separaban a la gente, permitiendo que cada persona compitiera con alguien de un nivel más o menos igual; se crearon organizaciones falsas y proliferaron los cursos de estudio en casa, primero en VHS y DVD y luego en línea. La comunidad de las artes marciales de finales de la década del 1990 se había convertido en una masa lenta y palpitante de culto al guerrero demasiado indulgente, lastrada por la incompetencia y la corrupción.

Muchos luchadores se habían hartado de la filosofía oriental impulsada por maestros a menudo falsamente acreditados, por lo que se volcaron en el entrenamiento duro y en los combates enjaulados, creando un nuevo deporte para rivalizar con la lucrativa escena de las artes marciales orientales. Las artes marciales mixtas (MMA por sus siglas en inglés) se basan principalmente en el *jūjutsu* brasileño (BJJ), que se exportó de Japón a Brasil antes de la Segunda Guerra Mundial y escapó de la dilución de sus habilidades que afligió a tantas otras formas de artes marciales. A pesar de las grandes cantidades de dinero que se ofrecen a los competidores, las MMA representan un retorno a un tipo de combate más puro y duro. Algunos lo critican por carecer de un código caballeresco, pero se celebra y se sigue de un extremo a otro del mundo.

Dōjōs modernos

Los *dōjōs* de las artes marciales japonesas se han convertido en una institución consolidada en todo el mundo. En lugar de ser estructuras permanentes dedicadas a la enseñanza de artes japonesas, la mayoría de los *dōjōs* modernos son simplemente sesiones reservadas que se celebran en una sala de pabellón deportivo o gimnasio. La mayoría de las veces se centran en el kárate, con una ligera tendencia hacia los aspectos tradicionales japoneses, pero los puristas del kárate se remontan a la historia de Okinawa (la región donde se desarrolló el kárate) e incluso más allá, hasta el arte marcial chino del Te. En esta mezcla se encuentra a menudo una síntesis de valores históricos e idealizados de los samuráis, incluyendo aspectos de *bushidō* extraídos de *Bushidō: el alma de Japón* y el *Hagakure*. El moderno «samurái *dōjō*» tiende a enseñar una versión del nacionalismo japonés del siglo XX para un público del siglo XXI, y a menudo no tiene en cuenta la realidad de la ética samurái medieval.

El samurái: un hazmerreír

Decir que el guerrero samurái se ha convertido en un cliché es quedarse corto. Los samuráis han sido despojados de todo su valor y arrojados al montón de los desechos. Esta falta de respeto ha sido causada por el debilitamiento de las escuelas tradicionales y la difusión de falsos títulos y desinformación. El auge de las MMA ha alejado a los hombres y mujeres naturalmente fuertes y agresivos de las artes más suaves y relacionadas con el zen, como el *iaidō* (el camino del zen a través de la espada), el *kyūdō* (el camino del zen a través del arco), aikido (el camino del *chi* y la armonía a través del movimiento) y el *jūjutsu* tradicional, que se ha convertido en una versión estática y ritualizada de su primo de las MMA. Asimismo, el kárate es ahora el reino de los niños demasiado jóvenes para entrar en combate y de los veteranos que son demasiado viejos para combatir y pueden disfrutar de la paz del zen a través de las *katas*.

Si un samurái viajara en el tiempo desde el período Sengoku hasta la actualidad, podría reconocer algunos aspectos de las MMA y la práctica moderna de las artes tradicionales japonesas, pero se quedaría perplejo ante la afirmación de que estas son las descendientes directas de su oficio. Si un hombre así se presentara en estos tiempos, nadie le diría que es un cliché. No se reirían de él cuando vieran lo dispuesto que está a quemarlos vivos, decapitarlos, atacarlos con lanzas, arrojarles agua hirviendo, tenderles trampas y emboscadas, atacarlos con explosivos o simplemente infiltrarse en sus casas y asesinarlos en sus camas o en la mesa. No, ciertamente no se reirían entonces.

Una vuelta a la dura realidad del *bushidō*

El propósito de este libro es devolver el concepto de *bushidō* a una forma que fuera familiar para los samuráis históricos. Despojarlo de todas sus modernizaciones y simplificaciones para poder establecer una visión de conjunto detallada. El objetivo no es menospreciar a quienes siguen la versión moderna del *bushidō*, sino explicar la realidad del honor y la caballerosidad de los samuráis en el antiguo Japón, para definir aquello que era universal para todos los samuráis, pero también destacar las diferencias entre las distintas épocas, clanes y situaciones. No se puede obviar el hecho de que el *bushidō* histórico es complejo, sus valores cambian según la intención, y que se basa en mostrar lealtad al poder militar dominante de la época. El camino del samurái es el camino del comportamiento adecuado, de la intención adecuada y de una progresión adecuada llevada a cabo a través de la guerra, ya sea gloriosa u horrible. Es hora de que volvamos a la verdad del *bushidō* histórico, sin importar lo horrible que sea esa verdad.

EL EQUILIBRIO DEL *BUSHIDŌ*

En esta parte final del libro, nos proponemos llegar a algunas conclusiones sobre el *bushidō* comparando los ideales caballerescos con la realidad histórica del comportamiento de los samuráis. La historia tiende a documentar los acontecimientos excepcionales y dramáticos más que la realidad cotidiana, por lo que obtenemos una imagen sesgada de la vida en el pasado. Incluso teniendo esto en cuenta, el comportamiento de los samuráis parece haber sido menos romántico y más brutal de lo que se suele imaginar. Recordemos que la clase guerrera era patriarcal, joven y a menudo impulsiva, con un control total del pueblo, armada y propensa a hacer la guerra.

Aquí desglosaremos todo lo que hemos visto hasta ahora en puntos neurálgicos y los enumeraremos encuadrándolos en cuatro categorías principales:

1. Ideales caballerescos.
2. Acciones negativas.
3. Acciones controvertidas.
4. Realidad histórica.

Estas categorías se han desglosado en subdivisiones para ofrecer una visión clara y accesible de la realidad samurái. Al ver los elementos del *bushidō* expuestos de esta manera, se puede decidir por uno mismo la cercanía con la que los samuráis llegaron a seguir su propio código de honor.

Antes de empezar a ver estas listas de comportamientos samuráis, es necesario tener en cuenta que el contenido de este libro ha sido extraído en su totalidad de la documentación histórica y que no puede reflejar los millones de personas, acciones y eventos desconocidos que se han perdido para nosotros. Algunos puntos de estas listas pueden representar acciones típicas, otros no eran infrecuentes pero tampoco normales, mientras que algunos solo ocurrieron una vez.

Ideales caballerescos

La primera sección comprende puntos encontrados en la literatura samurái que definen cómo un samurái debe comportarse. Se subdivide en: cualidades personales; comportamiento en público; relaciones entre samuráis; guerra y combate; religión y espiritualidad, y la muerte.

Cualidades personales

El samurái debe:

- Ser educado.
- No mentir nunca.
- Mantener siempre una promesa.
- Estar preparado.
- Tener autodisciplina.
- Tomarse la vida con más calma.
- Mantener su cuerpo limpio.
- Ser ordenado.
- Mantener limpia su vivienda.

- Llevar una vida sencilla.
- Formar parte de un clan.
- Sentir orgullo por el emblema del clan y el estandarte de la espalda de un samurái.
- Limitar los tesoros del clan a los objetos militares.
- Valorar las armas y las armaduras.
- Tener aversión al dinero.
- Llevar correctamente la espada tanto en la guerra como en la paz.
- Ser respetuoso.
- No quejarse nunca de los inconvenientes.
- Tener resistencia.
- Seguir el Camino.
- Elige el camino de la rectitud sobre el camino del enriquecimiento personal.
- Cultivar la fuerza de voluntad.
- Tener humanidad.
- Tener integridad.
- Ser honesto.
- Ser constante.
- Respetar la justicia.
- Refinar el carácter.
- Comprometerse con el autoexamen.
- Perfeccionar sus habilidades.
- Tener una buena educación.
- Dedicarse al estudio.
- Estudiar el liderazgo.
- Estudiar la guerra.

Comportamiento en público

El samurái debe:

- Tener un control mental total.
- No mostrar miedo.
- Ser respetado por sus compañeros.
- Destacar como individuo.
- Ser un experto en una materia.
- Utilizar el vocabulario militar correcto.
- Tener una persona de confianza que le señale sus errores.
- Seguir los modales y costumbres actuales.
- Realizar un ceremonial correcto.
- Seguir el procedimiento de reverencia correcto.
- Arrodillarse con las manos por delante y en el suelo al esperar que otro se siente.
- Adoptar la postura de asiento correcta para su rango según la situación social.
- Aceptar la posición de asiento correcta que se le asigne en un banquete.
- Limpiar su propia bandeja de comida y sus utensilios.
- Llevar la ropa adecuada a la situación social.
- Teñirse los dientes de negro como signo de superioridad social.
- Tener una armadura que muestre de forma destacada su destreza.
- Quitarse el calzado en el interior y delante de los superiores cuando esté al aire libre.
- No apostar nunca.

- Nunca pedir dinero prestado (hacerlo implicaría que ha administrado mal su patrimonio).
- Aspirar a poseer una espada famosa o de alta calidad.
- Entender los protocolos correctos para usar las espadas, ya sea en el interior o en el exterior.
- Reconocer el gran honor que supone poder llevar la capa *horo* protectora de flechazos.
- Nunca montar o empujar en una procesión oficial.
- No dejarse influir o intimidar nunca por la amenaza de violencia o muerte.
- Luchar hasta la muerte si no hay manera de salir de una situación.
- Saber cómo decapitar correctamente a alguien que comete *seppuku*.
- Detener y ejecutar correctamente a un camarada si se le ordena hacerlo.
- Borrar un error del pasado con un acto de gloria.
- Nacer de una línea noble con una historia gloriosa.
- Estar relacionado con la familia imperial japonesa, a ser posible por sangre.

Relaciones entre samuráis

El samurái debe:

- Mostrar lealtad a todos los superiores.
- No matar nunca a un superior, como un señor, un maestro, un padre o un hermano mayor.
- Ser un buen hijo.
- Gastar el dinero que le asigne su señor sin endeudarse o acaparar.

- Pertenecer a una familia que ha servido al mismo clan durante varias generaciones.
- Tener un largo linaje de antepasados que hayan muerto en acción al servicio de su clan.

Guerra y combate

El samurái debe:

- Ser habilidoso en todas las artes de la guerra.
- Ser habilidoso en la guerra naval.
- Anunciar su nombre al enemigo cuando sea apropiado.
- Aspirar a ser el primero en la batalla, el primero en golpear y el primero en hacerse con una cabeza.
- Penetrar profundamente en las líneas enemigas.
- Saber que ser el segundo en la batalla es también una posición de honor.
- Ayudar a alguien que ha realizado una gran hazaña.
- Ayudar en combate a un aliado.
- Probar una nueva espada en la batalla.
- Luchar en la «boca del tigre», la zona más peligrosa del asedio a un castillo.
- Romper una formación enemiga y hacerla huir.
- Conocer los cuatro resultados del combate (por orden de prestigio): matar a un enemigo; matar a un enemigo, pero morir en el proceso; ser asesinado por un enemigo, y salir vivo sin haber matado al enemigo.
- Matar a un oponente superior o igual sin ayuda.
- Unirse para acabar con un solo objetivo.
- Tomar la cabeza del comandante enemigo.

- Tomar la cabeza de enemigos socialmente superiores.
- Conocer la jerarquía de las heridas de combate.
- Seguir luchando mientras se está herido en lugar de retirarse al campamento base.
- Traer de vuelta un estandarte capturado o caído.
- Ayudar a un compañero a retirarse.
- Defender una retirada.
- Defender la llegada de suministros.
- Defender a un comandante que tiene que retirarse.
- Ofrecer el caballo a un comandante derrotado que tiene que retirarse.
- Recibir flechas en el cuerpo mientras se protege a un superior.
- Luchar contra muchos oponentes.
- Resistir y morir en lugar de huir.
- Morir gloriosamente en un buen combate.
- Utilizar gongs y cuernos para la guerra, pero instrumentos de cuerda para la paz.

Religión y espiritualidad

El samurái debe:

- Rendir homenaje a los dioses de la guerra.
- Hacer promesas ante los dioses y cumplirlas.
- Estudiar zen.
- Venerar a sus antepasados.
- Realizar su destino.
- Reconocer el simbolismo de emblemas como el dragón (que representa al líder) y el jabalí (fuerza y positividad).

- Utilizar la magia y los talismanes.
- Venerar las armaduras ceremoniales divinas dentro de un campo de batalla.
- Comenzar cada mañana de una campaña con el ritual correcto.
- Actuar según la teoría de las cinco fases: tierra, fuego, metal, agua y viento.
- Comprender que el elemento tierra es fundamental para la estructura del ejército.
- No tocar nunca la rejilla de ventilación de un casco a menos que sea para quitárselo antes de suicidarse.
- Realizar las ceremonias correctas para los muertos.
- Estar atento a los presagios y augurios.
- Observar el *chi* del enemigo y leer el futuro en él.

Muerte

El samurái debe:

- Morir al servicio de un señor.
- Escribir un poema sobre la muerte.
- Suicidarse para expiar un error.
- Vengar la muerte de un familiar.
- Quitarse la vida y matar a los miembros de su familia para evitar que sean capturados.
- Organizar y presentar las cabezas decapitadas de los samuráis enemigos según su estatus en vida.
- Tratar con respeto la cabeza decapitada de cualquier enemigo.
- Afrontar la posibilidad de que su propia cabeza sea lle-

vada a la muerte preparándola con maquillaje, aceites y un poema de la muerte escondido en el casco.
- Reordenar los cuerpos de los compañeros caídos en posiciones de honor.
- Reconocer que los muertos son impuros y deben mantenerse a distancia.

Acciones negativas

Las siguientes son acciones que eran incuestionablemente negativas en la cultura samurái y siempre serían mal vistas. Se dividen en: cualidades personales, comportamiento en público y guerra y muerte.

Cualidades personales

El samurái no debe:

- Mostrar ira.
- Estar gobernado por el deseo.
- Ser codicioso.
- Exagerar.
- Mentir.
- Robar.
- Engañar.
- Ser egoísta.
- Leer subrepticiamente la correspondencia de otras personas.
- Centrarse en los placeres artísticos en lugar de en los militares.
- Tomar malas decisiones.
- Mantener una mentalidad equivocada.

Comportamiento en público

El samurái no debe:

- Mostrar que tienen hambre.
- Tener pánico y prisa.
- Ser desaliñado.
- Culpar a los demás de los problemas.
- Ser culpable de favoritismo.
- Mostrar miedo y reaccionar de forma cobarde.
- Intentar salvarse como sea, incluso cuando la situación es desesperada.
- Huir.
- Fracasar en la detención y ejecución de un camarada.
- Evitar servir de ayudante en un suicidio ritual.
- No decapitar correctamente a alguien que realiza el suicidio ritual.
- Insinuar que un comandante ha perdido la batalla antes de que sea evidente que lo ha hecho.
- Utilizar términos inapropiados que causen ofensa o muestren cobardía.

La guerra y la muerte

El samurái no debe:

- Vomitar al ver sangre o matar.
- Morir mientras se retira.
- Morir al intentar salvar su propia vida en lugar de luchar hasta el final.
- Tener una actitud irrespetuosa durante el combate.

- Matar a alguien de un conglomerado de clanes.
- Matar a un no combatiente y hacer pasar su cabeza como la de un guerrero enemigo.
- Reclamar falsamente una cabeza de mayor rango que la que realmente tiene.
- Robar la cabeza capturada de otro guerrero.
- Matar a una mujer o a un monje no combatiente en la guerra.
- Matar a un guerrero que ha sido derrotado por otro samurái antes de que pueda asestar el golpe definitivo.
- Llevar a un aliado a una posición en la que va a morir.
- Fallar en un intento de matar a un objetivo enemigo.

Acciones controvertidas

Las siguientes acciones o patrones de comportamiento se han considerado honorables en algunas fuentes históricas y deshonrosas en otras. Algunas de ellas se presentan como pares opuestos, en los que cada mitad contrastada del par puede ser considerada positiva o negativamente. Algunas de ellas están en una de las listas anteriores, ya sea como acción positiva o negativa, pero hay algunos casos en los que se da una opinión contraria, por lo que también se recogen aquí para equilibrar la situación.

- Tomar el poder desde dentro de la familia (es más probable que se vea como algo positivo si el usurpador lleva al clan a la prosperidad).
- Luchar contra un miembro de la familia que está en el bando enemigo en una guerra o evitar luchar contra ellos.

- Disponer de tesoros familiares.
- Llorar en público.
- Ser ahorrativo o gastar en lujos.
- Disfrutar de cosas extravagantes y raras o rechazarlas como frívolas.
- Dar/recibir regalos.
- Llevar ropa de un rango elevado o mantener la sencillez.
- Participar en actividades que no tienen nada que ver con el ejército.
- Involucrarse en el engaño (normalmente aceptado, pero algunos samuráis decían que no era correcto).
- Retirarse y permitir la entrada de tropas frescas en la contienda cuando se les ordena hacerlo.
- Ser cristiano (aceptable en algunos momentos de la historia, prohibido en otros).
- Utilizar el papel sagrado preparado para los juramentos en escritos o tareas no sagradas.
- Participar en retiradas organizadas de la línea del frente.
- Cortar las provisiones del enemigo para matarlo de hambre en lugar de luchar cara a cara.
- Dejar marchar a un enemigo derrotado.
- Tener actores y animadores dentro de un ejército.
- Matar a un monje (puede ser aceptable ya que muchos monjes eran militaristas o exsamuráis).
- Insultar la cabeza decapitada de un enemigo.
- Guiar el caballo de un señor como mozo de cuadra (no está claro si se trata de una posición de honor o de un sirviente humilde).
- Actuar como *shinobi* por el bien del clan.

La realidad histórica del comportamiento de los samuráis

Las listas anteriores se componen de acciones positivas, negativas y controvertidas según la literatura samurái, pero es difícil analizar el comportamiento histórico real con respecto a un ideal. Por lo tanto, tomando la mayor parte de la historia samurái conocida para este libro, las siguientes listas contienen una mezcla de puntos positivos y negativos, siendo las acciones de samuráis reales. Aunque el *bushidō* era un ideal, siempre debe ser comparado con la realidad histórica.

Esta sección sobre los comportamientos históricos de los samuráis se ha subdividido en: comportamiento en público; el clan samurái; relaciones entre samuráis; las relaciones con la población en general; la guerra y el combate; y la muerte y el asesinato. Recordando que se trata de aspectos destacados de la historia que pueden o no haber sido la norma, y que hubo innumerables samuráis cuyo quehacer cotidiano no quedó registrado, los siguientes puntos reflejan cómo actuaban realmente los samuráis en la vida.

Comportamiento en público

- La posición social de los samuráis se definía por la posesión de tierras, la riqueza, la indumentaria y la forma de hablar.
- Los samuráis podían llevar ropas coloridas y adornadas.
- Reparar la ropa con parches era aceptable entre todas las clases.
- Era inaceptable que los samuráis metieran las manos en

las mangas o en los pantalones de la *hakama* delante de un superior.
- Los samuráis siempre llevaban un abanico en su faja.
- Tocar el pelo de un samurái era un insulto.
- Cortar el copete de un samurái era un insulto grave.
- Golpear a otra persona con la vaina de la espada podía provocar una pelea a muerte.
- Ser capaz de tensar un arco muy potente se consideraba más prestigioso, mientras que cuanto más débil era el arco, menos honor y más vergüenza había en ello. Esto cambió más tarde cuando el campo de batalla se hizo más compacto y el énfasis recayó en la velocidad más que en la distancia de disparo.
- La *naginata* fue una vez un arma que denotaba un determinado rango.
- El tipo de lanza denotaba el nivel de un samurái dentro de la sociedad y había varias formas de portar una lanza, como por ejemplo al frente de un desfile.
- Un surco rojo en una lanza era una marca de honor.
- Los samuráis debían llevar siempre su espada más corta (había algunas situaciones sociales en las que esta regla no se aplicaba).
- La captura de la espada de otro samurái era prestigiosa para el vencedor, y tal deshonra para la víctima que incluso podía acabar cometiendo suicidio ritual.
- Se decía que ciertas espadas y herreros estaban «malditos» para excusar los terribles actos realizados con sus espadas, trasladando la responsabilidad de lo humano a lo sobrenatural.

- Se decía que los señores imprudentes o sanguinarios estaban bajo la influencia de un espíritu maligno para excusar sus actos.
- Desenvainar una espada y atacar con ira emocional era deshonroso.
- La compra del estatus de samurái no era desconocida.
- Los samuráis visitaban a prostitutas y tenían concubinas.
- Los samuráis se casaban para obtener beneficios políticos.
- Las relaciones homosexuales entre samuráis eran aceptadas, pero no universales.
- El nepotismo era habitual.
- Epítetos como «descabezador», «maestro de la lanza» y «diablo» eran vistos como algo positivo.
- Los samuráis podían burlarse públicamente de los discapacitados.
- Los samuráis desleales podían desfilar por las calles y su vergüenza se anunciaba a todo el mundo.
- Se honraba a los samuráis que morían intentando apagar un incendio.
- Las cicatrices de batalla que estuviesen a la vista se consideraban impresionantes a menos que estuvieran en la espalda.
- Aunque pudiera ser perjudicial para las tácticas, se sabía que los samuráis habían reconstruido un puente famoso sobre un río estratégico porque no querían cargar con la deshonra de estar asociados a la destrucción del puente.
- Los samuráis trataron de utilizar la evidencia más débil para conectarse con la familia imperial japonesa.

- Los samuráis celebraban fiestas, se emborrachaban y cantaban a gritos.
- Algunos samuráis compartían las penurias de su pueblo; otros no lo hacían y vivían en el lujo.
- Algunos samuráis renunciaban a la vida militar y se retiraban a un monasterio.

El clan

- El clan tenía que sobrevivir a toda costa.
- A la siguiente generación se le adoctrinaba en la lealtad.
- Los clanes buscaban arrebatar el poder a otros clanes.
- Los clanes poderosos trataban de consolidar su influencia eligiendo a miembros de la familia para ocupar puestos de autoridad gubernamental.
- A fin de garantizar la longevidad del clan, el jefe del mismo solía ceder el poder a su heredero antes de morir.
- El poder no siempre pasaba al hijo mayor del jefe del clan.
- En una situación extrema, los samuráis se suicidaban y mataban a sus hijos para evitar que fueran capturados. Sin embargo, intentaban asegurarse de que al menos un hijo pudiera escapar para continuar el linaje familiar.
- Algunos samuráis mataban a sus propios hermanos o a sus padres en beneficio propio.
- Algunos jefes de clan eran tan prepotentes y crueles que sus sirvientes solo les decían lo que querían oír, por miedo a recibir un castigo inmerecido si les contaban la verdad.
- Los samuráis tenían derecho a matar a sus sirvientes y a los miembros de la familia, y a veces lo hacían.

- Un clan podía obligar a un hijo adoptivo a matarse para evitar una guerra con otro clan.
- Algunos samuráis podían hacer envenenar a sus propios hijos.
- Un nombre de familia deshonrado podía ser tan bueno como una sentencia de muerte para las generaciones futuras.
- Se sabía que un supuesto aliado podía atraer a un samurái fuera del castillo de su clan para luego tomarlo.
- A veces un clan se dividía en dos partes para asegurar que una parte de la familia familia estuviera en el lado ganador de una guerra o batalla política.
- Algunos samuráis se sacrificaban aventurándose en una misión de muerte que asegurara la futura prosperidad de su clan.
- Era imperativo vengar la muerte de los miembros masculinos del clan, pero el asesinato de los miembros femeninos podía pasarse por alto.
- Cuando un dominio caía, los clanes subsidiarios encontraban un nuevo señor al que servir.

Relaciones entre samuráis

- Un buen servicio era a menudo recompensado con un regalo, como un arma, una vasija o un instrumento artístico.
- Algunas familias que habían servido a un señor durante generaciones cambiaban de bando si les convenía.
- En ocasiones, los samuráis asesinaban a sus propios señores.

- Se contrataban dobles para proteger de los asesinos a los altos cargos.
- Algunos samuráis se suicidaban para seguir a su señor en la otra vida.
- Se sabía que los criados se ofrecían a sacrificar sus vidas para salvar a un samurái de alto rango de la ejecución.
- Un samurái podía ser decapitado por su señor sin juicio si se consideraba que había actuado incorrectamente con otra persona.
- Los samuráis leales que intentaban reprochar a sus señores su mal comportamiento podían ser asesinados.
- Los señores ponían a prueba a sus samuráis observando cómo reaccionaban cuando se les decía que iban a ser ejecutados o despedidos.
- Era aceptable asesinar a un señor que estuviera fuera de control y se dedicara a llevar a cabo actos malvados como el asesinato gratuito y la tortura.
- Los samuráis a menudo luchaban contra las fuerzas de su propio señor debido a los cambios políticos, pero entrar en combate directo con el señor parece haber sido deshonroso.
- Era algo sabido que los samuráis ascendían en las filas de un ejército y luego planeaban la caída de su comandante.
- Los samuráis a veces delataban la ubicación de un superior para cobrar una recompensa por su captura.
- Los samuráis, a pesar de ser leales, a veces sufrían una rebaja de salario y perdían su estatus de samurái.
- Se sabía que los funcionarios estaban abiertos a los sobornos.

- Los samuráis a veces se asesinaban entre sí en los banquetes, a menudo mediante envenenamiento o decapitación.
- Sujetar a un samurái y cortarle el pelo era una forma de humillarlo.
- Algunos samuráis difundían mentiras para desacreditar a otros.
- Los samuráis amenazaban a otros samuráis que no acudían a ayudarlos.
- Los samuráis a veces se abrían paso a empujones a través de un cortejo oficial, a pesar de que era de mala educación hacerlo.
- El asesinato era lo suficientemente común como para que se establecieran leyes contra los asesinatos por venganza.
- Los señores victoriosos se apoderaban de las tierras y las redistribuían como recompensa por un buen servicio o como incentivo para que los samuráis enemigos se unieran a su fuerza.
- Los samuráis derrotados eran desarraigados de sus tierras ancestrales y obligados a vivir en las ciudades.
- Un samurái que fracasaba en una tarea podía ser ejecutado junto con su familia.
- Se sabía que un samurái traicionaba una promesa hecha a alguien en su lecho de muerte y asesinaba a la familia que había jurado proteger.
- Los señores locales se veían obligados a trasladarse a la capital por turnos y con grandes gastos para asegurarse de que no pudieran acumular fondos para organizar una rebelión.

- Un señor se tapaba los ojos como gesto para demostrar que «hacía la vista gorda» ante una acción negativa.
- Los samuráis a veces se robaban las esposas unos a otros.
- Se sabía que un señor podía prometer la mano en matrimonio de una novia políticamente poderosa a quien pudiera recuperarla del enemigo, pero luego la entregaba a otro.
- Las esposas y los hijos de los señores de la región a veces eran llevados a vivir a la corte como rehenes.
- Un samurái intercambió a su hija por el conocimiento de cómo diseñar un mecanismo de disparo de estilo europeo para un arma.
- Otro obligó a una mujer en avanzado estado de gestación a bailar después de matar a su marido y luego la obligó a exiliarse después de que diera a luz y que él asesinara al niño, que también resultó ser su propio sobrino.
- Después de haberse hecho una promesa mutua, los samuráis solían intercambiar rehenes para asegurarse de no faltar a la palabra dada.
- Un samurái llamó perro a un miembro de la familia imperial y disparó una flecha a su carruaje sin ninguna razón real más allá de divertirse.
- Algunos samuráis robaban las preciadas cabezas decapitadas de otros para reclamar la recompensa.
- Algunos samuráis falsificaban las cabezas decapitadas.
- Un guerrero fue confinado en una jaula tan pequeña que perdió permanentemente el uso de sus piernas.

- Un samurái podía ser decapitado simplemente por querer abandonar Japón durante el período de encierro nacional bajo los Tokugawa.
- Los samuráis malintencionados golpeaban deliberadamente a otros samuráis con las puntas de sus vainas para insultarlos y provocar una lucha a muerte.

Relaciones con la población general

- Llevar dos sables no fue un símbolo samurái hasta finales del siglo XVI.
- Algunos samuráis tenían que dedicarse al «trabajo campesino» para poder vivir.
- Los campesinos que presentaban un caso legal exitoso contra su señor podían ser ejecutados por insubordinación.
- Los samuráis gravaban la tierra por lo que debía *producir*, no por lo que realmente producía, creando pobreza en las masas.
- Los samuráis utilizaban esclavos en las explotaciones mineras.
- Los samuráis disfrazaban a los enanos y los utilizaban como una forma de bufón de la corte.
- Un grupo de samuráis se comportó tan mal en un puerto extranjero que los lugareños los atacaron, a ellos y a la tripulación de su barco, quemando un edificio para hacerlos salir y dispararles.
- Se sabe que los piratas samuráis atacaban a los barcos comerciales extranjeros en respuesta a conflictos comerciales.
- Los emisarios extranjeros enviados a Japón fueron a

veces ejecutados durante el prolongado bloqueo nacional.
- Algunos señores regionales desafiaron al gobierno central y se erigieron en una autoridad local ilegal.
- Las doncellas de los santuarios sirvieron como agentes de los prestamistas para que las familias samuráis pudieran pedir dinero prestado sin quedar mal.
- En ocasiones, se destruyeron edificios religiosos de gran valor junto con los objetos sagrados que albergaban. Un templo fue quemado hasta los cimientos porque a un samurái se le había negado el permiso para recoger plantas de sus terrenos.
- Se rompieron imágenes de piedra sagradas para rellenar los cimientos de un castillo.
- Un samurái se erigió en un futuro semidiós con templos y una población dispuesta a adorarle cuando muriera.

Guerra y combate

- Los hijos de los samuráis eran adoctrinados con principios militares y utilizados como niños soldados.
- Como parte de su entrenamiento para la guerra, a los niños se les ordenaba ejecutar a criminales.
- Los samuráis utilizaban la mentira y el engaño para muchos propósitos, incluido el de evitar la captura.
- Cuando se le daba cuartel después del combate, un samurái derrotado podía prometer qua aceptaba su derrota, pero luego, si la situación cambiaba, podía matar a su captor. Faltar a la palabra dada en esta situación no suponía una pérdida de honor.

- Algunos samuráis huían del campo de batalla.
- En todas las fuerzas de samuráis, se suponía que habría un cierto número de traidores.
- El arco era la principal arma de los samuráis, antes que la lanza y la espada.
- Los samuráis preparaban su cuerpo antes de la batalla para que, si ocurría lo peor, los que inspeccionaran su cadáver lo elogiaran.
- Lo que se denomina en los tiempos modernos como lucha «sucia» era aceptable en los tiempos de los samuráis.
- Muchos samuráis luchaban hasta la muerte cuando se encontraban en una situación desesperada.
- Los samuráis a veces usaban los dos sables para capturar a un objetivo.
- Los rastrillos, las cuerdas y las herramientas de agarre eran implementos comunes de los samuráis.
- Los samuráis a veces mataban a un aliado y lo hacían pasar por una muerte enemiga.
- Los samuráis podían ahuyentar a un aliado que acababa de matar a un enemigo y falsamente reclamar la cabeza para sí mismos.
- Los samuráis tomaban una cabeza de menor rango y la falsificaban para que pareciera de mayor rango.
- No era raro que los samuráis cambiaran de bando ante la oferta de un futuro más estable y derechos hereditarios sobre la tierra.
- Las guerras a menudo giraban en torno a un conflicto entre la lealtad al emperador y la lealtad al *shōgun*.

- Los samuráis informaban al enemigo de los movimientos de un aliado rival para impedirle obtener la victoria y el renombre.
- A veces se daba un ultimátum a una ciudad: rendirse o ser destruida, pero cuando la ciudad se rendía, igualmente era destruida.
- Pueblos enteros o aldeas eran demolidos para proporcionar materiales de construcción o para impedir que el enemigo los utilizara como cobertura.
- En una ocasión, los sitiadores de un castillo prometieron a los ocupantes que si rellenaban los fosos el asedio terminaría y no sufrirían ningún daño. Sin embargo, la fuerza atacante regresó para destruir el castillo y matar a sus habitantes.
- Era una práctica común mentir a un emisario enemigo.
- Algunos samuráis daban permiso para cosas que iban más allá de su autoridad.
- En la invasión japonesa de Corea a finales del siglo XVI, cientos de miles de civiles coreanos fueron masacrados.
- Ser enviado como asesino e infiltrarse en lo más profundo de la unidad enemiga o escabullirse de un castillo asediado y conseguir ayuda de los aliados cercanos se consideraban grandes hazañas.
- Los comandantes astutos a veces utilizaban soldados falsos y banderas adicionales para confundir al enemigo y parecer más fuertes de lo que realmente eran.
- Mantener la vigilancia en una torre de guardia era prestigioso, pero algunos samuráis no hacían bien este trabajo.

- El estilo de las banderas que llevaban los samuráis se regulaba a veces para destacar a los hombres heroicos.
- Era prestigioso para un samurái ser el primero en alzar su estandarte en un castillo asediado.
- Los asediadores a veces mostraban misericordia para con los ocupantes de un castillo condenado. Por ejemplo, podían permitir a los samuráis asediados ver una actuación de un actor famoso antes de morir; que salvaran los objetos de importancia antes de que cayera el castillo o que un samurái abandonara el asedio si poseía una tradición oral que se consideraba de importancia cultural.
- Era importante dominar el cruce de ríos, tanto en solitario como con una fuerza militar.
- Los samuráis solían realizar retiradas tácticas.

Matanza y muerte

- Los ejemplos históricos de asesinatos cometidos o causados por los samuráis incluyen:

  — Obligar a niños inocentes a cometer un suicidio ritual por los crímenes cometidos por su hermano.
  — Matar a personas inocentes como castigo por los crímenes de otra persona.
  — Asesinar a una sirvienta por no limpiar correctamente.
  — Matar a un criado por dañar accidentalmente una propiedad.
  — Matar a toda una familia por no poder cumplir con una irrazonable demanda de impuestos.

- Matar a un samurái u obligarlo a suicidarse por sacar una espada en el momento incorrecto.
- Ordenar la muerte de alguien de forma precipitada y luego construir un memorial para esa persona.
- Matar a un hombre porque su hermana tuvo una aventura con alguien inapropiado y, sin embargo, permitir que la hermana viva.
- Matar a personas inocentes que estaban bajo la protección de un enemigo e incendiar sus viviendas.
- Quemar un templo a pesar de saber que había mujeres y niños escondidos dentro.
- Encerrar a monjes en un templo y quemarlos vivos.
- Quemar a personas vivas no por ningún delito, sino por sus creencias religiosas.
- Asesinar a una mujer embarazada y utilizar el feto no nacido como ingrediente de medicina mágica.
- Apuñalar a una criada y abrirle la boca como castigo por difundir rumores.
- Atar a un monje inocente a un caballo y arrastrarlo hasta su muerte (el monje pasaba por allí en el momento en que el samurái que ordenó su asesinato se sentía frustrado tras un día de caza infructuoso).
- Asesinar a un mensajero.
- Enviar mensajeros por todo el país para ordenar la ejecución de varios miembros de la familia por un solo crimen cometido por uno de ellos.
- Ordenar a un arquero de primera fila que dispare a un enemigo que estaba realizando una danza ritual en honor de ese arquero.

- Matar a un bailarín porque la danza no era de suficiente calidad.
- Cortar la garganta de un samurái moribundo antes de que terminara de realizar su propia «extremaunción».
- Ordenar el asesinato en masa de decenas de miles de mujeres y niños inocentes, y también asesinar a hombres santos militarizados y no militarizados.
- Ofrecer a un solo miembro de la familia para su ejecución para permitir vivir a los demás.
- Varios samuráis intentaron asesinar al emperador de Japón.

- Matar a una persona inocente podía pasarse por alto, pero matar a un compañero era un delito grave que podía iniciar una guerra de clanes.
- Que un samurái estuviera enfermo mentalmente y asesinara a miembros de su familia se pasaba por alto.
- Los samuráis estaban muy familiarizados con el desmembramiento del cuerpo humano.
- Los samuráis capturados a veces eran mantenidos vivos y decapitados lo más cerca posible al momento y lugar en que sus cabezas iban a ser presentadas. Este se hacía para asegurar que las cabezas decapitadas estuvieran frescas.
- Cuando se encontraban en una situación desesperada, los samuráis hacían todo lo posible para asegurarse de que el enemigo no pudiera apoderarse de su cuerpo. Por ejemplo, podrían suicidarse en un edificio en llamas o lastrarse y saltar al agua.

- Los sacrificios humanos a veces tenían lugar en Japón, especialmente en relación con la construcción de edificios importantes.
- Los samuráis a veces trasladaban cadáveres en el campo de batalla. Por ejemplo, los cadáveres de los guerreros aliados que habían muerto huyendo podían ser reacomodados en una postura más valiente para que pareciera que habían muerto luchando.
- Los samuráis sacaban sus entrañas después de abrirse el estómago en el acto de *seppuku*.
- El castigo era extremo y podía darse por la más mínima falta: sentencias de muerte que incluían asar, empalar, quemar y otros horribles métodos de ejecución.
- Los dientes de los guerreros muertos se teñían de negro.
- Los monjes a veces se suicidaban ahorcándose en el funeral de un samurái.
- Muchos samuráis se suicidaban voluntariamente para seguir a su señor en la vida después de la muerte.

La verdad del comportamiento de los samuráis

Aunque muchas de las acciones anteriores eran ejemplos puntuales realizados por personas en particular, en su conjunto, pintan una imagen del samurái mucho más compleja de lo que se suele imaginar. Los samuráis tenían un código de honor y ese código se correspondía en cierto modo con nuestra ética actual. Sin embargo, los samuráis seguían siendo un pueblo medieval que tenía tanta responsabilidad como cualquier otro grupo por la brutalidad de su tiempo. Acciones que nos parecen totalmente bárbaras pueden no haber sido consideradas poco caballerescas en su época, e incluso aquellas acciones que normalmente se habrían considerado deshonrosas en aquella época se aceptaban si se llevaban a cabo por el bien del clan.

El *bushidō* hoy

Tras revisar en profundidad la historia de los samuráis y del *bushidō*, aún nos queda una pregunta: ¿qué hacer con el *bushidō* hoy en día? Para el estudiante moderno del camino del samurái, el *bushidō* todavía tiene que cumplir su función de guía. En el pasado, las siete virtudes del *Bushidō* esbozadas por Nitobe Inazō estaban colgadas en la pared de muchos *dōjōs* y se mantenían como norma para los que practicaban allí, pero estos principios han demostrado ser demasiado simplistas como guía práctica de la filosofía samurái. Por lo tanto, para ayudar a aquellos que han elegido seguir el camino del samurái a lo largo de la vida, he aquí una versión actualizada de las «virtudes del *bushidō*». El samurái está a un paso del sabio. Los siguientes puntos le ayudarán a encontrar su camino.

Cualidades personales y comportamiento en público
- Mantén una vida sencilla.
- Sé consciente de tus propios defectos.
- Haz lo correcto para los demás.
- Sé amable.
- Sé honesto.
- Sé generoso.
- Sé coherente.
- Mantente centrado.

- Sé respetuoso con los demás.
- Habla, actúa y viste adecuadamente.
- Asume responsabilidades.
- No deshonres a las personas.
- Mantén siempre una promesa.
- Edúcate a ti mismo.
- Enorgullécete de tu herencia.
- Mantén el orden y la limpieza en tu persona y tu entorno.
- Mantente preparado en todo momento.
- Valora el estado físico y la fuerza.
- Sé consciente de dónde pones tu lealtad.
- Ten un agudo sentido del deber.
- Sé valiente ante el peligro.
- Mantén una actitud controlada.
- No te quejes.
- Nunca evites una tarea si te corresponde hacerla.
- No utilices nunca palabras que demuestren miedo.
- Nunca exageres.
- No le cuentes todo a la gente.
- Nunca mientas a menos que sea a un enemigo.
- No te centres en el dinero y la riqueza.
- No acumules cosas.
- Supera el comportamiento de la gente común.
- Comprende los modales y las costumbres de tu sociedad.
- Comprende el mundo en el que vives.
- Ama tu propia religión y tolera la de los demás.
- Explora los misterios del mundo.
- Rinde homenaje a los muertos.
- Acepta cuando te llegue la hora de morir.

- Considera la vida después de la muerte.
- Considera tu lugar en el universo.

Modales militares

- Mantén tu individualidad dentro de un grupo.
- Trabaja en equipo.
- Anuncia quién eres.
- Respeta los conocimientos militares.
- Siéntete orgulloso de tu organización.
- Comprende el vocabulario militar.
- Conviértete en un experto en tu campo.
- Posee un equipo funcional.
- Cuida de tu equipo.
- Aprende a utilizar tu equipo.
- Participa en el entrenamiento de combate.
- Estudia las armas.
- Estudia la táctica y la estrategia.
- Toma decisiones con criterio.
- Sé rápido en la acción.
- Sé consciente de tu posición.
- No temas al enemigo.
- Conoce y respeta a tu enemigo y su capacidad.
- Ayuda a los compañeros que lo necesiten.
- Utiliza a la persona correcta para cada tarea.
- Utiliza el engaño y la verdad juntos.
- Haz todo para ganar.
- Sé temible.

Estas son las maneras del proceder samurái condensadas en

los puntos más destacados y representan un nivel de comportamiento que se considera positivo si se puede alcanzar. Para aquellos que deseen dedicarse más al camino del samurái, véase también *How to Be a Modern Samurai*, de Antony Cummins.

Bibliografía

Ansart, O. «Loyalty in Seventeenth and Eighteenth Century Samurai Discourse». Japanese Studies, 27:2, 2007.
Anshin, A. *The Truth of the Ancient Ways: A Critical Biography of the Swordsman Yamaoka Tesshū*. Kodenkan Institute, Redwood City, CA, 2012.
Archer, J. «Understanding Samurai Disloyalty». *New Voices*, 2, 2008.
Benesch, O. *Inventing the Way of the Samurai: Nationalism, Internationalism and Bushidō in Modern Japan*. Oxford University Press, Oxford, 2014.
Bennett, T. *Photography in Japan 1853-1912*. Tuttle, North Clarendon, VT, 2006.
Blomberg, C. «"Una extraña sonrisa blanca": A survey of tooth-blackening and other dental practices in Japan». Japan Forum, 2:2, 1990.
Carter, S.D. (compilador). *Traditional Japanese Poetry: An Anthology*. Stanford University Press, Redwood City, CA, 1991.
Cleary, T. (traductor). *Samurai Wisdom: Lessons from Japan's Warrior Culture – Five Classic Texts on Bushido*. Tuttle, North Clarendon, VT, 2009. [Versión en castellano: *La sabiduría del samurái: cinco textos clásicos de la cultura guerrera japonesa*, Kairós, Barcelona, 2019.]

Cleary, T. (traductor y compilador). *Training the Samurai Mind: A Bushido Sourcebook*. Shambhala, Boston, MA, 2008. [Versión en castellano: *La mente del samurái: una antología del Bushido*, Edaf, Madrid, 2010.]

Clements, J. *The Samurai: A New History of the Warrior Elite*. Robinson Press, Londres, 2010. [Versión en castellano: *Los samuráis: historia y leyenda de una casta guerrera*, Crítica, Barcelona, 2013.]

Cooper, M. (compilador). *They Came to Japan: An Anthology of European Reports on Japan*, 1543-1640. Center for Japanese Studies, University of Michigan, Ann Arbor, MI, 1965.

Cummins, A., y M. Koizumi, *The Lost Samurai School: Secrets of Mubyoshi Ryu*. Blue Snake Books, Berkeley, CA, 2016.

Cummins, A. e Y. Minami, *The Book of Ninja: The First Complete Translation of the Bansenshukai*. Watkins, Londres, 2013.

—. *The Book of Samurai: Fundamental Teachings* (serie *Book of Samurai*, libro 1). Watkins, Londres, 2015.

—. *Iga and Koka Ninja Skills: The Secret Shinobi Scrolls of Chikamatsu Shigenori*. History Press, Cheltenham, 2013.

—. *Samurai Arms, Armour and the Tactics of Warfare: The Collected Scrolls of Natori-Ryu* (serie *Book of Samurai*, libro 2). Watkins, Londres, 2018.

—. *Samurai War Stories*. History Press, Cheltenham, 2013.

—. *The Secret Traditions of the Shinobi: Hattori Hanzo's Shinobi Hiden and Other Ninja Scrolls*. Blue Snake Books, Berkeley, CA, 2012.

—. *True Path of the Ninja: The Definitive Translation of el Shoninki*. Tuttle, North Clarendon, VT, 2011.

Cunningham, D. *Samurai Weapons: Tools of the Warrior*. Tuttle, North Clarendon, VT, 2008.

Dougill, J. *In Search of Japan's Hidden Christians: A Story of Suppression, Secrecy and Survival*. Tuttle, North Clarendon, VT, 2012.

Dunn, C.J. *Everyday Life in Traditional Japan*. Tuttle, North Clarendon, VT, 1969.

Friday, K. «Valorous Butchers: The Art of War During the Golden Age of the Samurai». *Japan Forum*, 5:1, 2007.

Gill, R.D. *Topsy-Turvy 1585: 611 Ways Europeans and Japanese Were Contrary – According to a Tract by Luís Froís S.J.* Paraverse Press, Key Biscayne, FL, 2004.

Grimm, J., y W. (autores), J. Zipes (traductor). *The Original Folk and Fairy Tales of the Brothers Grimm*. Princeton University Press, Princeton, NJ, 2014.

Hall, D. *Encyclopedia of Japanese Martial Arts*. Kodansha, Tōkyō, 2012.

Hojo Ujinaga (autor), E. Shahan y K. Iida (traductores). *Heiho Yukan: The Paragon of Military Strategy, Volumes 17-20 – A Critique of Merit & Departing for Battle*. CreateSpace Independent Publishing Platform, Scotts Valley, CA, 2016.

Howland, D.R. «Samurai Status, Class, and Bureaucracy: A Historiographical Essay». *Journal of Asian Studies*, 60:2, 2001.

Ikegami, E. «Shame and the Samurai: Institutions, Trustworthiness, and Autonomy in the Elite Honor Culture». *Social Research*, 70:4, 2003.

Kaibara Ekiken (autor), W.S. Wilson (traductor). *Yojokun: Life Lessons from a Samurai*. Kodansha, Tōkyō, 2008.

Katsu Kokichi (autor), C. Teruko (traductor). *Musui's Story: An Autobiography of a Tokugawa Samurai*. University of Arizona Press, Tucson, AZ, 1988.

Llull, R. (autor), N. Fallows (traductor). *The Book of the Order of Chivalry*. Boydell Press, Woodbridge, Suffolk, 2013. [Versión en catalán: *Llibre de l'ordre de cavalleria*, Edicions 62, Barcelona, 1992.]

Milton, G. *Samurai William: The Adventurer Who Unlocked Japan*. Hodder & Stoughton, Londres, 2002.

Miyamoto Musashi (autor), T. Cleary (traductor). *The Book of Five Rings: A Classic Text on the Japanese Way of the Sword*. Shambhala, Boston, MA, 2010. [Versión en castellano: *El libro de los cinco anillos*, Quaterni, Madrid, 2017.]

Miyamoto Musashi (autor), D.K. Groff (traductor). *The Five Rings: Miyamoto Musashi's Art of Strategy – The New Illustrated Edition of the Japanese Warrior Classic*. Watkins, Londres, 2012. [Versión en castellano: *El libro ilustrado de los cinco anillos*, Edaf, Madrid, 2007.]

Nitobe, I. *Bushidō: el alma de Japón*. Kodansha, Tōkyō, 2002 (publicado originalmente en 1900).

Norman, F. *The Fighting Man of Japan: The Training and Exercises of the Samurai*. Dover, Mineola, NY, 2006 (publicado originalmente en 1905). [Versión en castellano: *El guerrero japonés*, Obelisco, Barcelona, 2018.]

Perrin, N. *Giving Up the Gun: Japan's Reversion to the Sword, 1543-1879*. David R. Godine, Boston, MA, 1979.

Sadler, A.L., *Shogun: The Life of Tokugawa Ieyasu*. Tuttle, North Clarendon, VT, 1937. [Versión en castellano: *Shogun: la vida de Tokugawa Ieyasu*, Satori Ediciones, Asturias, 2016.]

Seward, J., *Hara-Kiri: Japanese Ritual Suicide*. Tuttle, North Clarendon, VT, 1968. [Versión en castellano: *Hara-kiri: el suicidio ritual japonés*, Eyras, Madrid, 1988.]

Shigenori Chikamatsu (autor), K. Mori (traductor). *Stories from a Tearoom Window: Lore and Legends of the Japanese Tea Ceremony*. Tuttle, North Clarendon, VT, 1982.

Song-Nyong Yu (autor), C. Byonghyon (traductor). *The Book of Corrections: Reflections on the National Crisis During the Japanese Invasion of Korea, 1592–1598*. University of California Institute of East Asian Studies, Berkeley, CA, 2002.

Suzuki, D.T. *Zen and Japanese Culture*. Princeton University Press, Princeton, NJ, 1970. [Versión en castellano: *El zen y la cultura japonesa*, Paidós Ibérica, Barcelona, 2014.]

Tabata, K. *Secret Tactics: Lessons from the Great Masters of Martial Arts*. Tuttle, North Clarendon, VT, 2003. [Versión en castellano: *Secretos de las artes marciales*, Edaf, Madrid, 2004.]

Taira Shigesuke (autor), T. Cleary (traductor). *Code of the Samurai: A Modern Translation of the Bushido Shoshinshu of Taira Shigesuke*. Tuttle, North Clarendon, VT, 1999. [Versión en castellano: *El código del samurái*, Kairós, Barcelona, 2012.]

Turnbull, S. *Tokugawa Ieyasu: Leadership, Strategy, Conflict*. Osprey, Nueva York, 2012.

Turner, P.S. *Samurai Rising: The Epic Life of Minamoto Yoshitsune*. Charlesbridge, Watertown, MA, 2016.

Tyler, R. (traductor). *The Tale of the Heike*. Penguin, Londres, 2012.

Wilson, W. S., *The Lone Samurai: The Life of Miyamoto Musashi*. Kodansha, Tōkyō, 2004. [Versión en castellano: *El samurái solitario: la vida de Miyamoto Musashi*, Arkano Books, Madrid, 2007.]

Yagyu Munenori (autor), H. Sato (traductor y compilador). *The Sword & the Mind: The Classic Japanese Treatise on Swordsmanship and Tactics*. Barnes & Noble Books, Nueva York, 1985.

Yamada, S. «The Myth of Zen in the Art of Archery». *Japanese Journal of Religious Studies*, 28:1-2, 2001.

Yamamoto Kansuke (autor), T. Cleary (traductor). *Secrets of the Japanese Art of Warfare: From the School of Certain Victory*. Tuttle, North Clarendon, VT, 2012.

Yamamoto Tsunetomo (autor), A. Bennett (traductor). *Hagakure: The Secret Wisdom of the Samurai*. Tuttle, North Clarendon, VT, 2014. [Versión en castellano: *Hagakure: el libro del samurái*, José J. Olañeta Editor, Illes Balears, 2014.]

Yamamoto Tsunetomo (autor), B.D. Steben (traductor). *The Art of the Samurai: Yamamoto Tsunetomo's Hagakure*. Watkins, Londres, 2002.

Yamamoto Tsunetomo (autor), W.S. Wilson (traductor). *Hagakure: The Book of the Samurai*. Shambhala, Boston, MA, 2012.

Principales fuentes

A continuación figura una lista de las fuentes primarias a las que se hace referencia o que se citan directamente en este libro junto con su fecha y su traductor al inglés. En esta lista se incluyen muchos de los primeros viajeros europeos a Japón. Los títulos en inglés de las obras en las que aparecen las traducciones se encuentran en la bibliografía principal.

Álvares, Jorge, escritos de, siglo XVI.

Ávila Girón, Bernardino de, escritos de, finales del siglo XVI/principios del XVII.

Bansenshūkai (萬川集海), 1676, traducido por Cummins y Minami.

Bishamonden (毘沙門伝), *c*. 1698, traducido por Cummins, Minami y Koizumi.

Bushidō Shoshinshū (武士道初心集), *c*. 1700, traducido por Thomas Cleary.

Carletti, Francesco, escritos de, 1606.

Caron, François, escritos de, siglo XVII.

Chasō Kanwa (茶窓閑話), escrito en 1739, publicado en 1804, traducido por Kozaburo Mori.

Cocks, Richard, diario de, 1615-1622.

Fernández, Juan, escritos de, siglo XVI.

San Francisco Javier, escritos de, siglo XVI.

Fukushima-Ryū Shin'i Kufū no Maki (福嶋流心意工夫之卷), siglo XVII, transcrito en 1797, traducido por Cummins, Minami y Koizumi.

Gorin no sho (五輪書), 1643-1646, ediciones traducidas por Alexander Bennett, Thomas Cleary y David Groff.

Gunpō Jiyōshū (軍法侍用集), *c*. 1612, traducido por Cummins y Minami.

Hagakure (葉隠), 1716, ediciones traducidas por Alexander Bennett, Barry D. Steben y William Scott-Wilson.

Heieki Yōhō (兵役要法), *c*. 1670, traducción de Cummins y Minami.

Heihō Hidensho (兵法奥義書), siglo XVII, traducido por Thomas Cleary.

Heihō Kadensho (兵法家伝書), 1632, ediciones traducidas por Tabata Kazumi y Satō Hiroaki.

Heihō Yūkan (兵法雄鑑), 1645, traducción de Eric Shahan.

Heika Jōdan (兵家常談), *c*. 1670, traducido por Cummins y Minami.

Heike Monogatari (平家物語), siglo XIV, traducido por Royall Tyler.

Ichijō Kaneyoshi (1402-1481), escritos de, traducidos por Thomas Cleary.

Ippei Yōkō (一兵要功), *c*1670, traducido por Cummins y Minami.

Ittōsai Sensei Kenpō no Sho (一刀斎先生剣法書), 1664, traducido por Tabata Kazumi.

Jyōseishi Kendan (常静子剱談), 1810, traducido por Tabata Kazumi.

Kaishaku Narabini Seppuku Dōtsuki no Shidai (介錯幷切腹胴附之次第), siglo XVII, traducido por Cummins y Koizumi.

Mexia, Lourenço, escritos de, siglo XVI.

Mizukagami (水鏡), c. 1670, traducido por Cummins y Minami.

Mizukagami Kuden no Oboe (水鏡口傳之覚), fecha desconocida, traducido por Cummins y Koizumi.

Musha Monogatari (武者物語), 1654, traducido por Cummins y Minami.

Oamu Monogatari (おあむ物語), siglo XVII, traducido por Cummins y Minami.

Okiku Monogatari (おきく物語), siglo XVII, traducido por Cummins y Minami.

Pedro Bautista Blásquez, escritos de, siglo XVI.

Rodrigues, João, escritos de, finales del siglo XVI/principios del XVII.

Saris, Juan, escritos de, principios del siglo XVII.

Textos Sekiguchi-Ryū de la colección Yamada Toshiyasu, traducidos por Cummins y Minami.

Shiba Yoshimasa (1349-1410), escritos de, traducidos por Thomas Cleary.

Shinkan no Maki (心鑑之巻), transcrito en 1789, traducido por Cummins y Koizumi.

Shoka no Hyōjō (諸家評定), 1621, traducido por Cummins y Minami.

Shōninki (正忍記), 1681, traducido por Cummins y Minami.

Suzuki Shosan (1579-1655), escritos de, traducidos por Thomas Cleary.

Torres, Cosme de, escritos de, siglo XVI.

Tratado de Luís Froís, 1585, traducido por Robin Gill.

Uta no Maki (歌之巻), siglo XVII, traducido por Cummins, Minami y Koizumi.

Valignano, Alessandro, escritos de, siglo XVI.
Vilela, Gaspar, escritos de, siglo XVI.
Vivero y Velasco, Rodrigo de, escritos de, principios del siglo XVII.
Zōhyō Monogatari (雑兵物語), 1657-1684, traducción de Cummins y Minami.